臺灣教育評論學會
2023年度專書

教育評論的理念與實踐
臺灣教育評論學會
十二週年紀念專書

黃政傑　策劃

張芬芬　許籐繼　主編

張芬芬、許籐繼、吳清山、方志華

但昭偉、邱世明、張芳全、簡成熙

郭冠毅、陳延興、許游雅、林進材

丁一顧、楊　珩、林偉人、謝金枝

合著

五南圖書出版公司　印行

創會理事長序

　　2009年，我在《踏實築夢》傳記中，回應傳記作者魏柔宜提問「未來最想做什麼事」，我說出青少年心理發展及課業輔導、臺灣教育評論、臺灣教育研究機構、反階級再製等項，後來心中一直掛念這些事。在靜宜大學擔任講座教授時，與諸多好友於2010年10月發起成立「臺灣教育評論學會」。該大學教育研究所鄭青青、王金國、吳俊憲三位老師負起祕書處的主要任務，王振輝院長和其他老師也不時指導、協助。同樣值得一提的是，當時靜宜唐傳義校長十分肯定這個學會，全力支持，使得學會得以順利開展。

　　「臺灣教育評論學會」成立後，每年與靜宜教研所合作舉辦「臺灣教育論壇」，2011年11月創立《臺灣教育評論月刊》，之後也年年出版專書。「臺灣教育評論學會」的創立與發展過程中，期刊、專書和論壇三足鼎立，理監事、會員和各界賢達參與踴躍，成果屢受社會肯定，這段歷史我在2023年出版的回憶錄《真心追夢》，已詳細說明。其中期刊影響力最大，因為是月刊，每期文章篇數很多，有幾期曾高達五十篇以上，有主題評論、自由評論，也有專論文章，評論範圍既廣泛又深入。因是電子刊物且開放各方無償取用，舉凡學者專家、博碩學生、民間人士、政府官員的參考引用都很普遍，產生實質及深遠的影響。

　　2022年年底「臺灣教育評論學會」創會進入第十三年，《臺灣教育評論月刊》創刊進入第十二年，回想既有成果已很豐碩，

但仍不敢自滿，時時檢討自己，期許未來推動的教育評論越來越優質，對教育的觀察和見解更深入，對學理、政策和實務產生更高的影響力。基於此，「臺灣教育評論學會」規劃十二週年紀念專書，探究教育評論的理念與實踐，邀請張芬芬和許籐繼教授主編這本書，並邀請國內知名專家學者撰稿。

　　時光匆匆，喜見本書即將出版，感於主編和作者之用心投入，乃應方志華理事長之邀，事先閱讀書中各篇文章，學習良多，特綴數語。本書內容精彩、觀點清晰，能回顧教育評論的發展，探討教育評論的本質、價值和貢獻，也針對評論文章的文體、評論能力的培養及評論文章局限性的突破等提出建言，相當難得。希望本書的出版，能帶動教育評論精益求精，也能激勵社會對教育評論更加熱烈參與，進而引發更進步、更優質的教育改革與發展。

靜宜大學終身榮譽教授
國立暨南國際大學榮譽講座教授

葛政儒

2023年11月

理事長序

　　「臺灣教育評論學會」於2011年由黃政傑教授和一群教育學術界有志之士共同發起和成立，同時創辦《臺灣教育評論月刊》並以電子刊物形式發行，從2011年11月到今年2023年11月剛好滿十二年一甲子！

　　今年「臺灣教育評論學會」的年度專書主編，邀請到本會常務理事、臺北市立大學教育學院院長張芬芬教授，和本會祕書處行政組組長、臺灣海洋大學師資培育中心許籐繼副教授共同主編；在約稿和徵稿並行下共有十六位專家學者提供了十二篇鴻文，從各種不同觀點切入——許多是親身的學術經歷，剖析和直言當今教育評論在臺灣教育學界的種種現象，提出令人深思而中肯的反省和建言，具有啟發性。

　　本專書副標題為「臺灣教育評論學會十二週年紀念專書」，而書名主標題為「教育評論的理念與實踐」，各篇提及臺灣教育學術圈有關教育評論領域之現象，有些也提及教育評論的學術價值不受重視、也不受鼓勵的學術環境下，《臺灣教育評論月刊》未來可以加強著力的面向。

　　根據本專書其中一個篇章林偉人教授所撰的統計分析指出，《臺灣教育評論月刊》總數142期（到12卷8期為止）、文章總數4,232篇中，最多投稿者身分為大學教授和研究生，而《臺灣教育評論月刊》最近2019、2020、2021、2023年連續獲得「國家圖書館」評定，榮獲「臺灣學術資源影響力——期刊資源貢獻

獎」。因之對於本書論文中的期許，正是本學會獨立創辦《臺灣教育評論月刊》和長期提供教育評論的園地以來，特別需要的指教和提醒，也是繼續提供教育評論良好園地的重要動力，所以本書各篇讀來都特別具有鞭策的意義。

感謝創會理事長黃政傑教授當年的高瞻遠矚，創辦本會和月刊並立下每年出版教育評論相關議題專書的理想，感謝本書張芬芬教授、許籐繼教授兩位主編和助理編輯陳亞妹博士這一年來的辛勞，也感謝葉興華祕書長和祕書處編輯同仁芳婷、乃方、芷吟、一安的諸多協助，感謝五南圖書出版公司黃文瓊副總編、李敏華執編處理專書編輯、校對、付梓事宜，特別感謝五南圖書出版公司慨允出版本書！

良好的教育評論可以引起大家對重要議題的關切，帶來批判性、前瞻性且具有同理共鳴的思考，提升教育工作者及社會大眾對於重要教育政策的關心和教育理想方向的推動。期望本書讀者也一同來關注教育評論這個領域，一起以養分來灌注教育評論這個園地。

臺灣教育評論學會理事長

方志華

2023年11月

目 次

概念剖析篇

成果展望篇

第一章

緒論：教育評論的重要性與本書內容

張芬芬
臺北市立大學學習與媒材設計學系教授兼教育學院院長
許籐繼
國立臺灣海洋大學教育研究所副教授

壹、教育評論所處的臺灣學界脈絡

　　國科會於 2000 年首度公告經其評比後的「臺灣社會科學引文索引」（Taiwan Social Science Citation Index），簡稱 TSSCI。從此臺灣的教育學門與其他學門一起，明顯被此評比制度所影響，教育學者與博碩生中文著作的投稿首選幾乎都是 TSSCI 刊物，因爲它已成爲研究績效的指標，甚至與大學教師的聘任、升等、評鑑、申請計畫獎補助等大事密切相關。之後國科會／科技部、教育部等制定的彈性薪資、玉山學者、特聘教授、大學申設系所、大學申請競爭型計畫補助，以及校務／系所評鑑等制度，其相關的審查／計分／評比標準更進一步推高了 TSSCI（及國外的 SSCI 等刊物，以下統稱「I 刊物」）的地位。若再往上看，推波助瀾的力量，當然還有世界大學排行榜、臺灣的大學排行榜……；往下找，還有國內各大學博碩生畢業門檻……，這些制度均與「I 刊物」緊密連結。

　　由源頭看，TSSCI 主要參考美國的 SSCI 而設計，而 SSCI 是美國私人商業機構發展出的文獻檢索系統，刊登於 SSCI 期刊的論文並未被賦予更高的價值（楊巧玲，2023，頁 12）。但在臺灣欠缺遠慮的高教政策下，「I 刊物」出現後便所向披靡，其他「非 I 刊物」幾乎全部被打入次等刊物之列，這種獨尊「I 刊物」的現象，其實爲臺灣高等教育與學術發展埋下巨大隱憂。

　　臺灣如此高舉「I 刊物」，對教育學門學術發展有怎樣的影響？明顯可見的影響至少包括以下數端：(1) 重期刊發表，輕專書發表；(2) 重「I 刊物」，輕「非 I 刊物」；(3) 重外文發表，輕中文發表；(4) 重應用研究，輕基礎研究；(5) 重實徵研究，輕評論研究。

　　學術發展需要寬闊與包容的空間，理想的學術環境應該提供與鼓勵各式的論文類型與發表形式，每類論文均有其價值，不應獨惠期刊、「I 刊物」、外文類、應用類、實徵類論文；相對地，專書、非 I 刊物、中文類、基礎類、評論類論文同樣具有價值，均應獲得合理的發展空間。論文的價值高低應取決於論文品質，各式的論文類型與發表形式均

可能出現好論文，不應簡化為具有哪些標籤（如：I期刊類、外文類、應用類、實徵類），才是好論文。獨尊的結果將限縮學術發展空間，進而異化高等教育——大學教師將難以堅持獨立之精神、自由之思想，因為必須藉著「I刊物」才能累積出好績效，獲得好身價，所以大學教師可能只好被迫選擇折腰配合，以換取研究經費、更高職銜，或僅是在大學裡生存下去的可能性。

　　上述五種偏畸現象，對於前四種，這些年來學界或多或少已有討論[1]，惟對第五種「重實徵研究，輕評論研究」的現象，極少見到較正式討論，更缺乏深入探究與具體建言，值得我們一探究竟。

貳、教育評論與大學教師之言責

　　何謂評論？大家常見的評論文章，有社論、書評、影評、劇評、樂評……。主要特徵就是對社會問題、書籍、文藝創作……，表達報社或作者的見解：分析優劣得失，提出興革建議。「教育評論」與「社論」性質相似，惟社論所評論的範圍較大，各種社會問題、現象或觀念等，乃至國家、國際或世界問題均含括其中；「教育評論」所評論的範圍，則設定在教育問題、現象或觀念等。

　　教育評論是教育論文的重要類型，它是對教育問題、現象或觀念，剖析其優缺點，闡釋其價值和意涵，以期反思當下，進而策勵未來。其關鍵在作者要表達本身見解，以求真的態度與推理的方式，分析優劣得失之處，提出興革損益之道。教育評論的目的在改善教育現況，包括：教育政策、教育實務和教育觀念等的改善。可見教育評論具有三項特徵——(1) 務實性：評論的主題是關心教育實際的，不是抽象層次的概念分析。(2) 批判性：評論的作者應具備獨立思考、批判思考與評判價

---

[1] 對於TSSCI的問題探討，可參考以下文獻：(1)吳清山（2011）；(2)《臺灣教育評論月刊》第二卷第十一期（2013），該期評論主題即「TSSCI問題檢討」（http://www.ater.org.tw/）。

值的能力，而不是人云亦云、因循成規、或討好媚俗。(3) 前瞻性：評論的結論是期望能裨益教育未來的，消極面防微杜漸，積極面登高倡議。

　　務實性、批判性與前瞻性這三項特質，使得教育評論在此眾聲喧嘩的時代裡，尤顯重要性，甚至具迫切性。大學是社會的最後良心，學者應該是公共知識分子，不應自限於象牙塔裡數算積分、累積績效。後現代社會去核心、去權威，鼓勵眾聲喧嘩，聲稱每個人都有話語權。如果此時大學教師被不當的制度制約，乃至自願放棄參與公眾議題的話語權，這種自我禁錮與噤聲毋寧是失職──放棄知識分子的言責天職。更何況臺灣在眾聲喧嘩多年後，已成為理盲濫情的淺碟，讓人眼花撩亂的訊息充斥媒體，短視近利的價值觀已滲透進民眾的骨髓，這樣一群欠缺求真態度與講理能力的群眾已病得很重。教育學是一門實踐科學，尤其不能脫離現實，要接地氣、瞭解民瘼；要監督有權者、關心需求處。準此，教育學者應該藉教育評論善盡言責，務實地指出教育問題，批判地針砭教育政策，前瞻地提出解決策略。

　　「教育評論」作為學術論文的一類，依筆者管見，可採取的論文形式比「社論」為多。廣義的「教育評論」形式有四：(1)「純評論型」，此與「社論」相似，全文直接進行評析與論述，可謂標準的／狹義的教育評論；(2)「理論／文獻＋評論」型；(3)「實徵研究＋評論」型；(4)「理論／文獻＋實徵研究＋評論」型。無論是哪類型的「教育評論」，關鍵是作者要表達自己的見解，亦即應分析優劣得失，應提出興革建議。此已顯示教育評論的目的在改善教育現況，可包括：教育政策、教育實務、教育觀念等的改善。為達此目的，作者的見解最好要占全文相當比例，如此評論才較深入，對改善現況才具較高參考價值。

參、「臺灣教育評論學會」與《臺灣教育評論月刊》

2010 年 10 月黃政傑教授和教育界一群有識之士，發起成立「臺灣教育評論學會」（http://www.ater.org.tw/），學會宗旨強調：針對教育政策與實務進行評析、研究與建言，以期提升教育政策及教育實務的品質。該學會於 2011 年 10 月開始發行《臺灣教育評論月刊》電子刊物。這是臺灣第一份以「教育評論」為宗旨的學術刊物，強調主要刊載「教育評論」文章，另輔以其他三類文章（專論文章、意見與交流、學術動態）。2023 年 10 月 31 日《臺灣教育評論月刊》第十二卷第十一期出刊，11 年多共出刊 145 期。該刊經「國家圖書館」評定：獲 2019、2020、2021、2023 年「臺灣學術資源影響力——期刊資源貢獻獎」，這至少顯示此份電子月刊能見度頗高，很方便博碩生、學界人士、一般民眾參閱，至於對教育政策與實務的影響則並不清楚。

如上所述，可知「教育評論」有其重要價值，《臺灣教育評論月刊》已發行近 12 年，亦獲官方評比肯定；且這些年來電腦網路陸續出現不少電子報，有些也設有教育評論專欄（如：「風傳媒＿點教育」https://www.storm.mg/category/k169557）。然而無可否認地，「教育評論」長期未受國內學界與官方所重視，究竟哪些因素影響「教育評論」的功能發揮？如何發揮「教育評論」的實質功能？如何強化學界與官方對「教育評論」的認識？更為基本的問題是：何謂「教育評論」？何謂好的「教育評論」？教育研究者如何強化評論能力？大學與研究所的教學，甚至中小學課程與教學可做哪些設計或調整？再者，臺灣的教育刊物登載評論文章的狀況如何？蘊含哪些意涵？而《臺灣教育評論月刊》出刊多年來內容如何？評論了哪些主題？蘊含哪些意涵？未來可以有哪些作為？這些問題可反映臺灣教育評論的發展現況，值得以專書來探究。我們期待藉著專書讓學界與官方認識教育評論的價值，瞭解臺灣教育評論的發展現況，進而發揮教育評論對教育政策、實務，甚至觀念的影響。

肆、本書架構與内容

　　基於以上背景，「臺灣教育評論學會」2023 年度專書，定名爲《教育評論的理念與實踐：臺灣教育評論學會十二週年紀念專書》。此主題獲得學界大力支持，願撰文表達高見。經匿名雙審，獲通過之文共十一篇。再者，爲使本書更具統整性，本專書兩名主編共同撰寫第一章[2]，作爲本書緒論，說明教育評論所處的學術脈絡、闡釋教育評論與學者言責的關係，並簡述本書各章内容。本書後十一章依文章屬性分爲三篇：【概念剖析篇】、【實踐養成篇】與【成果展望篇】，分別對教育評論進行理念釐清，再討論實踐養成，最後進行現況成果分析並展望未來。

　　【概念剖析篇】包括四文：第二章爲吳清山教授的〈教育評論之價值性與局限性〉，主要闡述教育評論的意義與特性，並進行價值性和局限性分析，文末提出六項突破教育評論局限之作爲，對於教育評論價值的釐清與未來教育評論局限的超越深具啓發性。第三章爲方志華教授的〈教育評論的公共性與專業性 —— 從《哈佛教育評論》稿約談起〉，主要藉由《哈佛教育評論》主旨和撰寫原則之分析，論述教育評論的公共性與專業性，文末期許教育評論能以教育專業力，發揮公共影響力。第四章爲但昭偉教授的〈爲什麼教育學術圈裡的人不太寫教育評論文章〉，點出儒家道德和諧倫理影響和臺灣學術體制同儕審查原則機制運作之下，對於可能得罪人的教育評論活動產生限制。惟文末對臺灣學術界仍抱持希望和信心，相信終將看到學術界秉持求眞講理精神的評論活動，與求和論情傳統道德融合的進步。第五章爲邱世明教授的〈教育評論的學術基因與可能貢獻〉一文，從學術論文本質的思辨著手，並討論教育評論可信度與價值性的學術基因及其可能貢獻。

---

[2] 本章亦送匿名雙審。

　　【實踐養成篇】共三文：第六章為張芳全教授的〈科學實證的教育評論能力之培養〉，以教育或教育政策議題之評論者的培養為焦點，強調評論文章需要以科學實證的事實及研究為依據，提出科學實證評論者應具備的知能、條件與撰寫步驟，並進行評論實例分析，文末提出自我培養科學實證研究為依據的評論方法。對於教育評論者進行有價值評論的科學性和客觀性的能力培養與實踐，深具啟發性。第七章為簡成熙教授的〈教育評論文體的反思與改進：期許《臺灣教育評論月刊》〉一文，主要針對四類教育評論文體進行後設評論，期能強化增進臺灣教育學術與政策實踐的良善發展。第八章為郭冠毅老師和陳延興教授的〈教育哲思對於教育政策評論之影響：教育部品德教育政策之教育評論與建議〉，藉由哲學思辨或理論分析，以品德教育政策之教育評論為實例，期盼持續以品德教育政策為主題的評析。

　　【成果展望篇】共四文：第九章為許游雅老師與林進材教授的〈教育評論的回顧與展望〉一文，以教育評論的回顧與展望為主題，梳理臺灣教育評論的過去、現在與未來，闡釋教育評論與教育發展之間的關係。第十章為丁一顧教授與楊珩校長的〈臺灣教育類 TSSCI 期刊收錄評論性文章之狀況與展望〉一文，採文件分析法分析臺灣教育類 TSSCI 期刊刊登評論性文章的狀況，根據分析結果提出未來展望與建議。第十一章為林偉人教授的〈《臺灣教育評論月刊》內容分析：2011.11-2023.8〉一文，針對月刊約 12 年期間發行編輯及內容進行分析，根據分析結果提供《臺灣教育評論月刊》未來發展方向的參考。第十二章為謝金枝教授的〈教育評論議題之分析：以《臺灣教育評論月刊》7-11 卷的自由評論為例〉，針對 2018 到 2022 年，刊登於《臺灣教育評論月刊》的自由評論文章進行後設分析，發現這 5 年的論文標題可歸納為「穩定不變」與「改革變動」兩大類，據此提出相關建議。

伍、結語：臺灣需要求真講理的教育評論，教育學者應藉評論善盡言責

　　教育評論是教育論文的重要類型，它是對教育問題、現象或觀念，剖析優劣得失，闡釋價值和意涵，以期反思當下、策勵未來。教育評論具有三項特徵：(1) 務實性：評論的主題是關心教育實際的；(2) 批判性：評論的作者應具獨立思考、批判思考與評判價值的能力；(3) 前瞻性：評論的結論是期望能裨益教育未來的。臺灣在此眾聲喧嘩的後現代，更需要求真講理的評論文章，改善理盲濫情的淺碟思維。教育學者應藉教育評論善盡言責，務實地指出教育問題，批判地針砭教育政策，前瞻地提出解決策略。

　　目前教育評論在臺灣未受到應有的重視，也未發揮應有的功能。期藉此書，讓學界與官方認識教育評論的價值，瞭解臺灣教育評論的發展現況，進而發揮教育評論對教育政策、實務，甚至觀念的影響，讓臺灣教育日新又新，止於至善。

《臺灣教育評論月刊》第二卷第十一期（2013）。**TSSCI 問題檢討**。取自 http://www.ater.org.tw/

吳清山（2011）。正視臺灣學術研究評比的迷思。**臺灣教育評論月刊，1**(2)，5-7。

風傳媒 _ 點教育。取自 https://www.storm.mg/category/k169557

楊巧玲（2013）。TSSCI 問題化的問題。**臺灣教育評論月刊，2**(11)，9-16。

概念剖析篇

第二章

教育評論之價值性與局限性

吳清山

國立暨南國際大學教育政策與行政學系榮譽講座教授

臺北市立大學教育行政與評鑑研究所名譽教授

壹、前言

　　教育學是屬於社會科學的一環，須持續不斷地研究，才能促進教育創新與發展。而在教育研究過程中，可能採用量化研究，透過資料蒐集及分析，進行歸納統整；亦可能使用質性研究，就某個個案或場域進行深入觀察或訪談等方式進行資料蒐集，無論量化或質性，皆有助於建立理論及提供實務參考。

　　然而，教育研究受到實證主義派典之影響，量化研究比質性研究更獲得青睞，因而被刊登於教育期刊的機會較多。就國內期刊而言，尤其是 TSSCI 期刊，更是偏重於量化研究論文，此對於教育學術研究發展實有不利影響。再者，國內教育學者要投稿國外 SSCI 期刊，因質性研究受到社會背景及文化因素影響甚深，加上要寫出一篇以質性研究為題材的道地英文論文，頗為不易，其被拒稿的機率遠遠大於量化研究，這也是國內偏向於量化研究原因之一。

　　此外，助長教育學者孜孜不懈於 SSCI 及 TSSCI 期刊論文，另外一個主因，就是國科會和教育部的各項學術研究獎勵，以及各大學教師升等案，審查者也以研究者所發表的 SSCI 及 TSSCI 期刊論文作為判斷依據，導致研究者撰寫專書及投稿非 SSCI 及 TSSCI 期刊論文之意願減弱，追逐於 SSCI 及 TSSCI 期刊論文發表，頗不利於教育研究發展。

　　基本上，撰寫專書所花費的時間和心力，絕對不亞於 SSCI 及 TSSCI 期刊論文，有些專書之影響力甚至遠遠大於 SSCI 及 TSSCI 期刊論文。此外，有些非屬 SSCI 及 TSSCI 期刊之論文，亦同樣具有相當大的學術研究貢獻度及影響力。

　　就以國家圖書館 2021 年發布的臺灣學術資源影響力分析來看，《臺灣教育評論月刊》在期刊資源貢獻獎排名第一、《教育研究月刊》在教育學類期刊長期傳播獎排名第一（國家圖書館，2021）；而就 2022 年發布的臺灣學術資源影響力分析來看，《教育研究月刊》在教育學類期刊長期總被引用數排名第一（國家圖書館，2022）；再就 2023 年發布《臺灣學術資源能量風貌報告》中，《臺灣教育評論月刊》

在「被調閱與下載次數最多之期刊評比」中位居前十名、《教育研究月刊》則爲「TCI-HSS 資料庫 110 年教育學門長期被引用數」最高之熱門組（非核心期刊）期刊（國家圖書館，2023）。無論《臺灣教育評論月刊》或《教育研究月刊》皆非屬 SSCI 及 TSSCI 的一級和二級期刊，值得一提的是，《臺灣教育評論月刊》更是以教育評論爲主的期刊，更加凸顯教育評論類文章之影響力。

　　儘管如此，對於教育評論類文章，國內的國科會、教育部或各大學均未給予應有的重視。基本上，學術研究方法、主題及內容具有多元性，不論量化研究、質性研究或評論性文章，都應受到鼓勵及重視，才會讓學術界更多元發展，顯現多采多姿，對整個教育研究和教育發展，帶來更大的助益。因此，當前教育評論性文章不受關注，的確有改進及調整空間。周祝瑛（2011）曾提到政府與學界已過度偏重學術論文，在獨尊 SSCI、SCI「引文索引資料庫」被臺灣誤用的結果，已經造成人文社會領域專書發表的萎縮，學術風氣抄短線、與影響大學教學品質等諸多後遺症。而吳清山（2011）亦提及過度向 SCI、SSCI 期刊論文傾斜的學術研究評比，已經產生下列的後遺症：學術研究多樣性不足、學術研究不公平對待、馬太效應逐漸浮現等。這些都可以瞭解到學術評比的誤用，導致教育評論性論文一直受到排擠效應，的確令人憂心。

　　因此，本文將就教育評論的意義與特性加以說明，其次分析教育評論的價值性，接著詮釋教育評論的局限性，最後提出突破教育評論局限之作爲，以供參考。

貳、教育評論的意義與特性

　　教育評論爲教育多元意見表達方式之一，有其學術研究意涵，亦有其實務應用價值。因此，教育評論在教育領域應被賦予一定的地位，方有助於教育健全發展，茲就教育評論的意義與特性說明如下。

一、教育評論的意義

　　評論（review），就其英文字義而言，根據牛津學習者字典（Oxford Learner's Dictionaries）將其解釋如下：係指在報紙、雜誌、網際網路、電視或廣播節目等媒體上，某人對書籍、戲劇、電影、產品等進行評斷的文章，或是寫這種文章的行為（Oxford University Press, 2023）。而教育部的《重編國語辭典修訂本》則將「評論」解釋為批評與討論（國家教育研究院，無日期）。

　　依此而言，評論範圍甚廣，評論者可在報章雜誌、電子媒體、廣播電視、網際網路或各種平臺，針對書籍、戲劇、電影、產品、服務、事件或其他創意作品進行評價。是故，評論者針對評論的對象就個人觀點提出看法，可能是正面的、負面的或中立的，可採文章方式或口語表達，主要目的在於提供訊息，而其訊息是否能為大眾所接受，端視評論者的專業及其評論的品質。

　　就以評論性文章而言，在報紙上最早見諸於各報的社論；此外，各報還有短評、時評、時論廣場、民意論壇、自由廣場等，提供不同作者針對社會議題加以評議。2023 年 3 月 10 日一隻東非狒狒出現在桃園平鎮，經歷了 18 天的流浪後死於獵槍，引起社會非議，各媒體大幅報導，《中國時報》（2023）和《聯合報》（2023）接連發表社論「狒狒之死照見官場荒謬」和「獵殺狒狒：混亂的指揮與對生命漠然」，兩家報紙同時刊登社論，實屬相當少見，旨在喚醒社會大眾及政府對生命教育、動物權及動物管理的重視。

　　教育是一種服務性的事業，其品質攸關社會大眾的受教權益，因而各種教育政策、教育活動或教育事件，都會引起社會大眾的重視，學者專家或教育界人士透過各種媒體就各種教育事件態樣進行評論，甚為常見。因此，有關教育評論可界定如下：

　　教育評論，係指就教育政策、教育現象、教育活動、教育事件或教育問題等，透過文字或語言提出分析與論述，分享個人教育見解和謀求教育現狀改善，以利教育健全發展。

　　依此而言，教育評論雖有些屬於動態性的語言表達，但仍以紙筆式的文章論述較多，而且較為深入。一般而言，教育評論性文章，有些屬於單純類似於媒體的社論或民意論壇；有些則屬於學術性的書評、文獻評析，甚至實證性評析，皆各有其特色和價值，前者字數較為精簡，不會長篇大論，適合於一般社會大眾；後者需要深入分析，篇幅都較長，適合於學術界研究參考。此外，學術性的教育評論，專業性較強，而且評論者需具備一定的功力，其學術參考價值性將更高。

二、教育評論的特性

　　教育評論異於一般社會評論，它是以教育領域為主體，因而教育評論具有其獨特的意涵及特性。方志華（2023）提到教育領域具公共性，教育工作具專業性，而教育評論則兼具公共性與專業性，此乃明確指出教育評論的重要特性之一。茲就教育評論特性說明如下：

（一）公共性

　　教育是開啟個人潛能的利器，一個人接受教育之後，才有機會改變自己的命運，這是政府要普設公立學校，以普及人民接受教育原因之所在。即使是私人設立學校，亦不能忽略教育公共性的社會責任。因此，不管是社會大眾或學者專家，都可就教育議題表達個人的看法或想法，形成一種社會輿論，且適合社會不同階層閱讀需求，這也是教育評論具有公共性的主因之一。

（二）專業性

　　教育本質上具有其專業特質，因而擔任教師需接受一定的專業培育和訓練，才能發揮教育功能與效能。雖然社會大眾都可對教育現狀或問題提出個人的見解，但見解要具建設性和價值性，仍須建立在教育的專

業理念和知能之基礎上，則所提的教育建言，才不會流於泛泛之談或無的放矢。

（三）多元性

教育評論可從不同角度洞察或討論教育各類議題，而且方式亦相當多樣化，無論筆談或座談，都是可行方式，但筆談有經過反思的過程，而非立即性反應，它要比座談更為慎重、深入。當然，評論者就某一議題進行評論，可採贊成或反對，但必須論述其理由，並經得起考驗，才能彰顯教育評論的價值。例如：大學入學採取學習歷程檔案，或者大學入學採計科目等議題，就可發現社會有各種評論性的文章。

（四）反思性

教育評論是一種對教育現象或教育發展省思的過程，它屬於高層次的思考，需要建立在教育認知、哲學思維和實踐行動基礎上，進而提出系統性和意義性的論點，展現其獨特的教育洞察力，對教育學術發展和實務應用，具有其貢獻。《哈佛教育評論》（*Harvard Educational Review*）在約稿時，特別歡迎刊登來自美國和海外各地教育活動的反思性文章（reflective accounts of education）（Harvard Graduate School of Education, 2023），彰顯該期刊對教育評論性文章的重視。

（五）時事性

教育評論之所以受到重視，在於能掌握社會脈動，且反映出對教育活動或事件即時性的意見。例如：2023 年 3 月下旬臺中某高中男學生遭到師長與教官霸凌後輕生，以及高雄某國小舉行校外露營活動，被承辦活動廠商校外輔導人員集體罰跪，這些事件持續引發討論，且有相關教育評論性文章，引起社會高度關注，讓教育行政當局重視此一事

件，並採取有效處置方式，此亦可看出時事性教育評論之影響力。

（六）包容性

　　教育評論，建立在對教育現象或事件的事實基礎上，而每個人的認知或角度不一，難免會有不同的見解，甚至產生相反的意見。基本上，任何教育政策、現象、活動或事件，關係到學生受教權益和機會，應該受到社會公評，即使評論的意見差異甚大，其目的都是爲了教育更好，評論者應相互尊重與包容，不宜將不同意見者視爲寇讎，爲之撻伐、相互攻擊，而應彼此展現君子風度，此爲教育評論之可取之處。

參、教育評論的價值性之分析

　　2011 年 10 月，國內第一份以教育評論爲主軸的刊物《臺灣教育評論月刊》首次發行，其宗旨在於從事教育政策和實務的評析、研究與建言，提升教育政策及教育實務的品質（黃政傑，2019）爲宗旨，此乃彰顯該期刊專門以教育評論爲主，無論是主題評論或自由評論，異於國內其他教育性刊物，成爲一大特色。《哈佛教育評論》（*Harvard Educational Review*）相當重視教育評論性文章的價值，特別提到這類文章可能由學生、教師、家長、社區成員或其他從事教育的人撰寫，他們的觀點可以影響政策、實踐或研究（Harvard Graduate School of Education, 2023），而在英國出版的教育評論（Educational Review）期刊，亦特別歡迎促進社會正義議題和教育批判性探究的辯論，以及創新的新理論和方法學學術成果之文章（Taylor & Francis Group, 2023）。

　　基本上，教育評論是教育研究的另外一種聲音，融入自己的理論知識、實地感受和經驗的訊息分享，雖偏重於個人想法和見解，但評論者能去除個人偏見，以嚴謹性和客觀性的態度，就教育主題加以分析和論述，方能發揮教育評論的價值。因此，臺灣教育評論學會（無日期）特別提出下列評論準則：（一）評論內容須以客觀、公平爲原則，沒有褻

瀆、威脅、偏見的評論。（二）評論用詞是無偏見和客觀的，沒有衝突的暗示、憎恨的言詞或非友善的內容。（三）評論時須有眞實憑據，勿以他人的間接經驗和傳聞撰寫。（四）評論時勿使用他人的著作等剽竊行爲。（五）避免商業性或置入性行銷的評論。這些準則，可作爲撰寫教育評論的準繩。茲就教育評論本質及其作用，將教育評論的價值性分析如下。

一、啟迪教育發展思潮

教育評論者具備一定的洞察力，所撰寫的文章才能鏗鏘有力，引人注目，此源自於個人紮實的理論訓練及豐厚的實務經驗，經過反思的過程，雖不一定經過實證的研究，卻能帶來具有啟發性的教育觀點，常常會引領教育風潮。

基本上，教育評論性文章通常具有強烈的批判性意味，且有些具有前瞻性的看法，教育評論（Educational Review）期刊在其稿約中就提到以批判性的方式分析現有的教育研究，以達到下列目的：（一）評估原始研究的方法論、哲學、理論和發現的影響；（二）確定文獻中的落差以及未來研究的可能途徑；（三）提供對該主題的新見解，以便未來的研究可以應用（Taylor & Francis Group, 2023）。由此可知，教育評論性文章特別重視未來性，以利展現啟迪教育發展思潮的價值。

二、引領教育致力創新

教育是人類精神的重要工程，必須隨著社會變遷、時代脈動和科技發展，引進重要教育思潮，不斷地革新與創新，則所培育的人才，方能爲社會所用。當然，促進教育創新，除了得力於學術研究之外，教育實務工作者、學者專家、甚至有些投入教育事務甚深的機構或家長團體，撰寫教育評論性文章，提出教育建言，亦成爲教育創新的一股重要動力。

　　舉例而言，《臺灣教育評論月刊》、《師友》等期刊，並不以追求學術研究為導向，但是在這些教育刊物中刊登的評論性文章，提出的論點亦可引領教育的革新與創新。歷年來《臺灣教育評論月刊》在主題評論或自由評論文章之觀點，皆能提供教育創新之參考。此外，如《師友》第637期（2023年2月）以「時間解封，多元學習大躍進」為主題，刊登多篇教育評論性文章，有助於引領教育創新。

三、促進教育政策研修

　　教育政策指引教育施政的重要方向、策略與行動方案。教育政策制定過程雖經一定的程序，但有時受到政治考量或其他因素影響，無法完全顧及專業及民意，或者制定過程思考不夠縝密和周延，導致所推出的政策，引起社會不同意見，無論是媒體的評論或教育期刊的評論性文章，皆可看到對政策推行的質疑聲。

　　在新冠肺炎大流行期間，教育部規定各種停課措施，常常反反覆覆，受到批評，例如：國高中確診「九宮格匡列」亂象多，學生、家長團體抗議，各界紛紛評論教育行政當局防疫政策不當，教育部遂加調整放寬改為給防疫假；其他攸關學生入學考試的大考中心公告112學年度起學測英文考科「篇章結構」題型從四選四，改為五選四，引發社會熱議，媒體評論性文章亦加以批評，大考中心決定暫緩實施，實施日程決定另行公布，此可看出教育評論對政策改變是有影響力。

四、改進教育實務缺失

　　教育評論，具有即時性，不僅影響政策推動，而且也會促使教育實務改進。基本上，教育評論主要在於對教育系統運作或學校實務運作，提出論斷、反思和建議，以期教育改進和發展。在國內，多數教育評論性文章目的不在於建構理論模型或建立知識體系，而是透過教育評論，讓教育實務瞭解其缺失，並加以有效改進，以提升教育品質。

　　近年來政府積極推動雙語國家和雙語教育，然中小學推動雙語教育成效並未如預期，從目標、師資、教材到教學，出現不少問題，因而各類雙語教育評論性文章在媒體或教育期刊，甚至專書不斷出現。雖然這些雙語教育評論性文章質疑多，但也提供一些建言，以利實務改進之參考；其他如：新冠肺炎流行期間防疫作為及線上教學之教育評論性文章，對學校行政、課程、教學、輔導等方面，亦加速學校實務現場的改進。因此，教育評論絕對不是消極上的批評，更有積極性改進的作用。

五、激勵教育持續精進

　　教育發展與時俱進，必須經得起檢驗與考驗，而教育評論正是檢驗教育發展的重要工具。教育有評論，才會改進；教育有評論，才能提升品質。教育評論絕對不是洪水猛獸，它是持續精進的動力，政府單位或教育行政機關不必避之唯恐不及，應該秉持「聞善則行，聞過則喜」的胸懷，看待社會大眾、實務工作者或學者專家所提出的評論，作為自我惕勵的良方。

　　教育發展不是只有為了這一代，更是為了追求美好的下一代，教育需要接受批評和持續精進，才能促進教育和社會永續發展。不可否認地，教育發展過程中，面對各種內外在環境挑戰，加上受限於人力和資源，難免會出現一些問題或意外事件，這些問題或意外事件，常成為教育評論的題材，因而教育評論不是建立在高深的學術基礎上，而是立基於對教育實務的反思，提出分析性、批判性和建設性的觀點，謀求教育發展自我改善和持續精進。

肆、教育評論的局限性之分析

　　教育評論針對教育議題提出分析性和批判性的見解，對於改進教育實務和提升教育品質，是有其正面的作用。然而，就學術發展上，教育評論也有一些盲點和遇到瓶頸，致使教育評論所能發揮之功能，仍有其

限制。茲就教育評論發展現況，將教育評論的局限性分析如下。

一、個人主觀見解較為濃厚

教育評論不限於教育專業人士，普羅大眾有興趣於某個教育議題，亦可加以評論提出個人看法。因而在報章雜誌上，經常可看到各行各業對教育政策、作法、活動或事件的臧否，甚至部分非屬教育性刊物，亦常發現非教育人士所撰寫的評論性文章，這些文章屬於個人見解，雖有其見地，但是否符合教育專業，仍有待論斷。

基本上，教育人員或非專業人員願意對教育議題提出評論，都應受到鼓勵，然而卻發現有些教育評論性的文章，常常被批評不夠客觀、未經查證或缺乏事實依據，流於個人主觀意見，影響到教育評論性文章可信賴度，導致部分人士會用有色眼光看待之，降低了教育評論性的品質和公信力。

二、研究理論架構基礎不足

無論量化或質性的學術研究，都必須遵守其研究規範，包括主題設定、文獻回顧、研究方法與設計、研究倫理、結果分析與討論、結論與建議等方面，具有其嚴謹性，即使是資料引用和參考文獻寫法也有一定的格式，尤其理論架構基礎更是學術研究不可或缺的一環。

就教育評論性文章而言，常見於隨興式意見表達或實務性觀點，未必有其理論架構，也不一定要遵守學術研究規範，甚至有些教育評論性文章，也不會引用他人觀點和註明出處，因而在教育學術研究的評價，其含金量不足，較難受到學術界關注青睞，其學術影響力亦受到限制。

三、文章水準品質參差不齊

　　一般人發表教育評論性文章，有些純粹是爲了表達個人看法，有些是爲了提高個人能見度，有些基於研究生畢業門檻規定必須投稿，例如：學校規定博士論文門檻必須發表於具有外審制期刊。是故，每個人的動機與需求不完全相同，他們不是爲了學術獎勵而來，具有其實用目的，相對而言，教育評論性文章品質難免參差不齊。

　　就學術研究角度而言，高水準的文章較容易受到重視，也較常爲學術研究所引用，然而學術界對教育評論性文章具有刻板印象，認爲難登學術大雅之堂。此種偏見，難免阻礙教育評論性文章蓬勃發展，無法在學術界獲得其應有的地位。

四、學術獎勵不易獲得重視

　　目前政府機構（包括教育部和國科會），以及各大學之學術研究獎勵和教師升等，過度重視期刊論文被高度引用者，包括自然（Nature）、科學（Science）與細胞（Cell），以及期刊論文發表於 SCI、SSCI 或 A&HCI 期刊，被 JCR 公布爲被高度引用，有些頂尖大學甚至不一定採計 TSSCI 期刊，評論性文章更長期受到忽視。

　　教育學門屬於人文社會科學一環，具有濃厚在地及實用色彩，提出具有見地和建設性文章，幫助國內教育實務改進，其影響力並不亞於 SCI、SSCI 或 A&HCI 期刊，可惜此種看法未必能爲教育部、國科會及各大學主事者所接納，因而學術得獎者或升等通過者仍是要致力於發表多少篇「I 期刊」，雖爲教育學術界所詬病（周祝瑛，2011；劉世閔，2013），但仍未見有效改善。

五、轉化政策效益有待評估

　　教育評論性文章，雖對政策制定及執行有所針砭，但真正對政策效益產生多大效果，並不容易評估。尤其部分教育行政主管對各類教育評論並不在乎，置之不理，導致教育評論猶如狗吠火車，轉化為政策應用實屬不易，其效益尚有待評估。

　　此外，教育評論較缺乏長期性和系統性思考，可能只是針對教育議題提出一個構想、點子或建言，並非規劃出政策藍圖，因而要轉化為政策，仍須一段相當長時間，因為政策制定涉及到確認問題、形成政策、決定政策、執行政策和評估政策等過程（吳清山，2022；European Union, 2017），在過程中必須相當慎重，才不會造成所制定政策飽受批評或窒礙難行。

伍、突破教育評論局限之作為

　　教育評論是教育發展和教育研究不可或缺的動力，它可以檢視教育發展的缺失，亦可提出教育改進的做法。教育評論者能夠本諸於專業性、客觀性、獨立性和公正性對教育提出分析與論述，深信有助於教育良性和正面發展，亦可發揮教育評論的價值。由於教育評論尚未受到國內學術界應有的重視，在學術界尚未能占有一席之地，未來仍有努力的空間，好在「臺灣教育評論學會」已經踏出第一步，未來大有可為。教育評論雖有其局限性，但若能提升教育評論品質，未來仍將受到教育界的重視，才是突破教育評論局限關鍵所在。茲提出突破教育評論局限之下列作為，以供參考。

一、建立教育評論的社會公信力

　　信賴是人際互動與溝通的基礎，亦是溝通品質的要件；同樣地，一篇文章要能引起共鳴，先決條件就是能贏得閱讀者的信賴。是故，教育

評論要發揮其影響力，突破其局限，建立社會公信力，實屬教育評論努力的重要課題。

教育評論要展現其公信力，評論者必須遵守撰寫教育評論倫理，不會無的放矢、不會捏造事實、不會惡意批評、不會攻擊他人、不會譁眾取寵，評論時能夠就事論事、公平客觀、言之有物、言之成理、擲地有聲，才能破除社會大眾對教育評論個人主觀的疑慮，亦可獲得社會大眾信賴。因此，教育評論者心中應自有一把尺，作為教育評論分析和論述之依據，何者該說該寫、何者不該說不該寫，能夠拿捏得精準，則所做評論，自然有其社會公信力。

二、提高教育評論的學術價值性

教育評論受限於研究方法和學術理論基礎不足，導致有些評論天馬行空，無法切中要害，難以彰顯教育評論系統性和專業性，常常被批評為學術質量和能量都不足，影響教育評論的貢獻。

教育評論的文章有其個殊性，有些是以實務為導向，有些偏重於學術論述，很難要求每一篇教育評論都要具有濃濃的學術味道。雖然如此，既然是教育評論，總不能只憑個人經驗論斷，否則很容易流於武斷。因此，即使是實務性的教育評論，多少具有學術的基礎，則所做的評論才更具品質，「沒有理論的教育實務是盲的」，具有理論依據的實務性評論，也才會更具說服力。

三、深化教育評論專業學習社群

專業學習社群（professional learning communication），是由一群志同道合、興趣相投之人員組成的團體，成員們具有共同的信念、目標及願景，透過持續不斷地學習與對話，以提升專業素養及促進專業實踐為目標。而教育人員所組成的社群，則以增進教育專業及改善學生學習成效為目標。

教育評論專業學習社群，提供教育評論發表、討論與對話平臺，可以出版刊物、辦理教育評論學術研討會或教育評論論壇，促進教育評論者相互分享經驗及撰寫知能，有利於教育評論蓬勃發展，對教育和社會提供更多的貢獻。自從「臺灣教育評論學會」成立以來，多少具有教育評論專業學習社群之內涵，未來在此基礎之下，擴大教育評論功能，以及深化教育評論專業學習社群內涵，相信有助強化教育評論的影響力。

四、建置教育評論之資料庫系統

教育評論來源廣泛，有些來自廣播媒體；有些來自網路媒體；有些來自平面媒體，而平面媒體又有報紙、期刊，而教育類期刊，在教育評論扮演著重要角色。所以教育評論有影像、廣播聲音、文字等，可謂相當多元，但缺乏有系統整理，因而要搜尋完整性的教育評論相關資訊，的確有其難度。

教育評論要擴大其影響力，突破現有的限制，建立教育資料庫系統，分別就各類教育評論資料加以整理、整合和建檔，實有其必要性，初期以文本的教育評論為主，俟具有一定成果，再擴大到語音的教育評論，此不僅有助於資料查詢，而且亦可供資料分析及學術研究之用，甚至亦能作為實務改進、政策研擬之參考。

五、發展教育評論系統知識體系

教育評論雖有其價值，但長期以來並未受到應有的重視，一般認為教育評論性文章，實用性大於學術性，主觀性高於客觀性，加上各種著作獎勵機制，可能都將教育評論性文章排除在外，導致學者們對撰寫教育評論文章的意願和動機並不太強烈，因而很難建立教育評論系統知識體系。

　　未來教育評論要在學術研究上占有一席之地，宜結合有志之士，深入探究教育評論相關的概念、原則、理論、實務等，並分析各要素彼此之間關係，形成一個綜合的知識框架，作為教育評論分析和論述的基礎和架構，建立一套為學術界所接受的知識體系，此將有益於彰顯教育評論的學術內涵。

六、厚實教育評論者的專業知能

　　教育評論不是人云亦云，也不是拾人牙慧，必須依其個人教育和經驗背景，對某一教育議題提出具有批判性和建設性的見解。一般而言，教育評論是屬於一種教育訊息的溝通，所以評論者口語表達或文字駕馭能力，實屬不可或缺的要件，而要提出精闢的評論性文章，則評論者具備分析、批判、綜合和應用高層次思考能力，則有其必要性。

　　一位教育評論者要厚實自己的評論能力，除了多閱讀、多思考、多練習之外，而且也要掌握各種研習或進修機會，持續充實自己的教育專業知能，它是撰寫教育評論性文章的基礎，也才能寫出一篇擲地有聲的好文章。「胸中有墨水，文章自然來」，一點都不假，此亦點出厚實教育專業知能的重要性。

陸、結語

　　教育攸關學生受教權益與機會，在培育人才上扮演著重要的角色，具有強烈的公共性。為維護社會大眾的利益，教育各種政策與實施，應該受到社會大眾的檢驗，教育發展才會更為進步。因此，學者專家、教育人員、家長或社會大眾針對教育政策、教育活動、教育事件、教育現象或教育問題，透過文字或語言提出分析、論述與建言之評論，應給予重視，才有助改進現行教育實務運作缺失及建立更好的教育政策，以提供更有品質的教育環境。

　　長期以來，教育評論並未受到政府及學術界高度重視，此與教育評論品質參差不齊，以及政府著作獎勵誘因機制、學校學術獎勵及升等措施等不利於教育評論性具有密切關係，導致教育評論有其局限性，不利於教育評論發展。所幸「臺灣教育評論學會」成立，並發行《臺灣教育評論月刊》，提供教育評論平臺，致力傳播教育評論價值，漸漸受到教育界重視，深信未來教育評論對教育發展會更有貢獻。

　　教育評論的確有其盲點，亦有其限制。為突破教育評論局限，本文特別提出六項作為，以供參考，其內容如下：（一）建立教育評論的社會公信力；（二）提高教育評論的學術價值性；（三）深化教育評論專業學習社群；（四）建置教育評論之資料庫系統；（五）發展教育評論系統知識體系；（六）厚實教育評論者的專業知能。期盼教育評論未來在政策、實務和研究等方面，能發揮更大的影響力。

參考文獻

中國時報（2023，3 月 30 日）。社論：狒狒之死照見官場荒謬。A2 版。

方志華（2023）。教育評論的公共性與專業性——從《哈佛教育評論》稿約談起。臺灣教育評論月刊，**12**(1)，120-126。

吳清山（2011）。正視臺灣學術研究評比的迷思。**臺灣教育評論月刊**，**1**(2)，5-7。

吳清山（2022）。提升教育決策品質：概念分析與實踐策略。載於張慶勳主編：**教育決策檢討與改進**（頁 3-24）。臺北：五南。

周祝瑛（2011，5 月 12 日）。反量產不能獨尊 SSCI。**中時新聞網**。https://www.chinatimes.com/newspapers/20110512000508-260109?chdtv

國家教育研究院（無日期）。評論。https://dict.revised.moe.edu.tw/dictView.jsp?ID=26053&la=0&powerMode=0

國家圖書館（2021）。**110 年臺灣學術資源影響力分析報告：臺灣學術資源利用及研究主題概況**。臺北：作者。

國家圖書館（2022）。**111 年臺灣學術資源影響力分析報告：臺灣學術資源利用及研究主題概況**。臺北：作者。

國家圖書館（2023）。**臺灣學術資源能量風貌：111 年國家圖書館學術資源利用及研究主題概況**。臺北：作者。

黃政傑（2019）。**臺灣教育評論學會理事長的話**。取自 http://www.ater.org.tw/ater.html

臺灣教育評論學會（無日期）。**臺灣教育評論學會評論準則**。取自 http://www.ater.org.tw/comment%202.html

劉世閔（2013）。臺灣學術界教育學門 TSSCI 制度衍生之問題與批判。**臺灣教育評論月刊**，**2**(11)，33-37。

聯合報（2023，3 月 30 日）。社論：獵殺狒狒：混亂的指揮與對生命漠然。A2 版。

European Union (2017). *Quality of public administration: A toolbox for practitioners*. Luxembourg: Publications Office of the European Union.

Harvard Graduate School of Education (2023). *Harvard educational review: Guidelines for authors*. Retrieved from https://www.hepg.org/special/navigation/her-main/guidelines-for-authors

Oxford University Press (2023). *Review*. Retrieved from https://www.oxfordlearnersdictionaries.com/definition/english/review_1#:~:text=%2Fr%C9%AA%CB%88vju%CB%90%2F,the%20film%20a%20glowing%20review.

Taylor & Francis Group (2023). *Educational review*. Retrieved from https://www.tandfonline.com/action/journalInformation?show=aimsScope&journalCode=cedr20

第三章

教育評論的公共性與專業性——從《哈佛教育評論》稿約談起[1]

方志華

臺北市立大學學習與媒材設計學系（含課程與教學碩士班）教授兼系主任

臺灣教育評論學會理事長

[1] 本文原刊登於：臺灣教育評論月刊 2022 年第 12 卷第 1 期 120-126 頁，已獲同意收錄於此專書。

壹、前言

有關教育學術競逐實證研究收錄評比期刊的現象，筆者讀到一段精彩形容：「學術期刊分級後已不可能登載老子道德經、莊子寓言、孔子論語及柏拉圖對話，在學術匠氣沖天之際，也正是思想大師入土之時。」（楊龍立，2013）當前教育學術常在追求論文能刊登在列入期刊分級評比名列前茅的刊物，然而許多教育現象和需求要呈現，許多教育現場聲音需要表達，許多創新思維需要被看見，以及許多意見需要交流，這些論述往往不容於評比期刊的規準。而且教育評比期刊一年可刊登文章數量很少，範圍有限，對於及時反映教育智慧洞見和多元聲音的需求算是杯水車薪。因此，教育評論需要一個專業平臺可及時提供教育界各方論述。

目前臺灣唯一每個月以電子期刊形式、定期提供教育相關人士從事教育評論的《臺灣教育評論月刊》，在網站上揭示其發刊宗旨為「旨在評論教育政策與實務，促進教育改革」，該刊物從 2010 年 10 月創刊到 2022 年 10 月即已滿十二年。然而這類省思教育現象、論述觀點，以提出政策或實務建言的教育評論文章，到底具備何種特質和功能呢？撰寫上可以如何下筆呢？本文主要藉由分析美國教育研究重鎮哈佛大學教育研究所出版之《哈佛教育評論》電子期刊稿約，以之作為標竿，來同時探討目前專門提供教育相關人士從事教育評論的《臺灣教育評論月刊》對教育學術社群的價值與展望。

貳、教育領域具公共性，教育工作具專業性，教育評論則兩者兼具

教育是大眾普遍關切的公共事務領域。人人都有受教經驗，各級正式或非正式教育發展也是大眾關心的課題，教育關涉到個人成長歷程和未來生涯發展，也關涉到國家人才培育與經濟發展實力，OECD 甚至提出教育關涉到未來優質社會生活之因應（引自蔡清田，2020），所

有各式教育工作者更是其中的利害關係人。例如：十二年國民基本教育課程綱要（教育部，2014）是重大的教育政策提出，要經過政策辯論、公聽會等程序，再使之法制化加以落實，這個教育政策公共討論的歷程，呈現出教育的公共性。又如日本提倡學習共同體的佐藤學教授指出，教師應要打開教室大門，讓所有老師和關心教育的家長們可以進入教室觀課，而老師觀課後的議課，即是共同研討學生學習狀況，以成就每位學生都有學習權的民主歷程，他稱此為「公共性」的教育哲學（佐藤學，2019）。

　　然而，教育又是個古老的專業，在西洋歐洲中古大學最早的文學、法學、神學、醫學，四種學院，教育的人才要宣示因受召喚而以服務人群為己任，並需長期培訓和鑽研學問，稱為最早的「專業」（profession）[2]（林玉体，2015），教育人才即是一種專業。當今要擔任中小學教師或是大學教育研究學者，也需遵守教育社群嚴謹的以服務人為志業的專業倫理，需經過長時間培育和重重考試，或通過長期研究及論文發表，方能擔任教職或學術研究者，可見得教育研究一直是重要而嚴謹的專業（吳清山，2021）。上述日本提倡學習共同體的佐藤學教授也指出，老師的共同備課、觀課、議課，是以提升學生在課堂中學習成長為依歸，他稱此為「追求卓越」的教育哲學，表示當今中小學教育工作需要高度專業知能（佐藤學，2005）。又如十二年國教課程綱要訂定出三面九向核心素養（教育部，2014），即是由大學和研究機構教育學者、中小學教育工作者等經由基礎理論研究和共同長期專案研發的成果，呈現出教育工作的綜整與專業性。

---

[2] profession 原指公開宣示。在歐洲中古大學的文、法、神、醫等四種學院中，四種人員就職前，除了需要長期培訓和不斷精進研究高深學問外，同時需公開宣示因召喚而以服務人為目的。這種須公開宣示（profession）以表慎重之工作，即今之「專業」字源。即「專業」特指集高深知識研究、知能培訓和專業倫理於一身的志業，教育工作一直具此特質。參見 merriam-webster 字典說明：https://www.merriam-webster.com/dictionary/profession

　　由此看來，教育領域具人人皆可評議之公共性，教育工作具專門學問之專業性。教育需要教育工作者與教育相關利害人，包括家長、學生等共同參與和發聲。其中教育工作者的發聲，特具教育現場的觀察、與教育專業理論與實務經驗的綜合見解，深具教育革新的意義（黃政傑、吳俊憲，2018）。

　　因之，教育評論連結了公共的需求與專業的內涵。例如：撰寫教育評論者需要蒐集社會公眾的意見再加入專業見解，形成建言；文章可讀性要能適合多方來源的讀者閱讀，從中傳播專業的教育理念；站在教育評論平臺的立場而言，如由教育領域外關心及瞭解教育的人所撰寫的評論或省思，平臺也需基於教育專業，能看出其所反映的當前教育需求，而公開刊登其思省和建言。以上種種皆反映出教育評論既具公共性，也具專業性。

　　總之，教育評論兼具公共性與專業性，是累積教育革新思考的重要資源。教育工作者對於政策與實務上問題的發現，以及解決之道的見解與建言等，特別值得開展和交流。在此網路時代資訊傳播快速，應累積起各教育層級和各種議題的教育評論內涵，讓政策制定者和關心教育發展的人士，可以在多元教育評論中納入當今教育專業者和關心教育人士的各種見解和聲音。

參、從《哈佛教育評論》主旨分析看教育評論的「公共性」

　　茲舉歷史悠久之美國哈佛大學教育研究所《哈佛教育評論》為例，其以電子形式出刊，「給投稿作者的指引」（相當於稿約）之內容，說明其不只重視實證研究，同樣重視論證和發聲的評論文章，即重視教育論文的公共性和專業性。以下分析其稿約主旨、訴求和論證型文章可行形式之說明[3]。

---

[3] 為方便本文讀者閱讀其原意並快速掌握重點，筆者將其稿約文字直譯成中文條列，並依性質加上筆者自訂的標題。

　　《哈佛教育評論》稿約第一段說明文稿來源和形式之多元，以及鼓勵作者現身反思和重視讀者群，表達了該期刊重視教育論文的公共性：

一、接受多元身分稿源

　　「《哈佛教育評論》接受來自研究者、學者、政策制定者、實務執行者、教師、學生，和資訊豐富或知情的教育觀察者（informed observers in education）之投稿。」

二、接受多元形式文稿

　　「除了原創的實證和理論研究之出版外，也歡迎來自國內外各種環境中對教育活動的反思。」

三、鼓勵反思己身的身分認同和社會地位

　　「鼓勵所有投稿作者能在文章中，反思自己的身分認同和社會地位（positionality）對行文之影響，包括研究主題的形成、方法的選擇、資料的蒐集與分析、和研究發現等。」

四、重視讀者群的接受性

　　「由於本刊（《哈佛教育評論》）的讀者群來源廣泛多元，希望作者能適度修潤文稿以適合廣大讀者群。」

　　《哈佛教育評論》稿約第二段由上述該刊物的發行主旨，連結到當前局勢的訴求重點：

一、強調當前全球危機中不忘社會正義的學術初衷

「多年來，本刊（《哈佛教育評論》）已嚴選具創意的作者和內容出刊，尤其針對教育內涵和教育過程中追求公平正義的投稿者和文章。此時此刻全球社群、教育工作者、學生正經歷著各種衝擊，包括COVID-19疫情、氣候變遷、日漸極端化政治情勢、種族暴力等，我們一直堅持促進社會正義的學術初衷。」

二、提出文章多元形式的訴求

「因此，編輯委員除了鼓勵原創實證與理論的作品外，也鼓勵論證文章（essays）和在地發聲（voices）的作品，好讓我們更能理解當前這個歷史時刻的教育理論與實務。」

三、提出多元稿源的訴求

「我們鼓勵論述教育公平和社會正義議題的作品，也鼓勵來自黑人、原住民、有色人種，以及其他身分在學術發表上比例偏低之作者[4]和年輕學者。」

由以上《哈佛教育評論》稿約主旨可看出，教育評論性質的文章具有的「公共性」，包括各種教育相關身分的撰寫者、所撰述文章的內容與多元形式，以及潛在閱讀的讀者群，皆可在教育研究與論述的平臺中，取得參與發聲的管道和受到接納與理解的對待。

---

[4] 原文為 'authors of other identities underrepresented in academic publishing'。

肆、從《哈佛教育評論》撰寫原則看教育評論的「專業性」

上述《哈佛教育評論》對於論證文章（essays）的撰寫原則說明，也適用於教育評論文章。筆者將其內文文字直譯，並分析命名爲：觀點原創、證據可信、論證有力，和形式有益四個標題如下：

一、觀點原創

「論證文章應目的清楚，並依據目的鋪陳良好的論點。好的論證文章不僅是進行文獻摘要，而是會有自己的原創論點、或在某一探究領域中作出有益的綜合觀點。」

二、證據可信

「論證文章應運用令人信服的證據來證明自己主張的合理性。證據可以來自實作、理論、個人體驗，或實證研究等多元面向。」

三、論證有力

「強而有說服力的論證文章會吸引讀者，有良好的邏輯架構，和前後連貫、條理清楚的論點。」

四、形式有益

「成功的論證文章可採用各種形式（forms），包括文獻探討、提供規範性的論點，提供對實務的理論探究，以及對某一領域提供有潛力的研究方向。」

以上前面三點「觀點原創、證據可信、論證有力」，說明論證式的教育評論在目的、證據、論點上的一般基本要求。第四點「形式有益」列舉了四個形式面向：1. 文獻探討、2. 規範性論點、3. 對實務的理論探究、4. 對某一領域提供有潛力的研究方向。在撰寫教育評論時，可依據需求適時交互運用這些形式面向，以發揮最高的論述效益，提出有利建言。

爲一一說明「形式有益」所指涉四個面向的實質內涵，以下運用《臺灣教育評論月刊》第 11 卷第 3 期[5]主題「中小學生課程負荷評估」數篇主題評論文章所採取的主要形式面向，舉例說明：

第一，運用「文獻探討」：呈現並分析主題相關的前人研究，作爲論證依據。例如：「從 108 課綱科技領域之增加談偏遠地區教師的教學負荷」（陳奕璇，2022）一文，即先引用多篇呈現偏鄉教育現況與困境的文獻加以探究，再提出作者的觀點與建言。

第二，提出如何思考或實踐的「規範性論點」：即先分析所觀察現象或政策之優劣影響或利弊得失，再提出規範性的論點供參考。例如：「十二年國教課綱實施對高中生學習負荷的問題與因應」（許籐繼，2022）一文，在呈現高中生學習與 108 新課綱規定的四個落差現象後，作者即針對高中生學習，提出相對應的四個「規範性論點」，作爲解決之道的建言方向。

第三，提供「對實務的理論探究」：即提供理論觀點，以探究對教育現象可能的解決思維。例如：「教師能動性與課程負荷現象」（劉玉玲、謝子陽，2022）一文，即以「教師能動性」的理論和研究，來探討「課程負荷現象」這個實務問題的可能解決思考。

第四，對某一領域「提供有潛力的研究方向」：例如：「如何透過課程領導轉化課程負荷」（張如慧、曾靜悅，2022），以及「從學習評量設計省思師生課程負荷」（徐秀婕，2022）二文，各提供了「課

---

[5] 筆者擔任該期輪值主編之一。

程領導」和「學習評量設計」之教育專業行動作爲中介因素，來轉化「課程負荷現象」，等於提供了進一步運用行動研究或實驗，來探究課程負荷可行的解決之道。

　　由以上分析可知，教育評論文章的「專業性」，來自於原創的教育觀點、可信的證據、有力的論證，並能運用文獻探討、規範性論點、實務之理論探究或有潛力之研究方向等多元的形式面向，來提供專業建言，讓讀者在閱讀中也能一同進入探究教育問題的思考脈絡。

伍、匯集教育評論力量，以教育專業提升對教育公共事務的關注（代結語）

　　大眾最期待又耳熟能詳的專業評論，莫過於古典音樂之樂評，其深入淺出又精確深刻的鑒賞，來自於樂評家敏銳的聽力感性直覺，與長期理性進行不同作曲家、指揮家與樂團之歷史背景與風格版本之比較，再轉化爲大眾可以理解之魅力文字，讓所有讀者心生嚮往，隨之進入古典音樂世界，到達成於樂的境地（崔光宙，1994）。

　　在不同崗位教育工作者所提的教育評論，是對自己熟悉或關切議題的批判反思。具智慧洞見的教育評論，可啟暮鼓晨鐘作用，成爲指引教育方向的專業交流；具前瞻觀點的教育評論，可喚起重視，作爲教育學術或政策決定的起始參考。

　　《哈佛教育評論》提出該刊主旨是爲伸張社會正義而提供發表文章的園地，其重視多元稿源與讀者的教育公共性，也重視言之有物、原創論述的教育專業性。由之回頭來看臺灣的教育評論風氣，教育評論應是眞正爲關心教育發展而寫，不爲學術聲望或評比；具有學術高度的教育評論，常呈現語重心長又深刻理性的專業建言。

　　《臺灣教育評論月刊》作爲臺灣網路社會中一個穩定的教育評論平臺，具有累積性、多元性、及時性、在地性、國際性，以及前瞻性等教育評論交流之功能。時常閱讀或撰寫教育評論，可提升教育社群的批

判反思和表達交流回應等能力，並以教育專業力發揮公共影響力。不論是實證研究、論述文章、教育省思意見及其他形式的文章，只要言之有物、證據充足、論證清楚，能對教育現象提出探究和省思，都值得撰述發聲、提供建言，以成就教育評論在臺灣之多元發展。總之，教育評論同時具公共性和專業性，值得不同崗位的教育工作者一同來投入。

參考文獻

佐藤學（2005）。**教師花傳書：專家型教師的成長**。陳靜靜譯，鍾啟泉審校。上海：華東師範大學出版社。

佐藤學（2019）。**學習革命的願景**（黃郁倫譯）。臺北：天下文化。

吳清山（2021）。**教育概論**（第六版）。臺北：五南。

林玉体（2015）。**西洋教育史**（修訂二版）。臺北：三民。

徐秀婕（2022）。從學習評量設計省思師生課程負荷。**臺灣教育評論月刊，11**(3)，45-50。

崔光宙（1994）。**名曲與大師**。臺北：大呂。

張如慧、曾靜悅（2022）。如何透過課程領導轉化課程負荷。**臺灣教育評論月刊，11**(3)，35-38。

教育部（2014）。**十二年國民基本教育課程綱要總綱**。臺北：教育部。

許籐繼（2022）。十二年國教課綱實施對高中生學習負荷的問題與因應。**臺灣教育評論月刊，11**(3)，7-13。

陳奕璇（2022）。108課綱科技領域之增加談偏遠地區教師的教學負荷。**臺灣教育評論月刊，11**(3)，。

黃政傑、吳俊憲（2018）。分科教材教法之教學改革。收於黃政傑、吳俊憲、鄭章華主編，**分科教材教法問題與展望**，頁3-14。臺北：五南。

楊龍立（2013）。《教育論叢》的旨趣——真正實現學術自由與自主。**教育論叢**，臺北市立大學教育學系。取自：https://edu.utaipei.edu.tw/p/412-1056-2495.php?Lang=zh-tw

劉玉玲、謝子陽（2022）。教師能動性與課程負荷現象。**臺灣教育評論月刊，11**(3)，39-44。

蔡清田（2020）。**核心素養的課程與教學**。臺北：五南。

Harvard Educational Review (n.d.). Guidelines for Authors. Retrieved from: https://www.hepg.org/special/navigation/her-main/guidelines-for-authors

第四章

爲什麼教育學術圈裡的人不太寫教育評論文章

但昭偉

臺北市立大學教育學系教授

壹、教育評論的文章會得罪人：一個實例

有個朋友告訴我二十幾年前發生在他身上的一個故事。他年輕時代愛具名具姓投書到報社的民意論壇（或讀者投書專欄），針對教育議題發表意見。由於文筆流暢、針砭時事、又敢言敢說，全國性的大報經常會刊載他的文章，他因此也自我感覺良好，認為自己盡了一分知識分子的責任。有一次他根據報導，為文批評了某所有後臺的私立學校，說這所學校的某些作為有觸法之嫌。這篇文章登出不久後，他就接到一個高官的電話，問他還想不想在教育界混下去。我的朋友雖然義憤填膺，但終究還是個俊傑型的人物；在飽受震驚之餘，從此就封筆不寫這類評論性的文章了！

我說的這個故事也許有些極端，那評論性的文章也許有點類似政治上直來直往的揭弊爆料。政治上的揭弊爆料者通常擁有相當多的政治資源（如揭發林智堅論文抄襲的王鴻薇），不然就是有驃悍的人格特質和經常被告的經驗（如美麗島電子報董事長吳子嘉）。這類爆料揭弊者，透過其作為可以伸張他們以為的正義，乃至可以為自己累積政治資源，何樂而不為？只要這個社會存在貪贓枉法的事，政治上的爆料和揭弊就一定會存在。

另外有一類爆料揭弊者，他們通常出身於發生紕漏的單位和體制內部。他們對所屬單位和體制中的問題知之甚稔，甚至手握與弊端有關的直接證據。這一類人由於是自己人，假如他們挺身而出做個啄木鳥，放言高論自己所處系統的不當之處，身分曝光之後，不僅可能遭受體制當中系統性的有形迫害（如調非主管職、無法升遷、考績丙等），更可能會受到自己人無形的情緒壓力或迫害霸凌，所以這種爆料揭弊者會很小心隱瞞自己的身分，我們稱這種人為抓耙子。最有名的抓耙子是美國尼克森總統水門案的深喉嚨，他隱瞞自己身分長達三十多年，但他的作為對美國總統濫權犯法有懲前懲後的作用。像這類性質的爆料者，會把自己知道的讓別人替他寫出來，一舉數得，也會是個好做法。

在某一個程度上，前述我的朋友在報紙民意論壇的教育評論文章，

也屬於爆料揭弊性質。但不同的是，他自己本身不是擁有鬥爭實力的政治人物，沒有天不怕、地不怕的膽識，也不可能從揭弊當中獲取任何政治上的利益。更不幸的，他當時涉世未深，沒有意識到如此性質的文章所可能帶來的風險，竟然用了本名來評論他不以爲然的事端。在對方擁有堅強政治實力且不忌憚運用自己權勢的情況下，他會被恫嚇也就是理所當然的事。此外，當時我那年輕的朋友萬萬也沒想到，原來看似溫柔敦厚的行政官員，會搖身一變成爲猙獰的政治打手。假如他知道人世間的凶險，他大概就會用筆名投書了。或者，更可能的，他根本就不會向社會大眾表達他對那所私校的不以爲然。

由我以上所寫的故事，讀者大概就可以明瞭，爲什麼教育學術圈裡的人不太會去寫教育評論性質的文章（或論文）了。最簡單的理由就是：寫出來會得罪人，而且會得罪自己的人，而得罪人的後果會非常苦澀！我朋友的文章與爆料揭弊有關（頂多就是根據別人的揭弊爆料進行了相關的評論），寫出來當然會得罪人，但一般沒有爆料揭弊元素的評論性文章，也同樣會得罪人。我在這篇文章當中，要做的就是去分析爲什麼即使沒有爆料揭弊元素的教育評論文章（論文），寫出來仍會得罪人的原因。我要指出，教育評論性的文章之所以會得罪人，主要植基於「儒家倫理思想的制約」與「評論性質活動的要求」兩者之間的緊張關係。除此之外，我也想交代，當下高等教育與學術研究的環境當中內含有系統性的機制，讓我們不想去寫具有評論性質的文章（論文）。面對著根深蒂固的文化和盤根錯節的體制，我們大概只能等時間來解決了。但在進入主文之前，我要稍微交代什麼是我心目中具有評論性質的文章（論文）。

在理念層次上，評論性文章（論文）是嚴謹且立意良善的文字，也就是「言之有物、言之有據、言之有理、言之有益」的文字（在《古文辭類纂》這本書，姚鼐把如此性質的文章歸之爲「論辯類」）。這樣的文章（論文）或是針對人（自己或他人的品性、行爲、信念、主張、理論、作品等）、或是針對事（之前或當下發生的事、機構或體制的設計、政策、行政作爲等）所作的評論；由於人與事經常分不開，所以評

論性文章（論文）針對的就是人事上的是是非非。當然，所謂的評論並不必然就是負面的（非非，也就是去非議那不處在理想狀態的人或事），也可以有正面的評論（是是，也就是去肯定那處在理想狀態之下的人或事）。但比較兩者的價值，若我們根據歐陽修在〈非非堂記〉這篇文章中的論點，也就是「是是近乎諂，非非近乎訕，不幸而過，寧訕無諂」的想法，非非的價值就會比較高。因為如此，我在此所謂的評論性文章（論文）是具有批判性元素的作品，也就是對評論對象的不以為然。但須強調的，這種性質的文章（論文），通常可供被評論對象或主其事者的反思、改善或精進，即使作者的撰寫動機不見得全然良善（如作者想凸顯自己的優越聰明，或只是想打擊被評論對象等）。另外，評論性文章（論文）的對象可以是活著的人或當下的事，也可以是死去的人或古早以前的事；若是前者，其所引起的爭議就非常高，造成的結果也比較嚴重，而若是後者，其歷史性質和學術性質就比較濃厚，也就不太會引起紛擾，除非與被批評對象有關的子孫和學生有超乎常人的歷史感。我以下所談的教育評論文章（論文），不僅具有批判的性質，其評論對象也多是當下的人與事。

貳、儒家倫理的道德要求與實踐

　　不管我們願不願意承認自己是中國人，不管「中國」這一個詞在我們腦海當中會引起什麼負面的想像，不管臺灣是多麼的多元化，也不管臺灣社會歷經了多少或多大的變遷，今天臺灣社會的主體還是中國傳統中的儒家文化。儒家強調的人倫關係，儒家以人倫關係為基礎所建立起來的道德觀，一直到今天都左右了我們日常生活中的思維、判斷與行動。

　　儒家道德的體系有兩個特徵。在外觀結構上，儒家的道德體系是以五倫為核心而向外開展；在人倫運作的基礎上，儒家道德則是以忠恕之道為準據。

　　在外觀結構上，儒家的道德體系是以「君臣、父子、夫婦、兄弟、朋友」五倫為其主幹，五倫之外的人際關係，全都可以從五倫關係衍生出來，或用與五倫類比的方式來建立。比如說師生關係就類似父子關係（同學就類似兄弟姊妹），在社會生活中我們遇到的人，也全都會被我們納入虛擬的人倫關係（如父母結交的同年齡朋友，對我們而言就是伯、舅、姨、嬸；也有許多人喜歡廣結義子、義女、義父、義母等），即便是八竿子打不到的男男女女或老老少少，也會被視為同胞。中國社會有濃厚的集體主義傾向，一個人與他所屬的團體總是休戚與共；有點像今天的北約軍事結盟，假如任一同盟國被攻擊，就要視同所有同盟國的被攻擊。

　　在以五倫為主幹而向外開展的道德體系中，所謂道德的人就是能在人倫秩序中，扮演好自己人倫角色的人，也就是君要像君、臣要像臣、父要像父，子要像子……。再依此類推下去，道德的人也要扮演好他所占據的各種社會角色，所以士要像士、農人要像農人、工匠要像工匠、商人要像商人。很簡單的說，儒家的道德觀非常強調每個人有義務將自己的人倫角色和社會角色扮演成功；道德秩序乃至理想社會的形成，在於每一個人扮演好他的人倫或社會的角色。也就是要忠於自己的職守和角色，一個儒家的道德人要經常問自己是否盡到了一己的義務，這就是忠道原則。

　　一個人究竟應如何來履行他的人倫和社會角色？在一個穩定的社會中，社會已然有許多的成規或禮俗來約束個人。但由於社會或自然情境的變化或新情境的出現，個人的舉止行為需要依照新情境而有所調整。在這一點上，儒家道德要求每一個人將心比心的來因應。也就是一個有良心的人所喜歡的、所希望有的、所想要的東西或狀態，也希望別人能擁有（這就是己欲立而立人，己欲達而達人）；一個有良心的人不喜歡的、不想要有的東西或狀態，絕不加諸人（這就是己所不欲，勿施於人），這就是恕道原則。

　　具體而言，以儒家思想為核心而建構出來的道德觀，在日常生活的實踐當中，有著如下的幾個特點：

　　第一，儒家的道德立基於天倫，很自然地就充滿了親情，這就是所謂的親親。由親親的家庭倫理推廣到整個社會，會使整個社會產生濃厚的溫情（張錫勤，2008）。儒家的道德強調的是對人的關懷，越是親近的人，我們對他們關懷的程度就越濃厚，甚至可以超越國家法律的要求。

　　第二，立基於天倫的道德體系為了維持其穩定，一定也會強調所謂的尊尊。這是因為以天倫為基礎所發展出來的社會，一定存在著長幼、尊卑、男女、嫡庶及親疏之別，而這人倫與社會關係的維持，不僅要靠親親，更要靠尊尊（張錫勤，2008）。由儒家道德所發展出來的社會是強調尊卑有序的社會，人倫與社會秩序的維持一方面要靠尊者對卑者的權威行使，另外一方面也要強調卑者對尊者的順從或服從。所有以儒家道德為基礎的社會，對於尊卑長幼的次序都非常看重，也會依這次序來進行是非的判斷與行動的採取。日本、韓國、中國大陸都是如此，臺灣也不例外。

　　第三，以儒家道德為基礎的社會特別強調人際和人倫間的秩序與和諧。儒家非常清楚，人倫秩序和社會秩序的維持與和諧本來就不容易，人類社會當中的變因實在太多。一方面是人心惟危、人心叵測、人欲橫流；另一方面是傳統社會生產技術不發達，物質欲望的滿足不易，也沒有現代治理的知識與機制。在生產技術與現代治理知識沒有獲得重大突破的情況下，傳統儒家專注於人心的內在修養，也尋求以集體的力量來維持人倫和人際之間的秩序與和諧。之前所提的親親尊尊，都是求得人倫和社會秩序與和諧的方法。除此之外，儒家從生活經驗當中找到人倫和社會秩序能夠維持穩定的一些訣竅，也就是人倫和人際之間有一些相處的原理原則，如父子要有親、君臣要有義、朋友要有信等，社會成員只要依照這些訣竅或原理原則，人際和人倫的和諧與秩序就比較容易求得。也由於特別強調人際和人倫間的秩序與和諧，中國人的日常生活也就儘量避免衝突。人際和人倫之間的衝突代表了道德關係的破裂，破裂的主要原因常被認定是衝突者沒有善盡自己的人倫角色或社會角色，所以衝突凸顯了衝突者個人的道德瑕疵或道德破產。在這種意義下，中國人的日常生活就會儘量避免人倫或人際的衝突，如果有衝

突，就要避免公開化，衝突一旦表面化，就表示道德連結的斷裂，道德的連結一旦斷裂，原有的秩序與和諧就不容易恢復。中國人要儘量維持表面的和諧與自己的面子，部分的原因也植基於此；面子維持不住，會讓人無法做人。

第四，由於儒家擘劃的道德理想（道德圖像）相當的高遠，所以必須用心用力地來達成。儒家因此強調道德約束、道德修養和道德教育，乃至產生了泛道德主義的傾向。（也就是把許多東西都賦予道德上的意義，如看到歲寒中的松柏後凋，就想到人應像松柏一樣，在逆境當中也應展現強韌的道德節操；看到小魚逆游，就想到人應力爭上游等。）在儒家看重道德修養這件事上，儒家的道德心理學很強調個人的內心狀態和外在行為的緊密連結。「誠於中、形於外」，「慎獨」、「不愧於屋漏」，「誠意、正心、修身、齊家、治國、平天下」等想法，都是最好的證明。由於內心與行為的緊密連結，所以儒家道德不僅管人的外在行為，也管人的內心狀態，因為外在行為的表現，反映的正是內心狀態。這就是中國人不願意把人與事分開來看的原因。事做不好，就表示人的道德有缺失；道德有缺失，就表示事情不會做好。對事的批評，就是對人的攻擊；反之亦然。

我以上梳理了影響中國人日常生活當中的思維、判斷及行動的道德依據。從教育與文化的緊密關係及教育本身的保守性質來看，只要是在教育學術圈裡的人，即使受的是很西式的學術訓練，都無從擺脫儒家道德的影響或拘束。在如此的理解之下，我接著要說明：具評論性質的活動及從事評論活動的學者在運作時應遵循的基本理念與精神。

參、評論活動的基本理念與精神

假如盡忠職守是我們承載的儒家道德對我們的要求，那麼以公共型知識分子自許的教育學術工作者，就負有改善當下教育的責任。不管從什麼標準來說，在今天的臺灣社會中，各式各樣教育活動的運作方式和體制設計都有令人不滿意而亟待改進之處（臺灣一直到今天還是被視為

開發中的社會）。假如我們依循康德在〈什麼是啟蒙〉這文章當中對我們的期許，那麼作爲公共型知識分子的大學教師和研究機構的學術研究人員，就有義務在我們所處世界不完美的狀況下，針對與教育有關的人與事發表我們的觀察與評論。

在求眞與求善的要求下，我們的觀察評論及其成果，一定要立基於我們對評論對象的如實瞭解，而這種瞭解，是我們根據我們所可能掌握的證據、資訊、知識（理論知識和實作知識）及個人經驗，依事理而建構出來的瞭解。直截了當的說，我們在從事評論的工作時，最基本核心的要求就是眞理和事實的掌握。只有在對評論對象有盡可能接近眞實地瞭解之後，我們才能進一步指出被評論對象所可能有的各種缺失或不足，最後才能去權衡和判斷那對象整體的是非、對錯、善惡、虛實、高下與好壞，不如此，我們的權衡與判斷的結果，根本就不會有價值，也不應該被接受。當然，我們進行的權衡、判斷與批評也還要有依據。我們的依據不外是我們對人情事理的瞭解、邏輯推理的依循、各種理論和知識的掌握，乃至親身經驗的援引，如此有憑有據的評論成果，在正常情況下就可供有關的人或社會大眾來參考，如有幸被接納，就有可能被引用來作爲改善現實世界的參考。

爲什麼我們教育學術圈裡的人，不願意或甚至不敢去從事上述立意良善且爲我們道德所要求的評論活動？我認爲最主要的原因是這樣的活動與我們儒家道德在實踐上有內在的矛盾衝突。

稍微詳細一點的說，我們在從事教育評論的活動時，我們的活動主軸是求眞。之前提過，評論的活動如果不是建立在求眞的基礎上，這樣的活動就沒有價值；不以求眞求實爲基礎的評論活動，在第一步就成不了貨眞價實的評論活動。在評論性的活動中，沒有眞就沒有善，善是建立在眞的基礎之上。

求眞活動的場景，類似於美國政治哲學家羅爾斯（John Rawls）在他的名著《正義論》中設想出來的原初情境（the original position）。爲了要確定社會生活中最基本的原理原則（也就是最基本的正義原則），一群處在無知帷幕（the veil of ignorance）之下的人，要來進行

推敲與選擇那原則的工作。這群人不知道自己的出身、宗教、族群、性別、年齡、聰明才智、外貌美醜、貧富與社經階層，他們要憑著基本的理性和正義感，來決定社會運作應依循的最基本原則。根據羅爾斯的這個理論設計，這群處在原初情境及無知帷幕下的人，最後選擇的是兼顧自由與平等的正義二原則。同樣的，在從事評論性活動的我們，為了求得與被評論對象有關的事實或真相，我們的性別、財富、職業、社經階層、宗教信仰、人際和人倫關係、喜好厭惡等等，全都變得不重要，這些種種全都與真理和事實的追求無關。換句話說，在這樣的活動中，傳統儒家要求的親親、尊尊、人際和人倫尊卑次序的和諧穩定與衝突的避免，都變得不重要，甚至說，都沒有關係。凡是會阻礙真理和事實追求的因素都應排除，而在之後的權衡、判斷與評論的基礎，也就建立在一個與親親、尊尊、人際和人倫關係和諧全都無關的事實掌握。在如此性質的活動中，活動的成品（也就是教育評論文章或論文）就可能與固有儒家道德的要求相牴觸。教育評論文章和論文在真理與事實的基礎上，有可能對尊者不敬、對親者疏遠、破壞人際和人倫的和諧、忽視既有的權威，是對儒家道德實踐要求的挑戰和威脅。更嚴重的是，凡是與被評論對象有關的人，其道德的地位都會受到威脅，因為他被批評的事實就表示了他內心狀態可能經不起道德的檢驗。

　　我一開始所舉朋友寫教育評論性文章所碰到的遭遇，可以說是我上述說法的最佳例證。他的文章批評了某一私校疑似不當的作為，而這私校的主其事者和教育界有權有勢的人士有關，在自覺受到侮辱的情況下，惱羞成怒地要求行政官員出手教訓我的朋友。在儒家道德的實質運作下，我朋友文章所批評的不僅是評論對象的作為，更是他道德的人格和內心狀態；我朋友的文章所惹惱的不是一個人，而是一群人，這群人形成了一個集團，而我們只要挑戰和批評其中的一個人或這個集團中的一件事，不啻就是與這集團宣戰（就像之前提到的北約一樣）。但這裡有更值得提出來的一點。由於臺灣的教育學術圈並不大，每一個人與其他人透過各種的人際關係都可以產生連結，所以嚴格來說，教育學術圈裡的人都是自己人。在這種情況下，願意具名具姓來評論自己人的，就

會非常少，因為這麼做，會有倫理道德上的壓力。這就是為什麼長久以來，教育學術圈比較少有自清的活動，把炮口朝向教育界和對教育界開火最猛的人，大都不會是自己人，因為自己人對自己人開砲，會牴觸傳統道德的要求。一旦對自己人開砲，那開砲者的下場往往不會好，也會被逐出自己人的圈子，成為一隻孤狼，這是具有傳統儒家性格的人所不願意落到的處境。

我在這篇文章中並沒有舉什麼教育評論文章（論文）的實例。為了讓讀者對什麼是教育評論文章（論文）有較鮮活的印象，也為了要讓讀者來體會為什麼這類作品會讓人覺得不愉快，我以我自己不太被人閱讀的文章（論文）為例，來做具體的說明。我要強調，我的文章（論文）離理想的教育評論文章（論文）還差的遠哩！我之所以用它們當作例子，純然是偷懶方便。我隨手翻閱了一下我多年來的教育評論文章（論文），發現有些文章（論文）的批判性可能太強，直接或間接的與儒家傳統道德的要求不合，不知不覺可能得罪了許多人。這些文章（論文）如：

1. 但昭偉、鄭仲恩、蔡如雅（2022）。〈2030 雙語國家政策釋放出來的訊息〉。（文刊於《臺灣教育哲學》，第 6 卷，第 2 期，頁 69-92）這文章批評了由賴清德擔任行政院長時主導的雙語國家政策。

2. 洪銘國、但昭偉（2015）。〈皮德思教育三規準論在臺灣的引介及其所引發的問題〉。（文輯於《市北教育學刊》，第 50 期，頁 33-52）這篇文章批評了我的老師歐陽教先生在引介皮德思的教育三規準論時，夾帶了許多自己的見解，導致臺灣教育學術圈子裡的人對皮德思的認識有不盡然忠於原作之處。我們也指名道姓的批評一些教育學者，在引用皮德思的教育三規準論時，根本就沒有閱讀原著，只是一味沿襲歐陽教先生的說法。最後，我們批評了臺灣教育學術界在理解外國的思潮時，所犯的四項錯誤。

3. 但昭偉（2015）。〈評當代教育哲學〉。（文輯於《市北教育學刊》，第 51 期，頁 119-124）在這書評裡，我針對邱兆偉教授主編的《當代教育哲學》（臺北：師大書苑，2003）一書進行批評，文中

對這書所有的撰稿者（一共有八位，包括老師輩的學者、我的朋友和我自己）都有微詞。

4. 但昭偉（2014）。〈人權與學生權概念的再澄清——向蘇永明教授請益〉。（文輯於《教育哲學 2012》。臺北：學富文化，頁 114-130）文章中，我很挑釁地把我的朋友蘇永明對人權和學生權的見解，類比為張之洞對民權的看法及唐吉軻德對風車的攻擊，並一一反駁他的立場。我在研討會宣讀這篇文章時，我的學生蔡如雅問我，這文章名之為向蘇永明教授請益，卻為什麼一直都在批評他；臺大哲學系的曾漢塘教授也提醒與會者，蘇永明教授就正坐在研討會的現場。

5. 但昭偉（2009）。〈賈師教育倫理學評述〉。（文輯於黃昆輝、楊深坑主編，《賈馥茗教育學體系研究》。臺北：五南，頁 313-323）這篇文章是賈師馥茗《教育倫理學》一書的書評。在當中，我交代了這本書的大要，並在文章的最後一小節處，表達了不同意賈師的三個意見。這篇文章可對比俞懿嫻在同一本書當中同性質的文章。

6. 但昭偉（2001）。〈對生命教育的一些質疑〉。（文輯於但昭偉，《思辯的教育哲學》。臺北：師大書苑，2002，頁 165-187。原文刊載於《教育資料集刊》，第 26 期，2001）這篇文章是針對教育部把民國 90 年定為生命教育年所提出的批評。我從實務及理念層面來批評生命教育年的推動，這批評激起了臺大哲學系孫效智教授的反駁。孫效智迄今還是推動生命教育的最主要人物。

7. 但昭偉（1995）。〈教育研究的三部曲及其可能的謬誤〉。（文輯於但昭偉，《思辯的教育哲學》。臺北：師大書苑，2002，頁 43-60。原文刊載於《初等教育學刊》，第 4 期，1995）在文中，我對臺灣教育學術圈的研究成果表達不滿，對許多教育研究工作者所採用的研究模式也有批評。我指出許多教育學者在進行研究時會採取的三個步驟，而這三個步驟都各有其問題。

除了上述隨性想到的教育評論文章（論文），我學術生涯當中對儒家道德、臺灣道德教育的推動及道德教科書的編纂都有不客氣的批評。基於這些批評，我主張個人應該有最大的自由、最低限度的道

德、學校中沒有正式的道德教學也沒有關係，種種的主張都與主流陣營不合。這些方面的文章我寫得很多，在此不列。假如有人要質問我：從你所列的著作來看，教育學術圈終究還是容納得下評論文章（論文）啊！針對這質疑，我的回應則是：像我這樣的作品終究不多，也不是主流呀！

肆、臺灣高等教育及學術體制不利於評論性質文章（論文）

　　由於寫評論文章（論文）可能會得罪人，所以使得教育學術圈的人不願意寫如此性質的文章。其實，單單只是得罪人還不要緊，怕的是得罪人之後，被得罪的人會利用一切可能的機會來報復，使得願意以求真精神來揭露一己之見的人可能受到實質上和精神上的傷害。不幸的，這幾十年來，臺灣高等教育及學術活動的體制及其運作，越來越不利於願意寫評論性質文章的人。也就是說，願意以求真求實精神來寫評論性質文章的人，越來越可能在學術和高教活動中被報復、被排擠、被邊緣化、被孤立，甚至會得不到原本可以得到的外在酬償（升等、研究專案和經費、政策制定的參與、學術活動或學術組織的參與機會等）。這種實質的損失是高教和學術社群成員不願意發生的事，為了避免這種實質的損失，願意撰寫評論文章（論文）的學者就會更少。

　　我在這裡，要稍微點出當下臺灣高教和學術體制在運作過程中，有哪些機制可以被拿來對付人，以致可能澆熄了求真求實的學者從事評論的熱情和動機。

　　簡單的說，當下臺灣學術社群運作的原則之一就是同儕審查（peer review）。也就是凡是學術成品是否會被接受，端賴學術社群同道的審查結果。這同儕審查原則應用於下列的活動：

　　1. 學術和高等教育職位的取得和升遷。舉凡獲得博士學位者要申請高教或學術機構的職位、在高教或學術機構已取得職位者要申請升等，均要接受同儕的審查。在那行政運作過程中，學術職位的取得或升遷究竟要由哪些同儕來審查，還有待在高教和學術行政單位中的掌權者

來決定。這些掌權者的決定，也許在第一步就會影響實質同儕審查的結果。

2. 在高教或學術單位中，爲了激勵成員在研究、教學和服務上的表現，往往會設有特別的獎勵辦法，這些辦法也經常伴隨著對表現優良者在物質上的酬償。而這些外在之善的取得，也往往會在相關主管的指導下，透過同儕審查來進行。

3. 國科會的各種專案申請（一般研究、專書撰寫、經典譯註等）也都採同儕審查的原則。由於申請案的數量龐大，在進行實質審查之前，國科會各學門的召集人及副召集人，會依其專長來推薦申請案由哪些人來負責審查。

4. 中央政府中的許多部會和地方政府，均有許多的資源可以分配給學者，如研究經費、各種任務型委員會的職務等。這些資源或職務的分配，不例外的會依機構當中有權者的喜好及理念來決定。在如此的場合當中，也運用了同儕審查原則。

5. 當下教育部有各式各樣競爭型的專案補助（如大學深根計畫），各大學此類專案計畫的申請，在政治力量的角力下，毫不例外的是同儕審查原則的運用。

6. 各式各樣族繁不及備載的評鑑，包括大學評鑑、系所評鑑、通識教育評鑑、高教和學術機構當中針對教師和研究人員的績效評鑑等，都是同儕審查原則的運用結果。

7. 學術論文的刊載與否也需經過同儕審查的運作。眾所周知，當我們將學術論文投到某一學術期刊時，依各學刊不同的作業規定，有些學刊會有編輯負責初審的階段，初審通過後進入學刊編輯委員會，再由編輯委員會推薦數名有專長者來審查那論文。遇到較具爭議性的審查結果，學刊主編或編輯委員會則會扮演最後決定的任務。整個過程都是同儕審查的應用。

在這些機制重重的箝制下，教育學術圈的人在從事評論活動時，因此會有投鼠忌器的顧慮。假如一位學者沒有相當的地位（學術上的和行政上的），沒有說大人則藐之的氣魄，沒有先天下之憂而憂的精神，或

沒有初生之犢不畏虎的粗膽，就不太可能去寫評論文章（論文）。資淺的人著眼於學術界的各種發展條件和資源（如升等、續聘、研究經費、學術人脈等），不會去寫；資深的人爲了歲月靜好，在江湖老膽子小的情況下也不會寫；大學當中主其事者爲了替自己的單位爭取到官家銀兩，更不會寫。

伍、結語：我們仍有樂觀的理由

假如以上的觀察和論述不至於有太大的謬誤，那我們該怎麼辦呢？面對這問題，我的回應是：我們仍然要對臺灣學術界抱持著希望和信心。臺灣整個社會都在變化，許多地方也都在進步，學術界因此也會變化，也會進步。臺灣走上自由民主之路的時間並不久（自 1987 年迄今），但回頭一看，進步的腳步穩健也快速。教育學術界的進步難道不也會是如此嗎？秉持求眞講理精神的評論活動，遲早會和求和論情的傳統道德融合在一起。

參考文獻

但昭偉、鄭仲恩、蔡如雅（2022）。2030 雙語國家政策釋放出來的訊息。**臺灣教育哲學，6**(2)，69-92。

但昭偉（1995）。教育研究的三部曲及其可能的謬誤。**初等教育學刊，4**，249-264。

但昭偉（2001）。「生命教育」的生命。**教育資料集刊，26**，113-130。

但昭偉（2002）。教育研究的三部曲及其可能的謬誤。載於但昭偉，**思辯的教育哲學**（頁 43-60）。臺北：師大書苑。

但昭偉（2002）。對生命教育的一些質疑。載於但昭偉，**思辯的教育哲學**（頁 165-187）。臺北：師大書苑。

但昭偉（2009）。賈師教育倫理學評述。載於黃昆輝、楊深坑主編，**賈馥茗教育學體系研究**（頁 313-323）。臺北：五南。

但昭偉（2014）。人權與學生權概念的再澄清——向蘇永明教授請益。載於周愚文、林逢祺、洪仁進、方永泉、張鍠錕、彭孟堯主編，**教育哲學 2012**（頁 114-130）。臺北：學富文化。

但昭偉（2015）。評當代教育哲學。**市北教育學刊，51**，119-124。

洪銘國、但昭偉（2015）。皮德思教育三規準論在臺灣的引介及其所引發的問題。**市北教育學刊，50**，33-52。

張錫勤（2008）。**中國傳統道德舉要**。哈爾濱：黑龍江大學出版社。

第五章

教育評論的學術基因與可能貢獻

邱世明

臺北市立大學教育學系副教授

在當前學術期刊的徵稿分類中，教育評論的文稿通常是另歸一類，有別於位居學術殿堂核心地位的實徵性研究。的確「評論」與「研究」看來是有點差異，而且跟眾說紛紜的「喧嚷聲浪」如何能在學術性質上畫清界線，也是個複雜的問題。但我們應該就因此而將之列為學術界的備位文稿嗎？本文擬從學術論文本質的思辨著手，並討論教育評論的學術屬性及其可能貢獻。

壹、從大學課堂一隅的擬想出發

大學普遍被認為是最具學術性的機構，我們不妨就從大學課堂一隅的擬想出發，來找尋眾所追尋的學術理想。

試著一起想像，如果教師在教育哲學課堂提出個問題：「讀過知識論這章之後，請思考一下：我們應該怎樣辨別什麼是確定可信的知識？什麼是信念？或者只是意見？」審視一下我們過去擔任老師或學生的課堂經驗，應該不難擬想出學生的幾種思考脈絡及其可能答案：

引據：根據教育研究法書本第○○頁，經由不同方法所獲取與驗證的資訊及知識，其可信程度不同。例如：感官經驗、輾轉傳聞、專家意見、科學系統方法所建立的知識等。

分析：指出主觀意見、經過累積琢磨的信念、已成體系的知識，三者在可驗證性、可信任度、具學術共識上面，有明顯的程度之別。

綜整：比較不同哲學學派在驗證知識的可信度時，所採取的方法不同。例如：理想主義與實在主義對於知識的觀點就有不同的基本假定，並說明兩者可能各有其適用的領域。

質疑：如果觀察科學與醫學等的歷史發展，應該可以發現會有新的觀點不斷推翻過去的定見（例如：地球中心說）。那麼是不是現在我們所確認的知識只是尚未被推翻，所以也只能有限程度的相信？

我們不難發現，人在試圖解答問題時，可能會有引據、分析、統

整、質疑等不同取徑，而這些心智活動又各自發揮不盡相同的功用。但這時如果鼓舞持續類似的討論 20 分鐘，課堂上的學生可能就會逐漸起疑：是否知識的「可信度」其實是程度高低的問題，而不是全有全無的問題？就像統計考驗達到顯著的，仍是有錯誤機率。只不過人類畢竟所知有限，在面對視野之外仍是無知的另一端，別無選擇的只能戰戰兢兢的信任目前所僅能掌握較為確定的知識、或是有限確定的資訊與判斷（例如：颱風路徑預報），甚至只是有限證據的擬想（例如：宇宙大霹靂理論最初只是個推想[1]）。

課堂的想像到此先暫且停一下，我們可以藉著以上擬想而聯想到一些問題：

一、這樣的課堂所作的討論問答，與學術圈子的耕耘努力，是否有若合符節之處？也就是說：對於同樣是探求問題答案的課堂討論活動去進行比擬分析，是否可以提供學術界的參考反思？

二、若將學生的回應分成：具體回答、分析比對、概括統整、起疑挑戰等類別，這些不同取向的探析思辨，各有怎樣的價值呢？

三、學術論著、課堂討論與街坊暢談，三者有怎麼樣的主要差異呢？

四、如果把大學課堂的討論比擬成微型且尚欠成熟的知識探究，我們所該探尋的問題最好是在找尋確定性答案（例如：學校裡有幾棵臺灣欒樹），或努力追求價值性與可能性的發展（例如：怎樣讓 AI 成為人類社會的助手而非殺手）？人文社會科學領域的知識與問題屬性，會跟自然科學的屬性相同嗎？若有差異，那麼研究方法的取徑上是否也應該有所不同？

五、課堂上的教學，若是致力於開放性問題的討論，通常會比徵求封閉性問題的答案，具有更高的教育價值，也會獲得更多的肯定。而在學術研究領域呢？

---

[1] 參見維基百科有關「大霹靂」或「Big Bang」詞條。取自https://zh.wikipedia.org/zh-tw/%E5%A4%A7%E7%88%86%E7%82%B8

六、如果這些大學課堂上的熱烈討論，可以比擬於期刊所刊載百家爭鳴的各方論著，那麼我們所期待的學術論壇，主要是找尋並回答特定問題的確切答案，或是應該要「兼顧」甚或「看重」不同取向的思考與提問方式，並期待有更多可能答案的累積與學術視野的擴展呢？

七、如果把評論性文章的論述，放到哲學課堂的擬想中，對於我們仍舊感到一無所知的那片園圃，教育評論可算是屬於哪一種的提問、探究、眺望或遐想呢？

八、尤其最重要的問題是：在提出以上問題時，是否這些問題本身不自覺的就存在著偏見與預設立場？甚或錯誤邏輯呢？

貳、檢視學術論文的相關運作

如果試圖回答前段的一系列問題，顯然不能只有分析課堂討論的問題形式與思考架構，我們應該檢視怎樣的論文會被歸屬於學術性的，更應該檢視學術論文通常在追尋哪幾種問題的答案或提出哪些問題，並根據分析結果，審視教育評論與這些論文在學術屬性的異同，及其為學術做出貢獻的可能性。

在國家圖書館期刊文獻資訊網的檢索介面中，把期刊文獻的資料類型分成學術性與一般性兩類[2]，只是並未看到如何區辨兩者的相關說明。以關鍵字檢索相關文獻，也未發現對於學術論文的界定或探討。此時，我們或許可以反向的從已經被認可為學術性的期刊中，觀察這些期刊透過哪些實際運作來論證自己的學術屬性。

在國家科學及技術委員會（簡稱國科會）人文社會科學研究中心，透過期刊的收錄與評比，將期刊分為三個等級，並將評比為第一級與第二級者列為核心期刊，「以促進學術與期刊水準之提升」[3]。凡是具備匿

---

[2] 參見國家圖書館期刊文獻資訊網。取自https://tpl.ncl.edu.tw/NclService/

[3] 參見「臺灣人文及社會科學期刊評比暨核心期刊收錄」實施方案。取自https://www.hss.ntu.edu.tw/zh-tw/thcitssci/42

名審查制度，並以刊載原創學術論文為主之期刊，要參與其收錄評比的申請資格包含近 3 年每年如期出刊，且「近 3 年每年各期平均刊登經匿名審查之原創學術論文至少三篇」。評比標準包含：形式指標、引用指標、「期刊學術品質」問卷調查、學門專家審查等。顯然這是個嚴謹的評比制度，其實際影響則是各方研究者會有很高的意願將優質學術論文投稿到核心期刊上，因為論文能否被這類核心期刊所認可刊登，往往是審查學者們各項學術表現的關鍵指標。由此可見期刊的評比與收錄不論在目的上、審查標準上或其實質影響層面，都是致力於提升學術發展，而能被評比認可的，也就是獲得優良學術期刊的徽章。評比制度認證了期刊的學術性，這些學術期刊對論文的同意刊登則是認證了論文的學術性。

那麼這些學術論文都在探究哪一類型的問題呢？我們或許可以從期刊的徵稿啟事中找尋到一些蛛絲馬跡。從國科會人文社會科學研究中心公告 2022 年收錄期刊名單中，檢視獲評比為第一級的教育類期刊，可以發現多數的徵稿內容有相當程度的共同點：

一、表明是教育學術性刊物且為國科會核心期刊。

二、投稿須為原創性論文，某些期刊並註明稿件將經論文原創性比對系統的判讀。

三、重視實徵性的研究方法，在徵稿文件中明列：量化研究、質性研究、或混合研究等方法。也有些期刊在實徵研究之外，另列出理論論述、教育實際問題討論、教育研究成果、文獻評論、教育瞭望、資訊新知等類別。

四、設有審查委員會或編輯委員會以負責審稿相關工作，訂定詳盡的審稿流程與刊登條件，並採取雙向匿名審查（此為申請國科會期刊評比的門檻要件）。

五、詳定稿件之期待字數與撰寫體例，包含排版、字型、段落、標號、摘要、關鍵詞、附註及參考書目等。

六、重視著作權與學術倫理。

雖然有些期刊收受「文獻評論」的稿件，並指明是「就特定主題，

對相關文獻進行系統性之回顧與評析。」[4]不過與教育評論的概念似乎仍是有些出入。在各期刊的徵稿中，僅有少數收受教育評論性質的稿件。例如：《教育科學研究期刊》即聲明「具有批判性和創發思考的評論性論文亦爲本刊所歡迎」[5]，以及《教育研究集刊》「自 63-2 期起特增加〈研究紀要／學術評論〉文類」。界定這類文稿：

> 以開發特定議題或引發概念之討論爲主，包括實徵性研究成果之報導，理論或方法論課題之論述，特定研究專題之系統性綜合評論，或教育學領域之教學研究討論等。[6]

其所徵求的學術評論與教育評論一詞在概念上較爲相近。

透過以上的資料整理，可以發現這些廣受推崇的學術期刊主要是以嚴謹的審查程序、規格化的撰寫體例，加上強調研究方法、研究倫理、原創性等策略來爲論文的學術品質把關，更爲自身的期刊評比等第而努力。雖然沒有明確的定義什麼才算是「學術論文」，但是卻已經透過行之有年的徵稿審查制度與委員會專業判斷的共識，劃出了何謂「學術」的大致界線，以及核心與外圍的區別。就以教育評論、教育問題討論、教育新知等類別來說，顯然並不像實徵性論文得以位處學術核心，而是居於外圍的論文。

我們再次跳回到大學課堂的擬想來：我們適合傾向於相信某種闡述類型的答案就會比較眞切或更有價值嗎？遵循指導步驟而完成的研究報告內容，就會比較可信嗎？如果用這些問題來思考對於期刊論文的判斷

---

[4] 參見《教育實踐與研究》稿約。取自https://jepr.ntue.edu.tw/contents/contents/contents.asp?id=101

[5] 參見《教育科學研究期刊》 稿約。取自 http://jories.ntnu.edu.tw/jres/Graphic.aspx?loc=tw&ItemId=2

[6] 參見《教育研究集刊》徵稿辦法（2022.02.21編輯委員會會議修正通過）。取自 http://bulletin.ed.ntnu.edu.tw/content/?parent_id=2398

呢？

　　期刊徵稿的上述現象，想必也是來自於諸多實際因素的審慎考量而逐漸形成的。例如：有可能期刊是為了參與評比，而必須符應主辦單位的各種申請條件；也有可能評論性文章比較容易失之於主觀，所以必須對其抱持較為嚴謹的態度。然而，教育評論的形式真的不利於期刊追求學術性嗎？是因為實徵性不足？或是價值性不夠？是否我們應該進一步重新檢視眾所追求的學術性，在理想上應該具備哪些要件？每類文稿都應該具備同樣的學術元素嗎？或是得以各有取徑？各類文稿是否都跟教育評論一樣，也有其必須留意的風險？而我們為了盡量降低風險，是否有可能反而是限縮了學術理想的追求？

參、學術論文的理想特質

　　從事實層面來看，各期刊在判斷論文的學術屬性時，已有一套運作順暢的穩健制度。但如果我們再次從理念層次對學術的核心概念作一點思辨呢？能不能找到不太一樣的思考架構與核心元素呢？類似基因一樣的關鍵特質。

　　企圖討論什麼是學術，或許就如同企圖討論什麼是哲學一樣的令人卻步。雖然在專書與文獻中都沒有查到何謂「學術」的論述，但在辭典中倒是有些說明。教育部國語辭典簡編本[7]及教育百科[8]對於學術都是解釋為：一切學問的總稱。國語辭典[9]的網頁並進一步引用維基百科[10]作為

---

[7] 參見教育部國語辭典簡編本。取自https://dict.concised.moe.edu.tw/dictView.jsp?ID=28514&la=0&powerMode=0

[8] 參見教育百科網站資料。取自https://pedia.cloud.edu.tw/Entry/Detail?title=學術&search=學術

[9] 參見國語辭典網站。取自https://dictionary.chienwen.net/word/4a/a5/b033d2-學術.html

[10] 參見維基百科「學術」詞條。取自https://zh.wikipedia.org/zh-tw/%E5%AD%B8%E8%A1%93

補充：在古代中國是指追尋研究學問的方法與水準，在現代則包括了系統專門的學問，泛指高等教育和研究；並且追溯 academic 詞源，有「學院」與「知識的累積」等意義。韋伯字典對於 academic[11] 的解釋有幾個核心概念：理論性的研究、高等學府的課程或研究、對特定問題有技術與經驗之上的淵博學識；對 academy 解釋[12]為促進藝術、科學與文學發展的學者團體、高等學府、具有權威性的見解。

統整以上辭典所提及的概念，我們可以試著列出學術的幾個核心元素：

目的：促進藝術、科學、文學的發展與知識累積。

人員：研究高深學問的學者。

機構：高等教育學府或研究單位。

從事：以科學方法對特定議題進行系統性、理論性、專業的研究。

產出：具有權威性、原創性、廣為認可的見解、系統性的知識。

貢獻：提出理論或問題解決策略。

除了辭典對學術一詞的界定之外，事實上學術團體也會特別強調學術活動必須符應學術倫理，這可算是規範性的要件，一如前述各期刊稿約中的要求。學術論文既是學術研究的成果分享，那麼理想上也應該要具備這些核心元素。以上元素可加以整合概括為具有可信度與價值性兩個主要向度：

有價值性：解決問題、提出理論或新見解、促進知識累積與進步。

有可信度：嚴謹科學方法、由專業機構人員所為、信實度、具權威性。

觀諸前所提及各學術期刊對於論文品質把關所作的努力，正是在追求價值性與可信度（質與量的研究取向對此有信實度與實徵性等不同名詞概念）。因此當我們嚴謹檢核學術論文品質的時候，如果不是罣礙於每個細項元素（例如：實徵性）的門檻條件，而是著眼於更為上

---

[11] 參見韋伯字典網站。取自 https://www.merriam-webster.com/dictionary/academic

[12] 參見韋伯字典網站。取自 https://www.merriam-webster.com/dictionary/academy

位概念的價值性與可信度這兩個向度呢？是否每篇論文因為研究取徑的不同，而適合採用不同取向的評選標準呢（陳盈宏，2015）？適用於檢核自然科學學術論文的標準，同樣的適合套用在人文社會科學嗎（潘慧玲，2003）？現在行之有年的檢核機制，能適合未來激烈動盪且虛實不定的時代嗎？我們是否應該為人文社會科學（尤其教育學門）學術研究添加一點不同的基因，使能更有前瞻性展望與宏觀視野、更在乎洞見省思或創造性的想像、更能跨域大學校園圍牆或學術象牙塔的自我封閉？

讓我們再次跳回到大學課堂的擬想來，課堂的討論對於待答問題如果能找到共同認可的答案，可算是重要的成就與進展；而對於大家還沒有發現問題的地方提出質疑、或只是提問但尚未找到答案、或是對現有資料提出另種解釋取徑、提出橫看成嶺側成峰的翻轉視角、或以無人機高空俯視之所見做出補充、甚或對未來提出大膽的想像……這些算不算也是重要的進展？

而如果在課堂討論中這類的提問或思考架構的翻轉都有其重要價值，那麼在學術研究領域呢？是否在盡心嚴謹審查學術論文的時候，值得我們抬起頭或托起下巴，重新想想對於學術論文的期待是基於哪些理想？以上的論述必然不算是充分周延的答案，但如果由這些提問而讓教育研究人員展開後續的學術性討論，想必會有更周延的解答。

肆、教育評論的學術基因

一、教育評論的屬性

走筆至此，本文一再提及的教育評論應該是怎樣的論文呢？我們可以藉由《哈佛教育評論》（*Harvard Educational Review*, HER[13]）的徵稿

---

[13] 參見哈佛教育評論網站。取自https://www.hepg.org/special/navigation/her-utility/about-her

說明[14]來當參考。HER接受來自研究人員、學者、政策制定者、教育從業人員、教師、學生和博學觀察者對於教育相關領域的分享。其所徵求的稿件分為四類：研究著作、評論性文章、各方論叢、其他稿件。除了原創性實徵研究和理論研究之外，HER在有關評論性文章（Essays）的段落中表示，歡迎發表對美國和國外教育活動進行反思的文章。並進一步指出，評論性文章可以有幾種形式，包括文獻綜述、通論性論證、實踐理論的探索、指明某領域值得期待的研究途徑或尚待突破的關鍵。對於論文可信度，HER認為評論性文章其論述的「證據可以來自（但不限於）實踐、理論、個人經驗或驗證」。其所期待的評論性文章是能吸引讀者，結構邏輯清晰，並具有條理嚴謹的論點[15]。

顯然HER所徵求的評論性文章，與其他的研究論文一樣，必須具備學術論文的價值性，包含提出宏觀的評論、指出該領域的可能發展方向或期待解決的問題；另方面，也須具備可信度，包含論證有其證據、邏輯須條理嚴謹等。由於這些文章所討論的就是教育相關領域，我們可以用教育評論一詞來統稱之。同時，前述的價值性與可信度，也正是本文企盼教育評論所應具備的學術基因。

二、教育評論的可信度

可信度是一個耐人尋味的概念。不同性質的研究，在方法論上的基本假定就有差異，包含研究的實體、知識論等。因此在探討不同論文所追求的可信度時，必須先審視其所追求的「真實」與「知識」是什麼（潘慧玲，2003）。量化研究透過信度及內外在效度來證明：該研究對某個可確定觀察且真實的現象（實體）做出了真切的描述，並且不

---

[14] 參見哈佛教育評論網站。徵稿類別分為Research articles, Essays, Voices articles, and Other Submissions四類。取自：https://www.hepg.org/special/navigation/her-main/guidelines-for-authors，2023/09/26取自https://hepg.submittable.com/submit

[15] 同前註網址。

論是在原本的研究情境或其他類似情境中，其研究結論也都可以被證實為具有足夠的可信度（實徵性）。雖說質性的研究者對於研究資料會有更大的詮釋分析空間，但也同樣的會透過三角檢證、厚實描述等策略來強調信實度[16]。即便如此，批評者仍然質疑各種研究所關注的實體與現象，其真實性都只能有限度的獲得證實[17]，例如：智商。心理學者對智力的概念內涵各有不同定義，最後只能訴諸於各自編訂智力測驗的分數來做代表，但試題反應理論[18]學者卻又指出分數與能力的高低未必呈直線關係。因此，面對這種必須無止盡驗證其真實性的困擾，我們最終只能訴諸於常識性概念的判斷，當大多數有知識的人都認可為是真實存在的，那麼應當即可被接納為是真實可信的（楊孟麗、謝水南譯，2021）。正如同大眾都認為智力是真實存在的，IQ 是可信的一樣。

基於以上的整理，本文以接近日常語言的「可信度」來概括描述：量化與質性研究的信度、內外在效度、實徵性、信實度等概念，以資表示某研究論文可以被相信為真的程度高低如何。對於某些批評者所主張的：「並沒有所謂『真實』這種事」[19]則是抱持有限度的同意，因為這涉及到不同哲學學派對於真實的界定，同時也由於研究偏誤的必然存在，讓我們對於研究結果的真實性只能採取不同高低程度的接納，亦即可信度也是有程度高低之別，而非全有全無的命題。再回頭來看，各種研究法的技術、策略與規範，不也都是企圖提升研究的可信度嗎？只是研究派典取徑有所不同而已。

---

[16] 陳盈宏（2015）指出，「信實度」（trustworthiness）成為質性取徑的教育政策研究品質規準，包括「可信性」（credibility）、「可轉移性」（transferability）、「可靠性」（dependability）及「可驗證性」（confirmability）等概念。

[17] 參見楊孟麗、謝水南譯（2021），頁27-32。

[18] 參見余民寧（無日期），**試題反應理論的介紹（二）── 基本概念和假設**，取自 https://nccur.lib.nccu.edu.tw/bitstream/140.119/15124/1/259.pdf

[19] 參見楊孟麗、謝水南譯（2021），頁27。

　　如果我們同意：可信度其實是程度高低的議題，且不同派典的研究也透過不同方式提升其可信度，那麼教育評論的可信度應該建立在哪些基礎之上呢？或者有哪些是可以從現有的機制中取法沿用的呢？如果彙整前述 HER 等各期刊對學術論文的期待，再考量教育評論著重於反思的屬性，那麼以下幾點應該是教育評論建立其可信度的關鍵條件：

（一）論證需有適切證據

　　教育評論對於所關注的議題，在論述分析時都應當基於證據力適足的論據，猶如 HER 所提的各種證據，方足以形成可信的有效評論。作者也應適當揭露這些證據的來源及屬性，以供讀者判斷。

（二）評論規準的系統性

　　據以進行評論的規準，應當是有適當周延體系的、具有內部一致性的，而不能飄忽不定。一個無法自圓其說及自我完成論證的評論規準，其評論結果將欠缺可信度。

（三）條理嚴謹的邏輯性

　　不論是回顧的、綜整的、或展望性的教育評論，都不容易以實徵性來判斷其真偽與價值，而應該要有更大比重是檢視其論述邏輯的嚴謹度及條理清晰與否來作為判斷。

（四）排除情緒與利害干擾

　　所有的學術論著都應儘量摒除主觀情緒的一時好惡，更應嚴禁不當利益的糾葛。只有客觀而獨立的評論，才會有可信度。

（五）抱持開放討論的胸襟

雖說教育評論不免會涉及個人信念與價值取向，但保持開放討論的理性態度，傾聽不同意見的包容胸襟，都可以讓理性對話免於受到個別情緒或視野的限制，從而擴展論述的可能空間，並且透過多元意見的相互對質檢核，讓評論更具可信度。

（六）通過雙向匿名審查

商請專業人士做雙向匿名審查的制度，對於各類論文而言都是品質把關的重要門檻。

（七）由專業人士所撰寫

HER 所徵求的文稿雖然包含各方人士的多元聲音，但進行評論仍必須具備相當的專業素養，方能免於偏狹空洞或陷入現象表層的浮面評論。當然，真誠地傾聽各方人士的聲音，也是專業人士在進行評論之前應當虛懷以對的。想必這也是 HER 兼收這兩類文稿，並分開收納的原因。

（八）編者、作者與讀者的合作

最終，免不了的還是必須訴諸於編者與讀者的理性思辨，並藉由專業素養與共同的日常經驗來做判斷，以及由作者負起該篇教育評論的言論責任。

正如同從量化研究到質性研究典範的轉變，我們所信任的憑據，不再只限於精確的數字，也願意相信適當的詮釋描述。教育評論若能在題材與論證部分，訴諸於編者的專業素養與讀者的共同經驗以驗證其可信度，並在評論分析時透過嚴謹的邏輯以確保其論證的真確性，那麼教育評論也應當跟量化或質性研究一樣，在可信度部分受到適當的肯定才

是。本文主張，對此同樣是「有限的」相信。

三、教育評論的價值性

對於教育評論來說，可信度是在講求評論與題材的真實性，更在講求推論邏輯的嚴謹可信，但這是著重於形式規範上做判斷。而如果我們願意想像學術論文也有其生命力的話，那麼價值性或許才是教育評論最深層的實質意義與生命根源。欠缺價值性的評論，充其量只是一陣無庸喧擾。相較於探求事實描述或意義詮釋的研究，教育評論明顯不同的努力焦點在於提出反省性的思辨、宏觀視野的觀察、客觀且深刻的批判、另類的思考角度……因此很有可能得以在以下幾個向度做出其他類型論文所不容易企及的貢獻：

（一）對教育體系全方位的內省

不論是教育理論研究或是教育實務層面，都需要類似「後設認知」[20]的機制來自我監控及不斷省思。一方面以我們心中對於教育的理想圖像來檢視自己所努力的一切，另方面也不斷重新校正拼貼我們心中對於美好教育的未來圖像。這樣的反思必須時時凝視著教育實務與理論研究的逐步發展，更要緊跟著社會變遷、科技躍進、產業興革等外在環境趨勢，持續不斷的扮演暮鼓晨鐘的角色並讓鐸聲遠揚。對此，教育評論可以是且必須是教育體系神智清明的覺性。

---

[20] 參見教育百科「後設認知」詞條。取自https://pedia.cloud.edu.tw/Entry/Detail/?title=後設認知

（二）對教育實務界的真實關懷：洞悉及解決問題

近年來國內多次的教育改革總是招惹無數的批評，甚或多年以後回頭發現當年政策論述的諸多瑕疵。這應該不是眾人不夠努力解決問題，很可能是困於表象而沒能找到關鍵性的問題，例如：升學壓力與廣設大學的關聯。對此，教育評論有可能透過對話而凝聚更為嚴謹可行的共識，當然也有可能引來更多的爭論紛擾，但可以確定的是：在評論與對話的歷程中，我們對於所面對的問題會有更深刻周延的認識。而深入適切的瞭解問題，其實才是解決問題的真正起點。

其次，如果對於各種教育議題能夠搖旗吶喊且掀起波瀾的是通俗流行的雜誌刊物與社群網紅，卻不是學術巨擘或專業團體，那麼是否代表學術界的競爭與努力並未贏得實務界的認同與重視。對此現象，教育評論應該能時時提醒匡正學術研究工作者，不要自我滿足於象牙塔裡的獎項競逐，而應該真誠的關切教育現場的實務問題，並極力尋求改善的可能，從而讓學術研究產生更大的影響力與實際應用的價值。

（三）從解決問題、發現問題到設定問題

致力於發現並累增新知識的各類教育研究，其著力焦點偏重於找出答案來回答已經面對的問題。然而在本文一開始的大學課堂擬想中，我們可以發現：找出未曾想到的新問題，與找到解決問題的新知識，都是很有價值的活動。甚至，有時候透過系統性、批判性、逆向式或浪漫發散式的思考，刻意的製造為難自己的新問題，同樣也是充滿挑戰與價值。例如：問一句「西遊記故事中孫悟空的角色與處境，對於企業中層主管承上啟下的角色具有哪些啟發性？」企管討論可以這樣製造問題來激盪思考的火花，那麼教育研究對於「答案」與「問題」，是否也可以讓教育評論來釋放這樣的可能性呢？致力於發現問題甚至製造問題的教育評論，想必可以為教育研究的園圃帶來更多的活力生機。

（四）想像力點石成金的揮灑

　　人類科學文明的進展，有賴於歸納、演繹、辨析等理性思維的運作，於此思辨力的重要價值自是毋庸置疑。但是當時代的變革越趨激烈時，我們不能繼續只用封閉系統的線性模式來觀察與描述這世界。企業領袖認為想像力是非常重要的[21]，因為具有洞察趨勢想像力的人才，才能夠接近未來（田育志，2021）。面對未來不應該被動的等候因應世局的種種變遷，那會容易導致腳步跟蹌的失序與慌亂。我們應該要洞燭機先，甚至發揮想像力去主動引領潮流。由於教育機構所須培養的是要能主動調適因應並進一步引領趨勢的未來人才，所以在教育研究領域就更應該納入非線性思維的研究取向。以此而言，論述取材較為靈活的教育評論顯然更能發揮點石成金的妙用。

（五）對於理想未來的凝視眺望

　　21 世紀早已走進資訊時代，一個虛實並存且時空跳躍的時代，一個我們不容易用前個世紀舊經驗去評估與適應的時代。AI 科技的飛速進展，更讓人類社會生活、產業與人力需求都面臨巨大轉變。身處這樣的時空，我們不太可能單純地只用工業時代的生產模式來看待教育，不太可能太過倚賴過去的驗證性經驗，不太可能只是滿足於現有缺失的修補。我們不僅要做好雙環學習[22]、三環學習[23]，更要把回顧過去或關注現在的眼光更大幅度的轉向凝視未來，把思維模式從改善過去缺失調整為積極的創造優勢價值，從被動因應世局轉為迎向未來挑戰。這些轉變對

---

[21] 參見三立新聞網（2023）。2023/07/16取自https://tw.stock.yahoo.com/news/終結人才荒-施振榮攜-企管大師-秀元宇宙解方-072513979.html

[22] 參見MAB智庫百科，取自https://wiki.mbalib.com/zh-tw/%E5%8F%8C%E7%8E%AF%E5%AD%A6%E4%B9%A0

[23] 參見MAB智庫百科，取自https://wiki.mbalib.com/zh-tw/%E8%A1%8C%E6%94%BF%E7%BB%84%E7%BB%87%E5%AD%A6%E4%B9%A0

於整體教育體系而言是如此的殷切，對於教育研究而言何嘗不是一樣的急迫？否則誰來向教育現場無數的辛勤耕耘者描繪未來 10 年的教育光景與理想圖像，誰來討論教育發展的方向在哪裡？教育研究者對此責無旁貸，而教育評論對此更是應當承擔起這樣的託付，研究評論必須有前瞻性、價值性。

以上所列教育評論的各種價值性，都是其他學術論文的研究焦點所較難處理的地方。這樣的論述絕對不在於忽視其他研究之價值貢獻，而是說不同取徑的學術論文其貢獻價值各有取徑擅長，所以需要澄清教育評論在學術研究發展上有其獨特價值。同樣的，教育評論也有一些值得審慎思考地方，例如：怎樣讓教育評論不會淪為市井喧囂的無謂爭吵？不流於空洞的清談？以及怎樣在不同取向的努力之間取得平衡？例如：價值性或可信度、可能性或確定性、多元開放或嚴謹共識……不同的耕耘方向，其實是值得平衡兼顧的。

伍、結語

本文從大學課堂的問答去擬想學術研究的討論可以有怎樣的風貌，並從期刊論文的實務面到理想面的分析中發現：學術論文的重要基因是具有可信度與價值性。於是回頭檢視教育評論同樣具有這樣的學術基因，因此不應該被放在學術研究的邊陲地帶。甚至教育評論可以有前瞻、想像的可能性，都是較為獨特的價值。本文絕對無意推翻現有各種研究取徑的重要性，而是主張教育研究不應該受限於實徵性等嚴謹考量，而對於評論性論文可能帶來的價值與貢獻卻予以擱置一旁。

當然，隨著時代變遷而打造一個理想的教育體系與研究環境，並不是一件容易的事情。各種致力於理想的描繪與耕耘的，其所面對的向來不太會是風和日麗的平坦大道，然而各類研究的珍貴價值就在於為這樣的一條道路指出適切的可能。教育評論作為學術研究的其中一員，也是如此的致力於找尋教育研究與實踐途徑的更大可能。

參考文獻

田育志（2021）。未來人才必備的 3 種能力，你有嗎？**Cheers 雜誌，236**。取自 https://www.cheers.com.tw/article/article.action?id=5100146&page=2

余民寧（無日期）。試題反應理論的介紹（二）──基本概念和假設。取自 https://nccur.lib.nccu.edu.tw/bitstream/140.119/15124/1/259.pdf

陳盈宏（2015）。質性取徑的教育政策研究品質規準及其促進策略。**國家教育研究院電子報，106**。

楊孟麗、謝水南譯（2021）。**教育研究法──研究設計實務**（Jack R. Fraenkel、Norman E. Wallen 和 Helen H. Hyun 原著，2019 年出版）。臺北：心理。

潘慧玲（2003）。社會科學研究典範的流變。**教育研究資訊，11**(1)，115-143。

實踐養成篇

第六章

科學實證的教育評論能力之培養

張芳全

臺北教育大學教育經營與管理學系教授兼系主任

壹、前言

　　評論是評論者針對一個時事議題、人物、對象、新發現、學理、政策、方案、計畫等主體，透過相關的資料或數據、觀點的論證，來表達所評述標的的價值判斷之論述文章。由於評論取向相當多元，包括政治評論、軍事評論、藝術評論、教育評論、專書評論、人物評論，乃至於新的議題、時事、新的理論發表、新的研究發現、政府提出新的政策方案等評論，有些評論需要引述參考文獻，例如：學術期刊的評論常需要有佐證文獻，而有些評論，例如：媒體的社論或評論文章很少引述或列舉參考文獻。本文無法針對所有取向或類型評論者培養的所需能力完整說明，僅以教育或教育政策議題之評論者的培養作說明。

　　評論文章與學術論文有其異同。筆者認為，兩者相同的是，在行文時都需要信、達、雅，也就是所論述的文章內容是依據有所本與可信資料所撰寫的文章、所撰寫內容通順流暢、所撰寫文章文詞優雅與清晰，都會運用適切的觀點，作完整的論證；評論以觀點，學術論文則多以學理依據，並有引導與建立社會正確觀念的目的。然而兩者不同在於，評論性的文章除了有事實根據，它更強調社會公義與社會良善價值。尤其在社會公義方面，評論者透過媒體、期刊或其他交流平臺，對某一位人物、書籍、公共議題、社會問題、公共政策、法案或事件，從公正客觀的論點之闡述，傳播相關的理念、觀點與價值。學術論文是依據嚴謹的科學研究步驟與研究方法，透過大量閱讀文獻與理論，推演假設，再透過資料蒐集，嚴謹的分析步驟來獲得結論的歷程。它著重於學術、理論及研究發展的學理和應用價值，也就是除了以基礎理論建構價值之外，也有改善社會與提高生活素質為應用目的，這些都是透過嚴謹的研究歷程來達成。

　　本文說明科學實證的教育評論能力之培養旨在說明評論者的評論文章需要以科學實證的事實及研究為依據，而不是空穴來風的詭辯或譁眾取寵的逢迎，這樣更能讓評論內容客觀。而科學實證是指評論文的素材內容需要嚴謹的態度、步驟和研究方法，透過有系統步驟、有組織、有

明確概念定義，以及可以重複操作的特性等探究過程，所獲得的知識為素材。科學實證不是形而上的論點討論或哲理上的思辯，更不是沒有事實及科學根據的歷程。由於評論容易形成沒有科學根據的文筆論戰，誤導社會，甚至導引出錯誤的決策。雖然「評論文章」不像學術論文那麼強調「科學實證」本質，但是本文認為，撰寫評論需要有科學實證及證據為基礎的論述才易中立客觀，所以兩者的關係相當密切。因此評論若能透過嚴謹的科學實證研究所獲得結果，再依此結果撰述評論，內容更為中立客觀，易於說服他人，引導社會正確的價值，甚至提供決策者作為正確決策依據。否則不實的評論，失去客觀性，不僅混淆視聽，而且也無法提供決策者的參考，甚至更會誤導社會價值觀念，這也是本文以科學實證的教育評論者培養的重要旨趣。

本文的章節依序說明科學實證評論者應具備的知能、優質評論者的條件、科學實證為基礎撰寫評論的步驟、科學實證研究作為評論依據的例子，並提供教育政策評論三個實際例子，最後提出自我培養科學實證研究為依據的評論方法與結語。說明如下：

貳、科學實證評論者應具備的知能

一、評論者的潛在特質

（一）評論者需有惻隱之心

在搭公車、捷運、火車等大眾工具，車內擠了滿滿的乘客，其中有一位老先生近八十歲又搭上車。在車子行進之間，這位老先生站不穩，且看到坐在座位的許多乘客滑手機，視若無睹，裝作沒有看到這位老先生在車行間站不穩的狀態。由於車子持續往前行駛，這位老先生越來越站不穩。您若搭該車次，就站在這位老先生旁，看到此場景，您會不會張開口說，有哪一位先生、小姐，可以讓位給老先生坐嗎？

上述不是一個偷盜案件，也不是闖禍者逃跑，目睹者需要在後追

擊；也不是一位溺水於游泳池或海邊的小孩，目擊者需要儘快搶救。但是現在社會常看到的一種社會冷漠，大家都不敢在滿載乘客的車廂，大庭廣眾之下，說出有哪一位乘客可以讓座。主因是社會大眾會覺得，這是一件小事，若有這做法會讓自己在公眾中羞愧。因為這不關我事，其他人會說才對，不用輪到我來說。多數人的想法都是如此，所以每個人因此沉默了，就沒有人敢說出要讓座的請求。如果您是那位沉默者，要能撰文評論社會及教育政策與時事就有難度。因為害怕自己的聲音與行為太過於突兀，讓自己感到不自在，甚至評論之後，會受到他人的批評或攻擊。相對的，如果您可以在群眾中，大聲說出需要座位讓給老先生，代表您擁有惻隱之心，勇於提出問題，並解決苦惱者的問題。

（二）評論者需公正無私態度

有一位您的家人超過二十歲，在公園中看到美麗的花朵，趁四下無人，就採了幾朵花回家，想擺在家中好好欣賞。您看到這場景與瞭解事情原委，會不會跟這位家人說，這樣行徑不正確，並跟家人分享您的想法，甚至請家人懺悔在心中默念，我錯了！我錯了！下次不會再這樣。甚至更進一步建議家人到公園管理單位，說明不當採花的情形，請求管理單位的原諒或賠償。

上述並不是偷取龐大金錢或設備的案例，重點在於當事人是您的親人或可能是很要好的朋友。如果在這事件上，目睹者看到之後，可以跟當事人有耐心的道德勸說，期待當事人可以懺悔改正，並向所屬單位認錯。您在法理情考量下，有勇氣請家人或很要好的朋友說明要懺悔認錯，就代表您有正義感、公正不阿，在犯錯懲處是一視同仁，不幫家人掩護。您會把親情與友情放一邊，而依法行事，如果有這種態度與行為，您在看待社會現象與事物就能公平客觀，如此具備了評論者公正無私的態度。

（三）評論者不畏權勢的特質

　　好的評論者具有不畏權勢的人格特質。這種特質可以透過以下情境來瞭解。假若您曾為社會公義，沒有任何報酬的撰寫評論於相關平臺發表，在發表評論之後，您接到讀者、壓力團體、利益團體、上司、上級單位給您施壓、威脅或恐嚇。這些恐嚇指出，您再寫這樣的文章或觀點，就給您如何如何？或施壓者是您的上司或上級單位對您說出，您敢寫這評論，還要不要在這個單位、這所學校、這學術界混下去呢？或者可能透過不同管道，例如：面對面、電話、電腦信件，或透過第三者對您施壓。所以，日後若還有相同議題或問題發生，您還會繼續為公平正義撰寫評論嗎？

　　上述是評論者為社會公義與弱勢團體發聲，在對不公不義、違反環保、不當多數人的教育政策或違背法理案件的評論，在評論刊載之後，接到施壓恐嚇。如果評論者不畏權勢、不怕生活受影響，甚至不擔心個人利害與生命安危，不會因為這種施壓，而退縮撰寫評論。評論者不僅沒有退縮，而且更為期待社會正義而發聲，持續撰寫評論。具有這種特質也是優質評論者的條件之一。反之，如果為社會正義，不計個人利益，在評論之後，受到來自四面八方的施壓就退怯，後續有相同議題產生，不再撰寫評論為正義而發聲，就不是優質評論者。

　　總之，上述三種測試以不同面向來瞭解成為評論者的重要潛在特質。第一種情形在瞭解是否具有惻隱之心，具有人飢己飢、人溺己溺的胸懷，勇於把悲憫的情懷透過文字抒發及平臺傳達，讓社會正義展現。第二種情形是在瞭解評論者大公無私，不會為了家人或自己團體的利益，就把社會正確的核心價值與公平正義給拋在腦後。第三種情形則在瞭解評論者是否在社會正義與良善基礎下，不受權勢的施壓恫嚇，仍持續針對不合宜的社會現象與政策方案予以評論。

二、評論者的特性

評論者除了需要具有惻隱之心、公正無私的態度，以及不畏權勢的特質之外，更具有以下的特質：

（一）敏銳性

對於社會現象或教育問題、議題及發展趨勢具有相當高的敏銳性。如果個體可以在一個議題產生之後，很快的感受該議題可能產生的後續效應或發展趨勢，就可以把這些問題很迅速的整理論述，透過平臺來評論該政策或議題可能的問題及發展趨勢，甚至提出解決方案。

（二）多元性

它是指好的評論者容易廣泛運用多元觀點來看待社會現象及事物，並不會以本位主義、以管窺天、畫地自限在自己的專業領域之中。他們對一事件可以運用正反面觀點，有條理陳述，不會偏袒於哪一方。在問題解決方案上不會僅提出單一處方，相對的，會提出多個方案、多個取向與多個觀點來思維，並對各方案都可以指出其優劣。因為評論者思維具有多元性，所以在評論的觀點亦會以多元意見作深入陳述。

（三）創新性

創新是一種和傳統價值觀有所不同的思維。為了讓評論可以獲得更多的閱讀及支持，好的評論者會不斷推陳出新點子、新觀點、新思維、新處方或新的論證方式，來讓評論更具有價值及意義。好的評論者具有創新的特質，不僅在生活、學習及工作都喜歡嘗試運用新的方法來處理事務，而且在評論時亦會以新視角、新筆法、新觀點、新證據和新的論證方式來支持他們的論述。

（四）積極性

評論者需要有勇於認識的積極與認真表述的態度。評論者常有預知未來問題發生的可能性，對於可能發生的問題，或政策議案提出之後，在執行過程可能產生的問題等，都可以有預知之傾向。因此評論者會以積極與實事求是的態度，期待政策或議案的可能問題免於發生，因而撰寫評論。

（五）冒險性

評論者勇於發言，不會為個人的利益，而會以公益及多數群眾的利益出發，放棄小我、顧及大我，透過他們的冒險與接受挑戰的特質，把所感受及可能發生的問題，做合理陳述，讓各界可以快速的瞭解問題可能走向。

（六）即時性

評論者可以在時事議題一發生之後，就可以很快的掌握到時事議題的重要內容，並對於該時事議題深入分析，包括運用科學方法及完整的數據資料，進行科學分析獲得結果，並從此結果撰寫符應解決問題的評論文章。

三、評論者應具備的能力

好的評論者擁有多項能力，雖無法擁有像百科全書般的知識寶庫，但也需要相關領域的專業知能與態度，包括豐富的專業知識，寬闊胸襟能採多元觀點來看待社會現象與事物，具有敏銳問題與科學分析的能力，勇於嘗試發表，也樂於發表己見，更可以快速完成專業評論論文等的知能。以下說明評論者應具備的能力：

（一）多元觀點看待現象的能力

　　評論的重點可以運用多種觀點對於社會現象中的人、事、物做合理闡述。從事物的本質來看，評論者可以正、反、合的說明其優劣，以兩面具陳的方式指出事物或現象的得失，同時所評論的該議題之正反面意見的條項、字數與篇幅都要相近，不可以正面的文字篇幅多，反面的文字篇幅少。從分析向度來說，它可以運用不同的專業學術領域深入剖析，例如：在延長十二年國民教育年數議題，可以從社會學觀點（例如：學齡人口變化、生育率、人口成長率、移民率）、經濟學觀點（例如：學生單位成本、每年度預算支出、成本效益的估算、延長國民教育年數與經濟發展結合）、政治學觀點（例如：政黨黨綱內涵、國會議員席次）、統計學（例如：經費、學生人數、教師數的推估預測等，以作為師資人力配置的安排）等。從時間觀來說，評論者需要針對所要評論的政策可以從過去、現在與未來的觀點作合理闡述。評論者擁有可以運用多元觀點能力，來完整分析教育或社會的現象。

（二）數據資料專業分析的能力

　　評論者需要有完整及正確的數據解讀能力，尤其如果有統計分析技術的能力，在評論的內容會更有系統、更周延、更客觀、更適切，更不會被外在資訊牽著鼻子走，尤其透過數據所得到的知識來論述會更讓人信服與接受其論點。在大數據時代的社會，很多的社會議題、教育議題、環保議題、健康與福利議題需要透過完整數據分析，才可以獲得具體結論，依據這些科學研究獲得的結論，來支持要評論議題的內容才是正確、客觀與可靠。如果沒有數據資料分析能力，容易受限於他人的數據，或受限其他機關發布的資訊作為評論依據，而這些數據可能是錯誤的。所以評論者對於數據資料應追根究底，就需要有科學數據分析能力，才可以讓評論的內容更為客觀與可靠。

（三）迅速撰寫完成評論的能力

評論有很多種類型，包括政治、軍事、經濟、教育政策評論等，其評論的形式包括口語評論、文字評論，乃至於運用行動劇來反應時事的評論。這些評論最常看到的是前兩者，尤其文字評論。文字評論需要評論者具有撰稿的專業能力，而這種撰稿內容，應符應於信、達、雅水準，評論者所敘述的文字與觀點需要具完整性、所依據的資料要有可信度。由於對於社會現象與公共政策評論，所評論內容不可以無中生有，也不可以把五分證據說十分話的誇大行文。雖然評論並沒有制式的格式，但是文章的起承轉合結構、合宜的論證方式、文字通順易懂，需要評論者在一定篇幅與字數，對於一項議題做完整脈絡性說明，包括該議題的背景、緣起、過程及衍生問題，甚至應提出評論者的見解及解決方式等都相當重要。因此，文字的精煉與文字運用的簡潔性、優雅性及客觀性都是講究重點。評論需要在簡短篇幅把該議題的問題及重點完整說明，需要在文字簡潔上作合理修飾。重點是，評論往往為了配合評論議題的時效性，需要快速完成評論。評論者需要在短時間很快完成論文，因此他們需要這方面的能力。

（四）大量閱讀專業文獻的能力

評論不僅要站在對於議題正面的論述與說明，而且也要對於與議題反面內容，或對持反對意見者，作合理答辯陳述，因此對於一項議題會作正反面意見說明。對於議題本身所涉及的內容及背景，需要有大量的文獻支持，因此評論者平時需要有大量閱讀相關文獻的能力，這方面的文獻應多元及多樣性，包括政治、社會、教育、文化、環保、經費等。在此要說明的是，並不是要包山包海的瞭解所有領域的知識，而是在特定領域知識的深入學習，同時對於相關知識亦會深入的閱讀涉略。就以教育議題來說，如果要評述教育經費運用的合宜性，不可能僅限於教育學的知識，例如：學制、教學、課程或設備等，此時更需要對

於人口學、經濟學、會計學、行政管理學等有深入瞭解。例如：需要瞭解不同教育階段別的學齡人口數量、需要瞭解各個教育階段的成本，包括單位成本、平均成本、機會成本、經常成本、固定成本、總成本，也需要瞭解成本效益分析，甚至教育投資報酬率等，對於政府或學校在編列教育經費的會計項目，甚至對於會計原理有所瞭解，如此在評論教育經費合宜性，才可以把問題的核心及可以解決的方法作合理判斷與論述。

（五）不怕被批評與被施壓態度

評論者勇於發言及提出他們的看法及觀點，尤其開放社會的意見多元，會有多種不同聲音，對於一項公共議題持有反對意見是理所當然。如果是為了公共政策評論，更會有壓力團體、利益團體、政黨、不同民間團體等，提出與評論者不同的看法、觀點、批評，甚至還可能因為評論者立場及觀點不同，遭到施壓、恐嚇，尤有甚者反目成仇，鬧到法院也所在多有。因而優質評論者不僅在投稿評論之後，不怕被評審者評審，而且在刊登之後，也要有容乃大、不怕被批評、不擔心被施壓，不怕被取笑所評論內容不完善。相對的，被批評就不再撰寫評論相當可惜，也不符合優質評論者的條件。因為評論者評論社會現象及政策議題，既已提出評論，就可能會受到他人及團體的評論，這是一個開放社會正常的現象。

參、優質評論者的條件

一、擁有豐厚學理知識

評論者雖不一定要上知天文，下知地理，但是對於所評論的領域應該在該領域中有深厚的學理知識基礎。也就是，如果要評論社會福利政策，務必是社會福利的專家學者，而不是一個泛泛的大眾，因為他們有

深厚的學理依據，才可以不用土法煉鋼與過度依賴個人經驗來評論。豐富的知識需要長期的學習及培養，並不是一朝一夕可達成。因此，不管是哪一類或哪一領域的評論，在學校正規教育之中，該學門或機構所提供的課程內容，就是評論者應學習的專業知識，並可以有完整涉獵，甚至在此基礎可以完整的說明該領域內容。

二、寬闊的胸襟與視野

評論者不會僅見單一觀點，也不會以管窺天，更不會本位主義以及閉門造車來評論，相對的，他們的觀點是多元，甚至在評論觀點具有挑戰性與創新性，也具有彈性與活躍性。他們評論的觀點多元，在議題的見解相當寬廣，不會因為個人利益、小團體利害，甚至短期好處，就把團體及長遠的利益捨棄。他們擁有寬闊的胸襟及視野，並會運用同理心看待不同事物的發展狀況。這種寬闊的胸襟從平時的待人，處理事務的狀況就可以理解。他們常有惻隱之心，悲憫眾生，關心弱勢，常為了社會正義而仗義執言。

三、勇於接受挑戰創新

評論者不會受到利誘而容易改變他們對於正確價值觀的立場，相對的，他們對於社會或教育正確的發展走向，有一種責任與使命感，因而會勇於接受挑戰的評論。他們不會因為功名利祿及個人本位主義受限，也不會受到權力誘惑或金錢吸引，而動搖他們為社會公義真理而挑戰的心。他們會自我要求冒險、創新與突破，努力追求卓越，具體的現象是可以從評論者身上不斷地從事科學研究、閱讀新知、瞭解社會，掌握國際上的教育脈動與發展趨勢，甚至他們會從這些新的發現與趨勢，不斷地自我反省，並蒐集資料，深入分析。

四、不畏權勢大鳴大放

　　評論者有其不畏權勢，不怕得罪人的胸襟與態度，做好他們的評論任務。在面對不公不義，甚至對於人類及社會有害的政策、議案或方案等，他們會勇於挺身而出，不計個人的得失，甚至被貼上不好的標籤，或者與當權者對抗，也不會噤聲他們的言論，更不會把他們的評論撤稿或有任何的退縮舉動。相對的，評論者會把他們基於社會正義及合理的發展趨勢，甚至合於法規規範的依據，做適切評述，將不合理的內容、現象及問題清楚說明，而把正確、正面及合理的方向及策略，作完整的論述，以正視聽。也就是說評論者不會受到權勢就退縮，減損他們對該議題大鳴大放的特質。

五、著眼協助弱勢團體

　　評論者擁有人飢己飢，人溺己溺的態度，常看到社會對於弱勢團體及個人有著不公不義的作為，而會跳出來拔刀相助，透過社會相關的平臺，提出評論者的評論內容及觀點，來幫助弱勢團體，是一位優質評論者很重要的特質。由於評論者瞭解社會底層者常不被政府所重視與在生活上的辛苦，無人為他們發聲，所以優質的評論者會處處以弱勢、社會底層或經常得不到政府應有的政策方案協助為出發，為這些弱勢團體發聲。他們透過完整、合理及客觀的評論內容，向社會各界發聲，讓當局對於所要實施的相關政策，更能照顧弱勢團體或解決弱勢團體的問題。

肆、科學實證為基礎撰寫評論的步驟

　　評論者所要評論的議題內容及相關的論證，不是空穴來風無中生有，相對的，評論者需要有所本，評論的客觀性才會提升。不是人人都可以成為優質評論者，寫出優質評論。優質評論需要建基在科學方法所分析的知識之上來撰寫評論。這種以科學實證為基礎的評論不是人云亦

云，不是個人心得的抒發，而是有科學方法的嚴謹分析，在透過完整數據分析、檢定步驟所獲得的結果，才作為評論議題或結果的素材。簡單說，是有所本的評論。科學實證特性在於有系統、有組織、有脈絡性，不是片段、零碎，它是透過科學方法及假設論證與檢定才獲得的知識。因此，好的評論應以科學實證研究所獲得的知識為基礎。然而科學實證研究為基礎的評論，在設定所要探究及論述的議題之後，如果是評論者要從根本問題探討，則會先配合科學實證的研究相關步驟進行探究，獲得結論之後，再以此結論作為評論的素材；如果是閱讀他人的相關科學實證研究之結論，評論者也應瞭解在科學實證結論之背後有嚴謹的分析步驟。本文列舉以下十項步驟，其中前八項是科學實證研究步驟，而後面兩項則是依據科學實證的結論，來撰寫評論。整體步驟說明如下：

一、邏輯推演

科學實證研究基礎在於對社會現象合於邏輯的推導，來提出合理的研究假說，以提供後續在蒐集資料之後，驗證資料的參考依據。因此需要透過歸納法，嚴謹推演過程來瞭解社會或教育發展變因之間的關係。因社會或教育發展變因相當多元，應先釐清要找出哪些變因？這些變因的脈絡性之關係是邏輯推演所應掌握的重點。

二、合理論述

合理的論述包括合理的命題及現有文獻的說明，前者應該說明整個議題所要探討變項之間的脈絡關係，何者為因，何者為果，因果之間有無其他變項的干擾存在。如果有干擾變項，它的意義又是什麼？可能有哪些干擾或影響等。如果沒有干擾或中介因素，變項之間的關係是正相關，還是負相關等。後者則透過現有相關研究的評閱，來瞭解變項之間的可能關係，並進行完整的說明。評論者需要透過大量閱讀中外文相關

研究找出合理命題的相關素材，以作爲命題依據。

三、建立假設

　　接續上文合理論述步驟，透過與所要分析議題的相關文獻閱讀，包括理論及研究的閱讀和整理，提出變項之間較爲可能合理的關聯性或差異性，也就是建立研究假設。變項之間可能是正相關，也可能是負相關，也可能是沒有關聯；變項之平均數或相關的參數可能是有顯著差異，也可能是沒有顯著差異。總之，需要嚴謹的提出可以檢定的假設，以作爲取得資料檢定的依據。

四、蒐集資料

　　全面性及完整性的蒐集資料，包括議題可能衍生的不同發展面向，例如：教育、社會、文化、政治、經濟、人口、社福、經費等，也應該是長期性的一段時間發展之下，所產生或得到的資料。它可以從問卷的長期追蹤蒐集，也可以是官方機構的統計資料，把蒐集的資料予以整理、組織，並予以適切的命名或初步分析，瞭解變項之間的特性。

五、界定資料

　　評論者把蒐集的資料做分類、清理與登錄在電腦的統計分析軟體之中，並把所要分析的資料予以概念型及操作型的定義，讓資料有正確的名稱及計分方式。這樣可以瞭解每一個變項的特性，以及可能搭配的統計方法的選擇。

六、選用方法

這裡的選用方法是選用統計方法。分析者將蒐集的資料依據資料特性，例如：資料是否為類別、等級、等比或等距尺度，而有其適用的統計分析方法。統計方法相當多元，在統計檢定變項的多寡分為單變量統計與多變量統計，前者是指該統計分析只有一個結果變項，而後者是指同時有兩個或兩個以上的結果變項在分析。評論的議題不可能僅有單一面向的內容，最好可以運用多變量統計來分析議題，更能完整的掌握社會現象及議題的正確內容。不管是單變量或多變量統計，都需要依據資料的特性來選用分析的統計方法，才可以獲得正確的知識。

七、統計檢定

統計檢定屬於推論統計及實驗研究的範圍，描述統計則不在此限。如果是運用問卷調查法，無法把分析樣本普查，因而透過抽樣原理，對母群體界定，計算應抽取樣本數，選用抽樣方法，並將樣本抽出之後，發出研究工具蒐集資料，把回收資料進行統計檢定。檢定過程依據研究假設與統計方法，設定犯錯機率，接著將所蒐集資料配合所選用的統計方法進行檢定。

八、裁決解釋

透過統計檢定過程，把所提出來的研究假設予以裁決，不管是接受對立假設或拒絕虛無假設，都會犯有統計檢定的錯誤。接著就對於所裁決的結果進行解釋，例如：變項之間是顯著正相關或負相關，兩個組別在某一個變項平均數的差異等。在統計檢定裁決之後，就會歸納出結果，並進行統計結果的解釋。當結果確立之後，就作為評論論述的重要依據內容。

九、撰寫評論

上述是經過科學研究過程得到的統計發現與結果，這些結果仍有很多統計術語或研究用語，難以讓社會大眾瞭解其中的意義及應用價值。評論者需要透過個人長期以來的評論經驗，將這些科學實證結果作一個合理的轉化，把統計術語或學術用語予以去除，相對的運用較為口語及平順的文字呈現在評論文之中。簡言之，所撰寫的評論需要以科學實證研究發現為基礎，可以讓評論更科學與客觀。尤其能搭配數據論證教育現象，可以讓評論更具可讀性與價值性。

十、修正回饋

在完成評論稿之後，可以請有經驗的評論者或專家學者提供初稿的意見，以瞭解評論稿的適切性，這部分包括主題焦點、用字遣詞、段落安排、文章脈絡合宜性、評論的價值性等。透過專家學者或有經驗的評論者提供專業及經驗的回饋，可以讓所要撰寫的評論文更有可讀性與價值性。

伍、科學實證研究作為評論依據的例子

茲以兩篇從科學實證研究所獲得結論，作為未來撰寫評論素材範例。第一篇是張芳全（2021）的〈人力資本、勞動力與都市化對經濟發展的貢獻：2000 至 2020 年的縱貫觀察〉。第二篇是張芳全（2023）的〈國小學生的家庭社經地位、閱讀資源、數位設備、閱讀自信、幸福感受、家長喜歡閱讀和閱讀學習成就之關聯探究〉。要說明的是圖 6-1 至圖 6-4、表 6-1 引用上述兩篇研究，文中就不再說明。如下：

一、哪一種因素對國民所得提高最有貢獻

　　第一篇的爭議問題在於，許多人對於哪一種因素對於國家的國民所得提升最有貢獻，以及臺灣的教育年數是否過多，無法配合經濟發展，而產生教育浪費。有些研究認為，教育年數的增加，人力資本獲改善；有些研究認為是國民健康狀況，也有些研究認為是移民人口帶來了國民所得提升；更有些研究認為是國家都市化的結果，以及服務業人口增加所致。究竟是哪一種因素對國民所得的影響最重要，眾說紛紜。同時臺灣的教育發展與國際發展趨勢的符應性，也向來為各界所忽略，吾人對於臺灣的印象是，政府對教育投資相當重視，近年來不斷擴充高等教育在學率、延長國民教育等，然而政府在教育投資是否符應臺灣的經濟發展，則鮮少人瞭解。評論者為了要提供給政府單位及各界瞭解「教育年數與經濟發展——臺灣的發展啟示」作政策規劃參考，尤其是要論述哪一個因素對於國家的經濟發展比較重要，於是閱讀該研究。

　　該研究的文獻探討歸納相關理論與研究，透過迴歸分析來探討2000 年至 2020 年每隔五年 175 個國家的教育年數、預期壽命、都市化程度、服務產業勞動人口比率、淨移民率和國民所得的關聯性架構如圖6-1 所示。圖中示意分析國家的教育年數、預期壽命、都市化程度、服務產業勞動人口占總勞動人口比率、淨移民率對於國民所得的貢獻。該研究在提出研究問題之後，蒐集 World Bank 與 UNDP 發布的統計資料，依據理論及相關研究，透過科學方法來探討，再提出結論與建議。

　　該研究把 2000 年至 2020 年每隔五年各國的教育年數、預期壽命、都市化程度、服務產業的勞動人口比率、淨移民率有完整的界定。透過迴歸分析之後發現，每增加一個單位分別對國民所得增加百分比趨勢繪製如圖 6-2 所示。教育年數對於國民所得增加百分比，從 2000 年的 5.8%，至 2020 年增加為 12.99%，可見教育年數對於國民所得提高相當重要。預期壽命對國民所得百分比增加方面，2000 年為 3.69%，2005 年略有下降至 2.84%，然而 2010 年之後對國民所得增加百分比就不斷提高，2020 年為 4.72%，可見預期壽命對於國民所得提高相當

圖6-1

研究架構

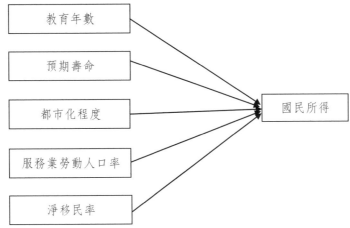

資料來源：張芳全（2021），頁128。

圖6-2

2000年至2020年各國五個因素每增加一單位對國民所得提高百分比趨勢

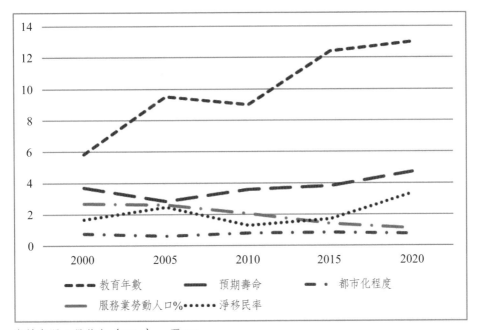

資料來源：張芳全（2021），頁139。

重要。各國都市化程度每增加一個百分比，可以提高 0.62% 至 0.86% 的國民所得，對國民所得有貢獻，只是在五個因素當中最低。服務業勞動人口占勞動總人口比率在 2000 年，每單位可以增加 2.68% 的國民所得，2020 年下降為 1.12%，雖然它的重要性下降，但仍比都市化程度可以提高國民所得多一些。值得重視的是，淨移民率 2000 年為 1.67%，2005 年提高為 2.46%，之後十年又下降，然而至 2020 年每增加一個百分比可以提高 3.35% 的國民所得，可見有越來越重要的趨勢。整體來看，這二十年來各變項每增加一個單位都可以提高國民所得，但教育年數可以提高國民所得的百分比逐年增加，而服務業勞動人口占總勞動人口比率可以提高國民所得的百分比下降，不過淨移民率逐年提升，尤其在 2020 年提高至 3.35%。

　　從該研究看到 175 個國家，包括臺灣的教育年數與國民所得之相對地位。2020 年 175 個國家的教育年數與國民所得的散布情形，如圖 6-3 所示。圖中的直線為最適迴歸直線，即 175 個國家的教育年數與國民所得應有的平均發展水準。在直線上方有很多國家，它們是在該教育年數前提下，國民所得高於各國平均水準。以右上角的美國來說，教育年數為 13.4 年，國民所得取對數卻有 11.06（即 63,824 美元），以 13.4 年教育年數而言，只要國民所得取對數為 10.74（約 46,000 美元）就符合世界發展水準。而英國的教育年數為 13.2 年，國民所得取對數為 10.74（46,071 美元）剛好落在最適迴歸直線上，代表英國的教育年數與國民所得在這 175 個國家之中，發展的水準為最適切者之一。哈薩克、塔吉克、辛巴威、莫三比克等國，都在最適迴歸直線之下，代表這些國家的教育年數與國民所得無法符應世界發展平均水準。以哈薩克來說，教育年數為 11.9 年，他們的國民所得應該在 46,071 美元，取對數為 10.74，但是目前國民所得取對數之後為 10.4（22,857 美元），也就是教育年數多了 1.16 年，但是國民所得卻少了 23,214 美元。以臺灣來說，2020 年的平均教育年數為 12.3 年，國民所得僅為 25,941 美元，這樣的國民所得在全球僅需要 10.44 年就可以與世界發展水準相當，若以 12.3 年的教育年數，國民所得應該達到 35,960.79 美元，也就是臺灣

少了 11,019.79 美元仍需要努力。這某種程度代表了，臺灣有過量教育
的情形，也就是臺灣的國民平均教育年數高出 175 個國家平均水準，
有 1.16 年。在教育政策意涵是，臺灣的教育不應再擴充，相對的，臺
灣應從目前及未來人口成長情形，提高或維持教育品質著手，讓國民接
受的教育品質提高，帶動人力素質提升，讓人力資本與國民所得有更高
的關聯性。

圖6-3

2020年175個國家的教育年數與國民所得之散布情形

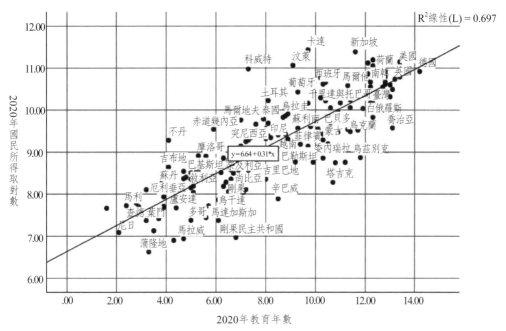

資料來源：張芳全（2021），頁140。

　　總之，整體來看，對於國家的國民所得提升來說，擴充教育年數
最重要，其次是國民預期壽命，也就是國民健康，第三是移民人口增
加，第四是服務業人口比率，最後是都市化程度。值得說明的是，臺灣
的教育投資過剩，有過量教育的情形，因此臺灣在 2020 年的教育年數
已超過各國平均發展水準，若以 12.3 年的教育年數，臺灣的國民所得

應達到 35,960.79 美元，也就是臺灣少了 11,019.79 美元仍需要努力。上述的研究結果是教育年數最重要，臺灣的教育發展比經濟發展速度還要快，因此評論者若要進行「教育年數與經濟發展——臺灣的發展啟示」評論，應依上述所得到的科學知識作為論證依據。

二、哪一種因素對國小學生閱讀成就提升最有幫助

　　近年來，政府及學校，甚至教師與家長想要提升學生閱讀成就不遺餘力。然而應從哪個層面著手會比較有效則眾說紛紜。許多人對於哪一種因素讓國小學生閱讀成就提升最有貢獻，並沒有具體共識。有些研究認為，國小學生閱讀成就與家庭環境有關，尤其是雙親的教育程度、經濟收入和職業（Sirin, 2005），簡單說，與家庭社經地位有關，家庭社經地位高的子女，家長重視子女的閱讀會更為強烈，所以家庭社經地位最重要。有些研究認為是家庭學習資源，因為家庭社經地位高不一定有較多的學習資源，也就是有較多學習資源，子女的閱讀成就會比較好（Cheng et al., 2014）。有些研究認為，現在是數位時代，數位設備對於閱讀學習是重要的，若有手機及電腦可以隨時閱讀，打破傳統需要到圖書館閱讀的空間與時間限制，所以數位學習設備是最重要（Goodfellow, 2011）。有些研究則認為，是學生的閱讀自信才是提升學習表現的重要因素（Mullis et al., 2017）。Mullis 等人更認為家長喜歡閱讀才是關鍵因素，因為家長喜歡閱讀才可以帶動子女的閱讀，也才可以改善家庭中的閱讀習慣和方式。所以，家長喜歡閱讀比上述的因素還要重要。更有研究認為，學生應該要先有幸福感受才會喜歡閱讀，如果學生不快樂、對學校感到沒希望與沒有感受到生活的幸福，就不會想要閱讀，所以在所有閱讀有關因素之中，學生幸福感是重要的因素（Jaejin & Woonsun, 2022）。上述來看，是哪一種因素對閱讀學習成就提升最重要有不同說法。政府、學校、教師及家長在這方面應該予以重視，但是向來為各界所忽略，鮮少人瞭解。

　　評論者為要提供給政府單位與學校在「國小學生閱讀學習成就因

素之探索與改善學習表現策略」的政策規劃參考，於是閱讀張芳全（2023）的研究。該研究探討臺灣參與促進國際閱讀素養研究（Progress in International Reading Literacy Study, PIRLS, 2016）的國小四年級學生之家庭社經地位、學習資源、數位設備、閱讀自信、幸福感受、家長喜歡閱讀對閱讀學習成就之關聯，據文獻探討建立其架構。圖6-4左邊為家庭社經地位、學習資源、數位設備、閱讀自信、幸福感受、家長喜歡閱讀，右邊為閱讀學習成就。

圖6-4

臺灣國小四年級學生閱讀學習成就因素的研究架構

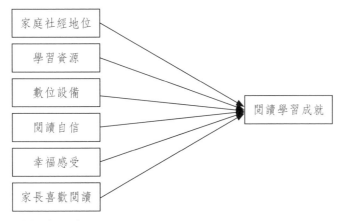

資料來源：張芳全（2023）。

　　該研究在各變項的界定、研究假設建立及數據資料，都經過嚴謹評估。該研究納入分析的樣本共3,909位，運用迴歸分析檢定國小四年級學生閱讀學習成就因素進入模式順序，如表6-1所示：第一個進入的變項是閱讀自信，學生閱讀自信（β = .395）越高，國小學生的閱讀學習成就越高。第二個模式除了閱讀自信之外，又加上學習資源，兩者達到 p <.01，代表學習資源越多，小學生閱讀學習成就越好；第三個模式除了閱讀自信與學習資源之外，再加上家庭社經地位，代表家庭社經地位越高，國小學生的閱讀學習成就越好；第四個模式除了閱讀自信、學

表6-1

國小四年級學生閱讀學習成就之迴歸分析結果

模式	變項	b	標準誤	β	t	p	VIF
1	常數	444.894**	4.588		96.970	.000	
	閱讀自信	12.566**	0.468	.395**	26.853	.000	1.000
2	常數	366.888**	6.112		60.026	.000	
	閱讀自信	9.696**	0.475	.305**	20.399	.000	1.121
	學習資源	10.060**	0.547	.275**	18.395	.000	1.121
3	常數	399.298**	9.077		43.988	.000	
	閱讀自信	9.817**	0.475	.308**	20.682	.000	1.124
	學習資源	6.856**	0.860	.187**	7.972	.000	2.787
	家庭社經地位	6.804**	1.412	.110**	4.818	.000	2.622
4	常數	380.655**	9.969		38.182	.000	
	閱讀自信	9.830**	0.473	.309**	20.760	.000	1.124
	學習資源	6.171**	0.871	.168**	7.081	.000	2.876
	家庭社經地位	6.788**	1.409	.109**	4.818	.000	2.622
	數位設備	2.637**	0.590	.065**	4.471	.000	1.090
5	常數	367.378**	10.417		35.266	.000	
	閱讀自信	9.702**	0.473	.305**	20.495	.000	1.128
	學習資源	5.261**	0.895	.144**	5.877	.000	3.047
	家庭社經地位	7.140**	1.408	.115**	5.071	.000	2.631
	數位設備	2.579**	0.589	.064	4.381	.000	1.090
	家長喜歡閱讀	2.672**	0.623	.064**	4.292	.000	1.144
6	常數	356.703**	10.942		32.600	.000	
	閱讀自信	9.381**	0.484	.295**	19.396	.000	1.181
	學習資源	5.281**	0.894	.144**	5.907	.000	3.048
	家庭社經地位	7.165**	1.406	.116**	5.094	.000	2.631
	數位設備	2.605**	0.588	.065**	4.431	.000	1.090
	家長喜歡閱讀	2.610**	0.622	.063**	4.195	.000	1.145
	幸福感受	1.498**	0.475	.045**	3.155	.002	1.053

資料來源：張芳全（2023）。

註：$^*p<.05$；$^{**}p<.01$

習資源與家庭社經地位之外，再加上數位設備，代表數位設備越多，國小學生的閱讀學習成就越大；第五個模式除了閱讀自信、學習資源、家庭社經地位、數位設備之外，再加上家長喜歡閱讀，代表家長越喜歡閱讀，國小學生閱讀學習成就越好；第六個模式進入的變項除閱讀自信、學習資源、家庭社經地位、數位設備、家長喜歡閱讀之外，幸福感受也進入模式，代表國小學生的幸福感受越高，閱讀學習成就越好。

　　上述研究發現，對國小四年級學生閱讀成就的影響力依序為閱讀自信、學習資源、家庭社經地位、數位設備、家長喜歡閱讀、幸福感受。這與很多研究及主觀見解有所不同，但是透過 3,909 筆資料與具信效度的研究工具，以及統計方法檢定發現，不是家庭資源和家庭社經地位最重要，也不是家長喜歡閱讀及數位設備最重要，最重要的是學生閱讀自信。因此，評論者在撰寫評論可以將政府及學校應該針對這些因素的重要性，提供適切處方，作為改善國小學生的閱讀學習成就依據。所以，評論者在撰寫「國小學生閱讀學習成就因素之探索與改善學習表現策略」評論，上述的實證研究發現是很重要的支持依據。

三、以政策計畫、官方數據及資料庫分析作為教育政策評論例子

　　為了讓讀者進一步認識評論的內容，提供三篇評論供參考。說明如下：

（一）大學校院暴增　「高中化」浮現

　　〈大學校院暴增　「高中化」浮現〉如圖 6-5 所示，這篇發表於民國 93 年 8 月 13 日《中央日報》的評論。當時正好大學聯考放榜，加上政府採取開放高等教育政策，筆者擔憂臺灣未來的高等教育發展，因此撰寫該評論文。本文運用教育部統計數據進行論證，也就是以證據為導向的結果與評述，再提出臺灣未來應有的具體做法。

圖6-5

〈大學校院暴增　「高中化」浮現〉評論文

中華民國九十三年八月十三日　　星期五

焦點話題

大學校院暴增「高中化」浮現

●張芳全／國北師助理教授（北市）

今年大學聯考放榜了，錄取率高達百分之八七點五。這種高錄取率是臺灣高等教育擴增問題。

臺灣高等教育擴增快速，大專校院數，八十學年度有一二三所，九十二學年度增加為九十二萬名。民間要求設立大專校院有二十多所。此種以滿足社會大眾市場產生衝擊。向教育部申請設立大學，各縣市均有大專校院。民間要向教育部統計顯示，八〇至八八年大專校院一年級學生人數年平均總成長率為專校院一年級學生人數年平均總成長率為八。如包括非正規教育，大學則增加為百分之二五點八。

學齡人口就學機率將近百分之百。高等教育量持續擴增，但教育素質卻下降。一方面高等教育量擴增速度快，也影響未來的技術人力的培養；另一方面大學入學容易，畢業也容易，學生入學素質管制減少，素質當然下降。再以師生比而言，國民中小學及高中的師生比均增加，大專校院師生比也增加，顯示大專校院素質下降。

八十八學年度臺灣高等教育量已飽和，前述可看出臺灣高等教育學生人數（含非正規教育）占十八至二十一歲學齡人口百分之六六點八，比日本、英國及德國還高，與韓國相近，雖尚較需要。

百分之六點九九，其中以研究所碩士班最高。行政院經建會九十年估計指出八十八至一〇〇年平均總成長率百分之一點八，成長最高仍以碩士班，最高點九八，成長最高仍以碩士班，它係因專科改制技術學院過快所致。八十至八十八年大專校院總學生人數年平均成長率百分之七點六。

專科改制技術學院，專科學校學生人數卻持續下降。未來大學生不足額，學校呈負成長。

十所及三十五所，僅剩十所專科學校。專科學校改制速度快影響技術學院教育品質。也就是說技術學院勞動在高教市場中退有效，也就是讓國內外大校合併吸引外國名校來籌設私立學校，並設法吸引外國名校來籌設二校區，讓大學為改制目標發展，也就是改名換姓大規模，且大學為改制目標發展，未來大學體系技大學為改制目標發展，顯示迅速。臺灣的高等教育學生比逐年增加，教育的高等教育學生比逐年增加，顯示臺灣的高等教育學生比逐年增加。

質逐年下降。

九十，首先，我們憂喜參半，因此有以下建議：高等教育擴增業已足夠學齡人口就學機率將近百分之素質及競爭力，否則高學歷高失業率問題將浮出枱面及社會人力省思。

基於以上分析，在錄取率將近百分之九十，首先，我們憂喜參半，在錄取率將近百分之高等教育擴增業已足夠臺灣的高等教育思。

將會產生招生不足。以八十至八十八年總人口年平均成長率為百分之〇點八，未來大學校院招生將面臨招生不足，將有惡性競爭、倒閉情形產生。

美國、加拿大與澳洲為低。在學校擴增及學齡人口減少下，未來大學校院招生將面臨招生不足，將有惡性競爭、倒閉情形產生。

八十至二十一歲約為百分之二點五，十八至二十一歲為百分之一點八，八〇至一〇〇年總人口年平均成長率十八至二十一歲約為百分之二點五，十八至二十一歲則為負成長，與十八至二十一歲則負成長率為百分之二點六二點三，百分之二十六點率為百分之三五點三，其中十八至二十一歲則成制十八至二十一歲學齡人口就學機校院各為百分之三五點三，其中七。經建會更估計民國一〇〇年。

校區，目前高等教育問題之一，在於國立大學部分學校找尋第二校區成立分部，而選舉一到各縣市爭相要求籌設國立大學，私立大學為擴增學校規模，對外尋找二校區。私立大學打著籌設二校區，國立大學為擴增學校規模，對外尋找二校區。很多大批爭取國家經費應檢討。另一問題是九十二學年度各改制二快。八十八至九十二學年度各改制二校。

考量與改制的財團法人大學應嚴量的擴增。其次，政府對未來籌設新校應從嚴評估。建立技術學院改制宜緩。教育主管機關宜檢討不宜擴增過快的專科學校仍可培養中級技術人才，專科改制學院仍可培養中級技術人才，著重科部仍可培養中級技術人才，專科改制十八至二十一歲約為百分之二點五。建立超然的財團法人大學評鑑制，提升大學校院特色品質，著重實務教學，建立技術學院特色，提升教學品質。其次，降低大專校院改制更嚴格，每年評鑑並公布大學校院辦理績效表現，同時亦應研議導校淘汰方式，合理調整教育資源分配。

最後，鼓勵學校整併。它可能比要求自我大學整併，但同時更應思考「廣設高中大學」的教育政策，否則高學歷高失業率問題將浮出枱面及社會人力省思。

廣設高中大學，今年大學錄取率更突破百分之九十，主管機關宜思考「廣設高中大學」的教育政策。

（二）裁併小校小班　教改走回頭路

〈裁併小校小班　教改走回頭路〉如圖 6-6 所示，發表於民國 93 年 10 月 19 日《中央日報》。自 1994 年民間「四一〇教改團體」發起的教改運動，提出了廣設高中大學、小班小校、制定教育基本法、教育現代化訴求。政府為回應小班小校訴求，政府於民國 87 年提出了 350 億元讓國民中小學朝向小班小校規劃，接續臺灣社會對於小班小校有許多研究探討與分析。然而在教改 10 年之後，也就是在 2005 年臺灣社會逐漸呈現少子女化現象，學齡人口不斷減少，最直接衝擊是國民小學學生人數銳減。因此有很多學校規模人數大幅減少，班級人數也縮減，甚至許多學校的學生人數在 50 名以下，這些小型學校有廢校的討論。筆者深感臺灣短短 10 年的時空變化，就有如此大轉變，因此以此議題，撰寫此評論文，提出臺灣未來的具體做法。

（三）正視貧窮對教育影響

〈正視貧窮對教育影響〉如圖 6-7 所示，發表於民國 94 年 9 月 17 日《中央日報》。這篇是以當時臺灣社會的變遷，社會價值觀也改變，因而產生的問題。當年臺灣的每位國民平均所得在 13,000 美元，然而貧富差距有越來越大的趨勢。筆者有感而發的從一個社會問題，透過個人專業背景，撰述該評論文，提供各界參考。

陸、自我培養科學實證評論的方法與結語

一、自我培養科學實證研究為評論依據的方法

本文認為，以科學實證研究為基礎的評論者，以及運用科學實證研究所獲得知識作為評論的依據，筆者認為越年輕，越應學習這方面知能，然而培養的策略有很多，包括評論者的心理因素提升，尤其是撰寫

圖6-6

〈裁併小校小班　教改走回頭路〉評論文

中華民國九十三年十月十九日　　星期二

焦點話題

裁併小校小班 教改走回頭路

●張芳全／國北師碩教系助理教授（北市）

不久前，教育部曾指出將裁併八百多所中小學，以減少政府教育經費。此教育政策，問題多多。

首先，它與現行要執行的小班小校政策相違。「小班小校」為現行的教育政策，它是民國八十三年民間教育改革團體所提出訴求，民國八十五年行政院核定的教育改革審議委員會，班被留李遠哲院長亦應縮減，以減輕教師負擔。為回應民間教育改革理念，民國八十七年起政府執行為期十年，運用三百五十億元的教育經費執行小班小校政策，政府才四年多，要將已是「小班小校」予以裁併，讓更多小型學校不存在，要讓九年一貫課程執行，此換了位置，換了腦袋。過去政府要將小班小校達成目標，換了位置，換了腦袋。過去政府要將小班小校達成目標，讓學生學習更為順暢、教師教學減經負擔、學校行政人員順利運行的教育工作，無奈現要裁併，帶來更多大班大校，令人不解。此校問題無疑對現行教育政策潑一桶冷水。

其次，與未來不確定性。政府說要讓教育更有特色，但是小校為偏遠地區精神特色，為何又要裁併？八十八學年度全國國民中小學共有二千五百八十三所學校，在規模六班以下的有八百五十所，約占總數的三分之一。這些學校大部分位於偏遠的花東、澎湖及離島地區的鄉村。很多學校建校與當地居民共榮共存，是居民及鄉村之支柱，也是當地文化燈竿，如果為了減少教育經費，是將這些小型學校予以裁併，無疑是教育政策走回頭路，犧牲這些學生及居民的教育成本過高考量更不妥。教育投資目的在讓學生獲得更多學習效益，如果此目標無法達成，偏遠以即人事經費要教育，又何來將學

第三，國民教育應質量提升。提高國民教育、九年一貫課程及小班小班都是極為重要。九年一貫課程的教育內容更重要。而裁併小型學校，來縮減教育經費，是無法讓教育質量改進。試想：如果大班大校部都在教改政策存在，學生的學習內容

整思考。
一貫課程及提升小班都是教育政策，使讓學生在心靈及學習內容改善；小班教育應從學生學習內容著手，如果犧牲小型學校、教師教學負擔及學校行政化問題。而裁併小型學校，行政化問題。無疑是改善教改質量改進，促成九年一

育行政人員如何去同何從呢？二校如何整併？所衍生是教師、校長、育行政人員如何去同何從呢？二校如何整併後，學校如何化解整併？被整併學校，所遺留下學校如何整併？被整併學校，所政策矛盾，統整、前瞻、慎思與全面思考將教育改革政

地區精神特色，為何又要裁併？八十八學年度全國國民中小學共有二千五百八十三所學校，在規模六班以下的有八百五十所，約占總數的三分之一。這些學校大部分位於偏遠的花東、澎湖及離島地區的鄉村。很多學校建校與當地居民共榮共存，是居民及鄉村之精神支柱，也是當地文化燈竿，如果為了減少教育經費，是將這些小型學校予以裁併，無疑是教育政策走回頭路，犧牲這些學生及居民的教育成本過高考量更不妥。教育投資目的在讓學生獲得更多學習效益，如果此目標達不成，偏遠以即人事經費要教育，又何來將學校裁併，讓小型學校之學校就達成教育目標，又何來將學校整併。

最後，讓小班小校受到衝擊，偏遠地區教育問題多，但政府並不重視，只有看到，讓小班小校受到衝擊。若九年一貫課程執行，教育行政人員的教學負擔減少，教育行政系統的運作順暢，簡言之，教育政策要如背道而馳，教育政策要如背道而馳，教育政策要如背道而馳。

雖有改變，但無法讓學生及教師教學順暢，也無法達到九年一貫課程目的，沒有小班小校配合也無法讓教師的教學負擔減少，教育行政系統的運作順暢，簡言之，教育政策受到衝擊，教育政策要如背道而馳，教育政策並不好的教育政策。小型或大班小班學校，一者因自投票居偏遠，一者偏遠人口外流嚴重，再者偏遠高人口外流嚴重，已有偏遠地區的小型學校環境，已有偏遠地區的認同。正因為學校的認同。

圖6-7

〈正視貧窮對教育影響〉評論文

中華民國九十四年九月十七日　星期六

焦點話題

正視貧窮對教育影響

●張芳全／臺北教育大學助理教授（北市）

前幾天高雄縣路竹高中因學生遲繳學費，要求學生家長寫悔過書。這讓人無法接受，因為教育是掃除貧窮的最好策略，豈會造成這樣的非教育精神？

雖然臺灣每人平均國民所得已近一萬三千美元，但國內貧窮家庭有愈來愈多趨勢。日前一項調查國內貧窮兒童及家計約每十位就一位（戶）貧窮。臺灣有這種現象是隱憂，也值得正視。因為貧窮家庭易有貧窮孩童，孩童貧窮在教育資源及接受教育機會相對少，這讓學童日後社會階層流動機會減少，是值得注意問題。

造成家庭貧窮原因有很多。一是家中的雙親或主要經濟收入者沒有工作、沒有經濟收入所以讓家計陷於貧窮。二是單親家庭讓家中經濟支柱缺乏，也就是僅有一位家長或經濟收入者在工作，無法獲得一定報酬讓家中貧窮。三是因為地域貧瘠、謀生不易，例如生活在較不發達社區與環境，經濟資源及工作機會不好，所以國民會貧窮。四是家成員人數過多，而工作賺錢者少，僧多粥少，無法負擔家計因而家計會貧窮。五是家中成員身心障礙者、重病、傷殘者多，謀生能力較低，因而貧窮。六是大環境因素，例如國家經濟呈負向成長，政府無法提供良好經濟與就業環境讓國民就業，所以國民無法生存，因而貧窮人數增加，開發中國家很多是如此。七是經濟結構不佳，因而失業人口增加，因失業者多所以導致貧窮人數增加。八是政府的政策不當，例如稅制不公、社會福利不均與不良、貧窮家計學生就讀大學無優待措施都讓貧窮人數增加。九是外力因素，例如內戰，就如同非洲衣索比亞、伊朗因戰爭，國民的貧窮人口增加。最後，落後國家因經濟不佳，又得不到國際援助，所以國家整體讓家計陷於貧窮。前述之中，國內較常發生現象是前八項，這可能就是造成臺灣的家計及貧窮人口一再增加主因。

臺灣近年來國民所得貧富差距愈來愈大，富者愈富，貧者愈貧，同時更有貧者有愈來愈多現象。這種現象是臺灣隱憂。一方面家計及貧窮者人數不斷增加，對社會安定有不良效果。另一方面，貧窮者增加將造成日後貧窮者或下一代無法接受教育或接受更好教育愈來愈少，所以日後無法讓下一代有社會階層流動機會。嚴重的是，這將造成貧窮者的社會階級再製。也就是說，台灣的教育體制利富不利貧的資源分配，富者永遠可接受好教育，貧者較無法從教育中翻身，所以日後讓貧者增加之外，更讓貧者無法接受更好教育，產生更多教育及社會問題。

一般而言，貧窮在社會、個體或家計之中是會循環。也就是說，貧窮家計沒有更多教育資源及經濟環境讓家中成員有學習機會，所以他們的下一代居於貧窮生活環境之中的機會增加。因為貧窮家計資源少，在教育表現上有幾種情境，即學業成績較差、人際關係不良、生活適應不好、成就動機下降、與同儕互動機會減少、老師也較無法與他們互動、在學校適應不好。因此，他們在學校生活反應及學業表現不佳，使他們在當下更挫折，日後到社會適應更不好。因為學業成績不好，升學機會無望，加上無一技之長，就陷於貧窮困境之中。另外，貧者在經濟與生活上也是問題多多，因為上一代貧窮無法讓下一代滿足其教育需求，所以沒有營養午餐、沒有電腦及其設備、家中沒有故事書、無童話書、沒有玩具、沒有網路及相關求學必需品，在環境不足下，讓他們的學習落於自卑、無法安心及無法獲得精神及物質滿足的情境。

總之，前述種種反應出臺灣貧窮學生問題逐漸浮現，這些貧窮學生無法獲得良好教育，對學習將陷於絕望、悲觀，終究對教育與社會產生失望。當局如不好好找出貧窮學生、提供貧窮學生需求及解決他們根本問題。他們不僅成為未來貧窮一群，而且在他們生活背後，將反應出更多教育及社會問題，亟待解決。

評論不怕被批評、發表後不怕被威脅、不擔心常被退稿、不用擔心沒有議題可以創作等。尤其很多專家學者評論能力有其限制，主因在於少寫，不會統計分析，少與同行交流切磋，很少揣摩評論的寫作技巧，以及很少投稿等缺乏精進的心態應先予以克服。本文認為除了上述之外，培養好的評論者方法還可以包括多分析、多撰寫、多交流、多揣摩與多投稿。說明如下：

（一）多分析

評論者需要有完整的論證依據，這些論證來源，一方面可以從現有文獻的相關研究與理論為依據，另方面可以從數據的資料分析所得到的結果為基礎。前者的論證依據不一定可靠，且相關文獻可能年代久遠，無法與時俱進的匹配所要評論的議題。因此在所要評論的教育議題若有相關數據資料，可以透過次級資料分析，獲得初步結論，把所得到的結論作為評論依據來源更適切與可靠。

（二）多撰寫

要成為優質的評論者就不要怕寫錯內容，也不要擔心評論內容不完整，更不要擔心所寫的評論公開發表之後，會被批評與被施壓。多撰寫評論是成為優質評論者很重要的途徑之一。評論者最重要的是提出公正、中立、客觀及合理的評論論點，若沒有透過多次撰寫，不斷撰寫與持續投稿，改進自我缺失，就很難以從錯誤及被批評中，寫出優質的評論。投稿過程若常被退評論，也不要氣餒，找出被退稿原因，修正自己的寫作缺失再投稿。評論者從自己的專業領域，不斷找議題，包括社會時事、新發現、重大社會問題、教育政策、國際發展趨勢等議題，從這些面向設定議題、蒐集資料、撰寫評論，會是一個很好提升評論能力的途徑。

（三）多交流

　　撰寫評論之前，可以多請教有經驗的評論者，這些評論者經常發表評論，可能是報社的總主筆與主筆、大學具有豐富研究經驗的教授，還有豐富經驗的領域專家。透過跟他們的意見交流與多聽經驗豐富者的建言，可以吸收不同的寫作觀念、寫作技巧，來豐富自己的寫作經驗與能力。在撰寫過程中，可以將您的構思與有經驗的評論者分享，您可以把構想及寫好的初稿與修正稿，請他們指正，包括文章評述的觀點、論證方式、段落安排、連接詞使用、用語適切性、文章通順程度及簡潔性等，重要的是應符合公正、客觀及完整的評論。

（四）多揣摩

　　評論者並非天生就會撰文評論，而是從很多學習機會、投稿失敗的經驗中來改善評論的寫作能力，最後成為優質的評論者。也就是說，要成為優質的評論者應該多模仿優質的評論文，從多閱讀與模仿好的評論文，學習這些評論的觀點、論證的方式及文字的運用等，來揣摩如何撰寫優質的評論文。多閱讀優質的評論文，包括媒體的社論、媒體的民意論壇、期刊中的專題文章等。評論者從模仿優質的論文，或是相關傳記或專業領域的期刊論文著手，經常閱讀這些作品可以增廣見聞、吸取寫作技巧，學習他人寫作觀點及論述內容，可以提高評論者的評論能力。也就是，多揣摩與模仿是很重要的途徑之一。

（五）多投稿

　　論文的形式有很多種類，包括學術性的期刊論文、非學術性的散文，以及媒體或某些期刊的評論式文章，不管是哪一類，評論者都應該不斷的投稿。評論者投稿，不一定會被期刊或平臺所接受，如果沒有被接受刊登，可以從退稿過程中，瞭解審查者或平臺對於該篇評論文所提

供的審查意見作為修正參考。以媒體來說，退稿往往不會在投稿者的文中修正內容或提供審查意見，但是如果被接受刊登之後，投稿者可以把原稿拿出來與刊登內容作比對，就可以瞭解投稿的稿件經過有經驗的評論者，例如：總主筆、主筆、總編輯對於該文的修改狀況，此時可以從投稿及刊登文章的前後比對，就可以學習撰稿的經驗與寫作技巧。如果是投期刊評論可以從審查意見來瞭解投稿評論文的缺失，投稿者可以依審查意見修正，在日後撰文更能避免相同的錯誤。也就是在期刊投稿評論，可以從專業審查者所提出審查意見作合理的修改，精進自我評述的能力。若是要投媒體評論可以先從非主流媒體、小媒體投稿，等到寫作評論技巧更成熟，可以投稿到主流媒體，就很容易被接受刊登。

二、結語

近年來，受到媒體的多元化及民意高漲，教育政策或議題的評論常在媒體或期刊等相關平臺可以看到。然而撰寫評論的評論者需要具備哪些條件或特質，以及如何培養優質的評論者為各界所忽略。本文分享了培養評論者能力的相關內容，強調要以科學實證研究為依據的評論之培養。然而科學實證的非實證因素，也可能影響評論者之能力表現，例如：評論者的特定價值觀、意識形態、教育信念等，長期或根深蒂固影響一個人對教育現象的知覺，或凸顯問題意識的基礎。這是需要留意之處，更需要逐步改善這些因素的限制，讓評論者在撰寫評論文避免非實證因素或特質的干擾。此外，本文要強調的是科學實證研究不等於統計學或統計分析，而統計分析是科學實證研究很重要的途徑之一；但是評論者如果可以瞭解科學實證結果的重要性，甚至可以親自透過科學實證分析來獲得重要結論，以作為撰寫評論依據，也就是從科學實證研究所獲得的知識，可以成為評論素材的可靠支持依據，是撰寫評論很重要的課題。

本文的文章安排先說明評論者潛在特質測試，運用三種情境來瞭解成為評論者的潛在條件，並說明評論者具有敏銳性、創新性、多元

性、積極性、冒險性與即時性；接續說明評論者應具備的能力，包括多元觀點看待現象的能力、數據資料專業分析的能力、迅速撰寫完成評論的能力、大量閱讀專業文獻的能力、不怕被批評與被施壓態度。因此，在培養優質評論者的條件，包括應擁有豐厚學理知識、寬闊的胸襟與視野、不畏權勢大鳴大放、著眼協助弱勢團體。本文也提供以科學實證爲基礎撰寫評論的十項步驟，提供兩篇科學實證研究作爲評論依據的範例，以及提供教育政策評論三個實際例子供讀者參考。最後提出自我培養科學實證評論的方法，包括多分析、多寫作、多交流、多揣摩、多投稿等。

參考文獻

張芳全（2004年8月13日）。大學校院暴增　「高中化」浮現。中央日報，第12版。

張芳全（2004年10月19日）。裁併小校小班　教改走回頭路。中央日報，第12版。

張芳全（2005年9月17日）。正視貧窮對教育影響。中央日報，第12版。

張芳全（2021）。人力資本、勞動力與都市化對經濟發展的貢獻：2000至2020年的縱貫觀察。教育政策論壇，**24**(4)，119-156。

張芳全（2023）。國小學生的家庭社經地位、閱讀資源、數位設備、閱讀自信、幸福感受、家長喜歡閱讀和閱讀學習成就之關聯探究。學校行政，**147**，228-250。

Cheng, Q., Wang, J., Hao, S., & Shi, Q. (2014). Mathematics performance of immigrant students across different racial groups: An indirect examination of the influence of culture and schooling. *Journal of International Migration and Integration*, *15*(4), 589-607. Retrieved from https://doi.org/10.1007/s12134-013-0300-x

Goodfellow, R. (2011). Literacy, literacies, and the digital in higher education. *Teaching in Higher Education*, *16*(1). Retrieved from https://doi.org/10.1080/13562517.2011.544125

Jaejin, A., & Woonsun, C. (2002). What affects the happiness of adopted children in South Korea? Does the adoption matter to their happiness? *Child & Adolescent Social Work Journal, 39*(2), 233-246. Retrieved from https://doi.org/10.1007/s10560-020-00718-9

Mullis, I. V. S., Martin, M. O., Foy, P., & Hooper, M. (2017). *PIRLS 2016 International Results in Reading.* Retrieved from https://timssandpirls.bc.edu/pirls2016/international-results/

Sirin, S. (2005). Socioeconomic status and academic achievement: A meta-analytic review of research. *Review of Educational Research*, *75*(3), 417-453. Retrieved from https://doi.org/10.3102/00346543075003417

第七章

教育評論文體的反思與改進：
期許《臺灣教育評論月刊》

簡成熙

國立屏東大學教育行政研究所教授

壹、緒論：評論文之難

　　評論文或評論文體是指什麼？國小學作文時就知道有相異於敘述文、抒情文的論說文、議論文或說明文。反正得說理，理說的正不正，也由不得作者。李敖曾經回憶他年輕時參加留學考試的考題，孔孟思想的現代意義，他詳細析論沒有現代意義，自然是名落孫山。雖然名為議論文，還是不免受制於政治正確的框架。李敖在 1960 年代曾代友人批改作文，日記中曾記述他批改的初三同學在「我的理想」作文題中寫道：「有些人的理想很大，但是不能去實行，也就和沒有理想一樣。我的理想並不大，就是能夠把中國復興起來。……」（李敖，1997，頁 125），也不禁回憶我們這一代在「反共抗俄」時代的童年作文「中秋節感言」，一定是以「我們在臺灣歡度中秋，不要忘了大陸上的苦難同胞，但願明年中秋，能在神州大陸，普天同慶……」做結。我們大多數人雖然無才也無膽像李敖般的犀利，以上令人莞爾的楔子，點出了評論文的知易行難，仍是期待論說文或議論文，能言之有物，儘量不受制於思想八股或政治正確。

　　本專書曾將「教育評論文章」界定四類型：(1)「純評論型」，與社論相似；(2)「理論／文獻＋評論」型；(3)「實徵研究＋評論」型；(4)「理論／文獻＋實徵研究＋評論」型。筆者認為原初的構想應該是結合各領域研究者，以其各自的專業研究領域來反思教育政策或議題。本文中，筆者不針對自身教育哲學專業領域反思現行政策，而是想要針對教育評論文體抒發個人經驗，也可算是教育評論文體的後設評論。

　　評論也者，當某一方論述一主題時，他方針對此一主題提出看法，就是廣義的評論。即便是日常對話，人們互動過程，也當會交換不同意見。報章雜誌的專欄或讀者投書，更常反映對時事的評論。本文將評論文界定在學術實踐層次的評論。所謂學術論文是指基於求真的態度，利用可靠的研究方法，嚴謹的探求相關現象、學理，在期刊上發表而行諸之文體。筆者界定評論文的**第一類**，是指在學術期刊上，針對某一論文，以嚴謹方式及時提出相關之討論而成的獨立論文。筆者稱之為論辯

式論文，也是俗稱的學術筆戰。一般學術期刊，也會刊載書評（Book Review）。好的書評，不僅能有助於推廣學術，引領讀者進入原作思想天地，也能敦促作者進一步精進，這是第二類。此外，學術期刊是專業的學術社群，早已發展成同儕專業匿名的審查流程。幾乎學界大半人士，都有機會參與自身領域的論文審查。雖然除投稿者及編輯群外，一般不會見天日，大宗的匿名審查文也算是評論文體，且其潛在影響，可能更為深遠。由於審查文不見天日，反最欠缺相關的規範，筆者大膽的將之視為第三類。最後，教育學是實踐之學，這當然不是教育學術都在探討實際問題，教育學術當有其理論、抽象、後設（元）層次的反思。不過，教育學者應該基於學術專業或良心，勇於對國家政策提供批判與建言，是為針砭時論的教育政策論評，這也是臺灣教育評論學會與機關刊物《臺灣教育評論月刊》的初衷，也應是本專書原先的目標，此為第四類。

　　本文即以上述四類文體為主，筆者將運用敘事性（narrative）的方法，佐以自身經驗，希望能強化前述四類評論文體，增進臺灣教育學術與政策實踐的良善發展。

貳、相互拼拳乎？論辯式論文

　　學術期刊會固定刊載某一領域文獻的回顧與整合，通常西方世界各專業領域都會定期出版相關的 Handbook。例如：美國教育研究學會（American Educational Research Association）出版的 *Handbook of Research on Teaching*。我自己的教育哲學領域則有 Curren, R. (Ed.) *A Company to the Philosophy of Education*（Blackwell Publishing, 2003）；Siegel, H. (Ed.) *The Oxford Handbook of Philosophy of Education*（Oxford University Press, 2009）；Bailey, R., Barrow, R., Carr, D., and McCarthy, C. (Eds) *The SAGE Handbook of Philosophy of Education*（SAGE Publications Ltd, 2010）。最近則有 Smeyers, P. (Ed.) *Interna-*

tional Handbook of Philosophy of Education（Springer, 2017）；Hytten, K. (Ed.) *The Oxford Encyclopedia of Philosophy of Education*（Oxford University Press, 2022）等。這些手冊都會有代表性的學者針對特定主題彙整重要論文。撰寫這些論題的學者，當然在彙整相關論文時，也都得進行評論。事實上，所有研究中的文獻探討，研究者都必須做適切的評論。

　　不過，文獻評論不是筆者在此的重點。論辯式的論文，通常是在一份期刊內涵蓋同一主題不同立場的論文，也常是某一期刊發表後，其他學者們在後幾期的回應，有時原作者也會再回覆，頗能體現君子和而不同，或是越辯越明的知性樂趣。如 T. H. McLaughlin 曾經明確指出，父母對子女的宗教養成與自由主義相容，他的觀點引起了 E. Callan, P. Gardner 的質疑，T. H. McLaughlin 又另文一一加以回覆。又如英國倫敦路線的教育哲學家 J. White 以自由主義學者立場，感慨英國國家課程缺乏民族性的培養，為文支持教育中可傳授民族性或類似愛國的理念，這引起了 P. Enslin, D. Archard 與 D. Stevens 的質疑，White 也一一加以回應。前述兩項主題，簡成熙（2021a、2021b），都已有討論（有興趣前西文的讀者可以參考簡成熙文後的書目，不在此列出），可視為是教育哲學的分析典範或論辯式論文的書寫範例。筆者用拼拳的隱喻，是來自於電影《葉問 2》，葉問提醒洪師父面對洋人威猛的拳擊，不宜拼拳，嘗試切對方中路。筆者認為論辯式的文章，就像西洋拳擊一樣，一來一往，好不暢快。

　　其實，這種論辯式的風格，並不是新鮮事，大凡在一個健全的學術社群，且學術中人對論題有足夠的關心，都會自然形成。有時這種論辯會有時代意義，像民國五四運動時期的古史辯論戰、民族傳統再估與重整、反宗教運動、東西文化論戰，以及科學、玄學論戰（周策縱，1984，頁 459-488）。以 1923、1924 年間的科學、玄學之辯為例，張君勱認為科學無助於人生觀的建立，丁文江對所謂科學無所作為的論述，不以為然，認為張是玄學，張則批丁是科學萬能論。相互論辯只要不是黨同伐異，這種學術筆戰，常能促進學術更新。臺灣教育學界比較

少類似這種論辯式的討論，值得教育學界取法。

筆者在此的論辯或論證是接近但不以分析哲學爲限。通常是兩造雙方針對一個論題，各自界定（或質疑）其術語，從其接受（或反對）的前提中加以演繹，而得出（或反駁）教育主張。兩造雙方雖不一定接受相同的前提，在討論過程得時時質疑對方前提、論點的適切性。透過相互論辯，據以捍衛己方或推翻對方主張，各自說服讀者接受其論點。也可在論辯過程，適度接納對方質疑，而修正己方論述。哲學論述最能展現論辯式風格。當然，經驗科學的證據，是根據各自的實驗結果或「數字」說話。但是，經驗科學研究者也應體現哲學論辯精神。譬如，教育行政領域中，組織效能與領導方式之關聯，眾多研究有不一致之處，若未先界定或縝密分析既有研究對相關概念之操作型定義，就貿然實施問卷調查，無法釐清相關概念，也就無法重新修正研究工具或檢視研究假設與變項、路徑的合理性，那只是率由舊章的多累積了一份所謂新的研究發現，實無法據以推論，對於組織效能與領導方式兩者關聯的爭議，自然仍無法定奪。

筆者當然也同意分析式的論證，不是哲學論辯的全部。女性主義學者就曾經質疑這種對壘式的論辯，反映的是接近男性的思考。這種思考類似生物的攻擊性（aggression），兩造雙方常會化約對方觀點，學術論題也因而窄化（Moulton, 1983）。拼拳的隱喻正可以說明，部分女性主義者認爲知識的探索實無須建立在相互對立、競爭的基礎。F. Nietzsche 格言式的論述，以系譜的方式來反思道德本質。M. Heidegger 存有與時間的探索，以及後期 L. Wittgenstein 的論述文風，我們若只拘泥傳統分析哲學式的論證觀，就不易進入前述思想的堂奧。質性研究或敘說式的研究，也可以發掘許多潛藏的教育現象，這些筆者都可以接受。美國分析學者 Siegel（1997）體察這些多元的論述後，認爲無論是知識上或道德上，都不能假包容（inclusion）之名，讓知識的探索陷於相對，這樣反而會助長各自的絕對與獨斷。他仍然堅持澄清、理性論證的價值。筆者基本上接受 Siegel 的觀點。事實上，臺灣教育哲學界或整個教育學術，即使經歐陽教老師 1970 年代的大力提倡分析典

範，仍然未能吸引更多的學者以分析作為工具，來反思、批判主流的教育政策。西方 1980 年代以後分析傳統集中在政治哲學的討論，也未受到教育學界足夠的正視。1990 年代逐漸成長的年輕學者，熟悉後現代、解構、系譜或敘說的文風，可能也對分析典範陌生，筆者認為，提倡分析式的論證風格，仍然有教育實踐的積極意義。臺灣論辯式的文風，以教育哲學領域而言，可以參考但昭偉（2002）的論述。林逢祺與洪仁進（2017、2018）主編的教育學核心議題系列，各作者都有明確的問題意識，自訂問題、自身回答，深具教育學理實踐的批判反思。

如果可以接受筆者上述立場，掌握論證或論辯式文的說理與精神，不僅能有助於研究生從相關文獻中選題，形成學術問題意識，相信也能有助於學者更聚焦於已有的學理或當下教育政策，開展批判的論述。

參、直入其中的書評

書評、影評也不是新鮮事。但就筆者個人的成長經驗，1984 年龍應台的《野火集》旋風之後，她隔年出版的《龍應台評小說》，才令筆者對書評大開眼界。從此，書評也可以實事求是，而不是商業吹捧或惡意詆毀。希望收到「冥紙越多越好」的該書序言，龍應台（1985，頁1）如是說：

> 在臺灣，寫任何一種批評文字都很困難。主要的原因，是中國人把做人與做事當一回事；既然對人講究忠厚恕道，對事又怎麼可以嚴苛銳利？大多數人就不願意因寫批評而傷了做人的感情，這種態度的另一面就是，當受到別人批評的時候，情緒也就特別激動，無法平心靜氣的思考。

龍應台的感慨的確觸及了我們這個社會「諱」的一面。說的好聽是溫柔敦厚，說的直白點是鄉愿。對於國人心態不利於營造實事求是的書評文化，筆者也沒有更高明的改進之道，僅在此針對臺灣學術期刊書評撰寫

者或學術出版社，暫時提出三點建議。

其一，即使我們不當壞人，稱讚別人專著優點，也應該直入其中，深入掌握書中旨趣，不能只是空洞的文字堆砌。先賢黃建中（1889-1959）的傳世之作《比較倫理學》，從初稿到逝後定本，近30年。根據撰《中國教育史》聞名，時任國立編譯館館長的王鳳喈（1896-1965），為之撰寫「比較倫理學修訂三版序」，特別列出，國立編譯館部定大學用書外審審查意見如後：（黃建中，1962，比較倫理學修訂三版序，頁2）

> 本書從生物、心理、社會、文化各方面闡明行為及道德之演進，詮次眾說，中西對勘：於中土採取太和宇宙觀、中和人生觀之精義；於西方採取現代相對論、互助論、突創進化論之精義，融會貫通，自成一思想體系，繼自我實現說，物我一體觀，而發為「突創和協」之論，由善惡之相對之價值，求至善之絕對價值；由人倫推及物倫，由國際推及物際，由身心、社會、國家民族、世界人類推及宇宙萬物。認為「爭」與「助」相反、相成、相續、相代，以歸於和協。「助」漸易「爭」，「同」復容「異」，致人生之中和，達宇宙之太和，臻至善之境界，是為理論基礎。加以體系之嚴密，參證之精博，說理之明透，論斷之平正，本書可稱空前傑作。

這份評論是否過於溢美，流於文字的堆砌？筆者細讀黃建中這本幾乎已被遺忘的著作，深覺國立編譯館匿名審查人的用心，該審查人的評論等於是畫龍點睛了黃氏全書大要。華裔旅美學者吳森（1978，頁22-23）1970年代末評價黃建中該書，亦曾指出：

> 黃氏之作，以問題為經，各學說為緯，分析詳明，而文字之清晰凝鍊，當代哲學學者罕能與之比。書中立論，每一句皆有所本，詳註來歷，絲毫不苟。……今日習哲學之青年，實在應人人具有此書。既可做方法之南針，亦可做scholarship之模範。

是則，一份好的書評，評論者實要有該專業學門游刃有餘、積奠厚實的鑑賞力，才能恰如其分讀出原作的精華。

其二，好的書評可以直入原作之精華，如黃建中之出版審查匿名評論；也能夠爲後學指引，如吳森的引介。由於期刊書評是公開的評論，龍應台指出國人「爲情所困」的現象，固然很難避免，但評論者仍應該善意提點原書可能潛藏的不足，重點不在於否定，而是更深的學界同行互勉。方永泉（2012）之專著《希望與批判：以行動爲中心的教師哲學》，全書核心旨趣在於探討後期批判教育學人物、論述，有別於傳統抗爭，重燃教師具體行動的提點。筆者肯定之餘，有如下的期許：「集中在希望教育學之相關討論，並從教育史中的烏托邦概念汲取養分，使批判教育學不只是單層面之政治抗爭，更能升高到全人類未來的教育願景」（簡成熙，2015，頁86）。筆者也結合臺灣現貌，不僅反思臺灣現狀及批判教育學在臺之發展，也協助定位方永泉專書優點與意猶未盡之處：（簡成熙，2015，頁88-89）

> 臺灣近年教育生態，大學已逐漸淪爲「產學合一」式的職業養成所，各式教學卓越及校務評鑑淪爲工具理性，似已積重難返。師資培育及中小學教師發展，也確如H. Giroux所指稱的淪爲無產階級化或技術本位的錯置。亟待批判教育學注入活水源頭。太陽花學運及高中反課綱，也許有批判教育學的學理支撐，但可能受到更多現實政治勢力的介入，也不一定呈現批判教育學的理想。左派教育學念茲在茲的社會介入，無論是在北美或臺灣，都有進一步探索或實踐的可能。以此觀點，方永泉結合「希望」哲學，讓批判教育學更整全的關照教育現場，就不僅只有學術上的意義了。筆者針對該書所作的批判之一，是批判教育學在臺灣歷史縱身的缺乏，正是立基於實踐的脈絡；而對該書確立教育專著典範的殷殷期勉，更是來自自身力有未逮的學術經驗，期待方教授不以爲忤，更期待臺灣教育學界及讀者，能立志於學術與教育實踐而深造自得。

筆者對方永泉專著之書評，不敢自居得書評之精要，但如實指出缺乏歷史縱身的描繪及專書撰寫典範，確是臺灣教育學界（包括筆者自身在內）較爲不足的地方。專業的書評，評論者必須具備對作者及原書專業的熟稔，臺灣受制於學術人口，自是可遇不可求，但如果我們書評至少做到實事求是，能引領讀者發掘作者優點，能適時指陳未來期許，也應該有助於學術拓展。

其三，國外的學術專書，通常在專書封面上，都會有其他作者的推薦，雖然不乏過度溢美，但對於小眾的學術專書，仍有助於推廣。能夠編在書背或封面上的評論，不只是引介、有別於泛泛心得，要能直入該專業中畫龍點睛，並指出該專書在現有學術上的位置，也考驗撰寫者的學養與文字駕馭功力。臺灣的學術專書似乎沒有類似的風氣，值得出版社參考。

臺灣幾份 TSSCI 學術專刊，都已有書評的欄位，不乏對於國內外學術專書的評論，刊物應該進一步鼓勵。由於學者們各有專業。若是倉促之間指定撰寫，也很難盡得書評之要。學會或學術期刊應該鼓勵各學者就自己的學術專業中，深入評析所熟悉的國內外學者專書，不僅能提供新知，也能良性循環，建立臺灣更好的學術專書書評機制。學者們完成對國外學者教育觀點的研究，可以獲得學術積點，但是花同樣的時間，撰寫書評，可能得不到相應的學術積點。雖說古之學者爲己，但也不能片面要求學者付出，學術期刊或單位評核制度，仍應有更開創的做法。順帶一提學術翻譯，臺灣過去不把翻譯看成是學術著作，現在對學術經典譯注已然重視，但是我們並不眞正尊重翻譯的學術意義與需求。且讓筆者舉一個切身例子，筆者曾經在 2019 年提交科技部 Kristján Kristjánsson 甫於 2020 年新出版專書，*Flourishing as the Aim of Education: A Neo-Aristotelian view* 之經典譯注計畫。根據國科會的規則，若沒有在經典譯注書單中，譯者必須先提構想計畫。此計畫獲審查人之一的肯定，但另一審查人雖也同意該書作者學術成就及該書內涵，卻以該書 2020 年出版，不算經典之理由回絕，最終無緣翻譯。該書後蒙陳伊琳（2023）正式在《教育研究集刊》專書評論。筆者可以

體會審查人之一拘泥「經典」的時間性。對此，筆者也當尊重，然國科會之所以要在原列經典書單外，另行徵求構想計畫，精神上也是鼓勵能有更多與時俱進優質學術論述的出版，似不應以年代作為審查依據。筆者以為泛論 Kristjánsson 教育目的之專文，實不如認真將其專著譯出。相較於大陸，臺灣近 10 年來，若沒有研究支持，已經很少有人願意擔任學術翻譯的苦差事了。專業書評，亦如是。

肆、獨斷還是對話？學術期刊審查文

一、不要讓審查淪為另一種學術專斷

相較於前述署名的評論，學術期刊的同儕審查是匿名制，就筆者的體認，臺灣的學術期刊（特別是 TSSCI），已經能夠做到實質上的匿名，杜絕了人情的關說，這絕對是一項成就。但由於期刊評比制度的建立（這當然有其積極價值），也使得期刊強調「嚴格」審查，不免走火入魔。資深社會學教授葉啟政在其門人為其榮退的紀念文集中，曾有如下的感慨：（鄒川雄、蘇峰山，2009，頁 483）

> 一旦一個學者有機會充當起評論者（更多的是大權在握的所謂「審查者」），往往忘了自己的「斤兩」，也失卻了分際。他們膨脹自我，以為自己是天下第一劍，而以原只不過是自己有限的「管見」，幾近「吹毛求疵」地捉著人家的「小辮子」，猛力「亂砍」他人的論述，而從不會回頭來細思一下自己應當負怎樣的責任。這導致學術界（當然，特指某些學門）裡產生一種現象：要不是相互砍殺、摧殘，就是走另一個反方向的極端：相互包庇、奧援，形成隱性的利益與共集團。

葉啟政認為學者在批判別人時，應該對自己的學養、領域的熟悉度，以及對當前學術發展的要求，要具有一些「自我反思」的約束意

識，否則是不可原諒的「暴力褻瀆」，將嚴重阻礙了學者之間的良性溝通，也會殘害整個的學術發展（鄒川雄、蘇峰山，2009，頁483）。

在教育學術領域中，筆者雖沒有太強烈類似葉啟政的感受，但相信有投稿 TSSCI 經驗的學者，都會有類似的體會。朱敬一院士在勉勵年輕學者從事學術研究時指出，文章刊登與否對投稿者而言是利害攸關的，但是對於審查人卻是中性的，兩者不完全是對話的關係。審查人當然可能有偏見，但是會有另一審查人，還有編輯們，會平衡偏頗。他舉個人投稿例子，某次投稿，只有一位審查人，評審意見絕佳，但是編輯硬是退稿。經作者詢問，編輯仍態度強悍，沒有提供任何說明，表達編輯有權為刊物負責。另一次，兩位評審，一正一負。正面評審者還是諾貝爾經濟學獎得主，仍然收到主編退稿，去函詢問，也得到「本刊程序嚴謹，未見重大瑕疵，歡迎以後繼續支持」的制式回答。朱敬一指出，投稿被拒後憤怒的心態，人之常情，但期刊因為非理性審稿而遺珠之憾，輪不到投稿人糾正。期刊主編必須為品質把關，學術是非，也非一時刻間能三言兩語辨明。許多諾貝爾獎得主的得獎著作，都有慘遭退稿的經驗。他勉勵年輕人：（朱敬一，2018，頁155）

> 總之，每位年輕從事知識研究的人，都難免要遇到正面或負面的評審。每個年輕朋友必須要有面對負面評審的心理準備，以健康、上進的心態接受他人的尖銳意見與批評。海納百川，方能成其大。動不動想與評審對話，甚至「對批」，其實是極不成熟的心態。年輕朋友若要踏進知識探索的領域，必須先做好這一層心理建設。

其實，何止年輕人須做好此心理建設，也應包括所有學術同行。但是，朱敬一（2018，頁156）仍然痛恨「學閥心態」，評審不是在論判文章的品質，而是要建立或維護他那宗那派的地位，對非我族類者予以壓制，對於卑躬投靠者予以扶持，年輕人仍然應該拒絕妥協。學閥雖然不能避免，但是學者仍可在大環境中相忘於江湖，則學閥何有於我

哉？

　　如果審查是眞正的專業同儕，我們作者最期待從審查人獲得之處，是引用的文獻是否疏漏？有沒有忽略最新文獻？筆者曾經以愛國爲主題，就曾得到審查人建議增添 Curren 與 Dorn（2018）之文獻，該書筆者撰文時，並不知曉。其餘如文中對西方文獻的解讀，有沒有誤讀？也是同儕審查的重點。筆者也曾經在另一篇投稿文中，蒙審查人指正，筆者誤讀了原引文段落的一些句子，提醒筆者重新檢視文本，得以使筆者規避錯誤。若此，即使被拒絕了，我們投稿人也會衷心感謝審查人的費心。

　　學術不免競爭，部分有創意或深刻的好文，在同儕互審的過程中，會被故意延宕、封殺，甚至技巧的剽竊或偷觀念，也時有所聞。筆者認爲很難在制度上徹底防範，有賴學術刊物編輯發揮專業主體性，適時的針對審查意見加以把關，而不至於遺珠有創意被故意漠視之文。我們當也不能因爲存在這些現象，就否定同儕專業審查的價值。葉啟政的感慨或朱敬一警惕我輩不要自身淪爲學閥，仍應是每位學術工作者不斷需自省之處。

二、跨領域專業之難？同儕審查的互爲主體

　　個人自身擔任期刊編輯、執行編輯的經驗，以及不少期刊主編告訴我，審查吃力不討好，很多學者不願爲之。所以，教育學門內，不同領域之文都常可能遇到非該領域專業的評審。教育哲學的論文是不是一定不能由教育行政的學者來審？即使以教育哲學領域來說，某位探討柏拉圖對話錄的投稿文，是不是我們教育哲學者都能審查？臺灣由於學術圈小，常常投稿者的專題，難覓適切的同行專業審查人。不同教育領域的相互審查絕對無法避免。以下針對前述審查人擔任相關但不完全適配的領域，抒發己見。

　　首先，極有可能不同領域之間學者訴求不同。以筆者自身爲例。筆者專業是教育哲學，1990 年代末臺灣曾經把中小學行之多年的道德

教育科目——生活與倫理刪除，造成「缺德」之批評，可能是爲了彌補，也可能是國外自 1960 年代體現自由主義啟蒙精神的道德認知發展論的德育理念，出現問題，社群主義、德行倫理學開始質疑自由主義諸多預設，品格教育（character education）乃在西方重新復甦，臺灣官方廢止道德學科後也隨後制定「教育部品德教育促進方案」（108 年 6 月 12 日函頒修訂）。同時間，由於臺灣過往過於重視威權式的教育，人權教育也是 1990 年代以後的重點。筆者以此形成問題意識，提出「品格（德）教育」是立基於社群主義，而「人權教育」則立基於自由主義，兩者有其緊張關係（簡成熙，2005a）。循此問題，更進一步思考，就德育的現實而言，筆者一直覺得華人世界，「公德」不彰，是普遍性的問題，但何謂「公德」？筆者參考歷史學者陳弱水對公德的歷史省察，以及國人對「公德」日常語用的分析，再對照這一波西方「品格教育」的重點，筆者的結論是，建立在德行倫理學、社群主義傳統下的品格教育，所要矯正的，剛好是西方自由主義成熟後，人際關係建立在權利－義務規範後的疏離問題。相較之下，西方社會沒有華人社會「公德」不彰的現象，恰是自由主義公私領域分立下，尊重私領域而落實在公領域的結果。若不明晰此一公德概念、歷史背景與相關哲學基礎，泛泛的呼籲品格或公德，將「無助」於解決華人社會公德不彰的問題（簡成熙，2006）。筆者在投稿時，給出的審查意見之一是：「從課程與教學的觀點來看，應該要問的是『品格教育應該加強什麼內涵以促進公德？』或『如何透過課程與教學來促進公德？』換言之，品格教育能夠促進公德嗎？這個命題根本問錯了。」筆者近年來對於因爲中美貿易大戰、世界新冷戰、新冠疫情等而逐漸滋生的國與國之間相互對抗，越演越烈之勢，企圖重探西方對愛國主義的檢討，而以愛國主義是否與全球倫理衝突，檢視西方學者相關的討論（簡成熙，2023）。筆者認爲這對於各國公民教育發展應該是重要的理論基礎，得到的審查意見之一是：「從文本的內涵與行文的架構來看，本文較適合在哲學或是政治學領域的學術期刊來作爲發表，若本文可以針對學校組織、教學現場或者是教學專業角度，…… ｜筆者在此絕不敢否認審查人的專業。筆者相

信量化研究、質性研究，或理論間不同研究典範（paradigm）之間，可能都會有類似的問題。

　　此外，很多審查人都會希望作者對爭議論題提出自己看法、提出整合之道，或是對臺灣當下提出具體建議之啟示。這當然沒錯，教育學作爲一種實踐之學，無論是何種教育領域，都必然期待處理教育學術爭議，回應上述期許。誰不希望自己的研究能有創見並影響教育實踐呢？不過如果是把上述期許當成是一種論文格式上的要求，有時也會淪爲形式。我們處理西方學術理論爭議，把他們相關之間的論述理解清楚，即使沒有創見，應該也是一項成就。當筆者誠實的在文中指出「筆者也沒有更高明的回應」，通常審查人都會要求要加以批判或提出個人整合看法，筆者也就只能「各打 50 大板」，如「分析哲學重視理性，忽略情性；存在主義重視人生境遇的體察，卻忽略客觀……」的泛論。同理，要求對臺灣教育提出具體建議，在很有限的結論建議篇幅內，也很難提出具體有洞見的建議，硬要筆者形式上提出，那也只能「應加強教師人文素養」云云。至少就筆者教育哲學領域的英語期刊，通常結論不會形式上要求提出實務上的建議。學術能否有眞正實質上的創見，可遇不可求，筆者竊以爲在論文格式上要求，沒有太大的意義。

　　即使是相同學門，如筆者身爲分析派教育學者接到了存在主義、現象學的教育主題。當然，最負責任的態度是婉拒，但是，鑑於臺灣學術人口，基於專業義務，也很難完全拒絕。針對相同領域（如教育哲學），但對相關主題不熟悉，甚或陌生的領域進行審查時，筆者認爲至少要做到，先大致閱讀投稿文，至少閱讀兩、三次。學術論文是給同行看的。即使是同行，也未必熟悉。學術論文的艱澀，有時責任不在於作者，是該議題使然。審查人不能因爲自己看不懂，就將責任全委之於作者，然後頻頻要作者解惑說明。以筆者個人的經驗，若仔細看過三次，大致就能掌握作者行文旨趣。這時，再要求作者說明某些不清的主題，較爲合理。筆者在此意見，卑之無甚高論，就是要對作者文稿做同情的理解，要站在作者行文問題意識的脈絡中，去檢視作者論點，而不能先用審查人自己的視野來限定作者。

　　繼之，審查人有責任協助作者再客觀的檢視其立場。審查人對自己不熟悉的領域必須做些功課，包括上網搜尋相關文獻，初步比對作者援引文獻的合理性，最好審查人也可以讀一讀投稿者最核心的文獻。若此，也有助於同情理解作者論文旨趣，甚至於可以提供作者不同的閱讀經驗。筆者前段述及審查人糾正筆者誤讀，相信是該審查人按圖索驥核對的結果。審查人的心態不應該完全自居決定者的角色（雖然當下的期刊審查規則，初審意見很大程度有決定的功能），而應該是同行相互問學（雖然是匿名）的態度（這點筆者看法與朱敬一不盡相同，朱院士的看法較爲務實）。筆者認爲，雖然大多數的期刊規則是作者可以回應審查人的提問，但是人在屋簷下，相信很多投稿者不敢違逆或反駁審查人意見。且讓筆者再次強調，審查人是匿名，無須負文責，如果我們審查人給的修正意見是錯的，卻又強制作者修正，是要由作者承擔後果的。筆者個人所給的審查意見，除非是原作者有明顯的錯誤，通常筆者絕對不會要求作者修正。筆者在此對所有審查人有一個較直白的提問，即匿名的審查意見是否敢在作者面前與作者當面對話？如果是肯定的，那這份審查意見應該不會有太大的獨斷（筆者當然不是主張審查要實名制），就像研討會上，我們也能盡情對發表者加以提問與質疑。因爲是當面，通常提問者會注意相關禮貌。實事求是的質疑，不代表可以不尊重人。審查者絕對不能因爲是匿名，而在措辭上過度批判或羞辱投稿者，如「本文程度上是大學生的習作」云云。

　　筆者自省審查其他教育領域之文，也不免犯同樣的限制。如果允許筆者將此作爲臺灣教育學門審查文化的反思，筆者認爲可能是我們這一代教育學術養成中，隨著專業的精進，反而阻礙了彼此跨域的可能。這恐怕也是整個世界學術發展共同需面對的問題。筆者是要表達教育學術養成中，教育哲史、教育社會學、教育行政、教育心理、課程教學都應該要有基本的涉獵。雖然博士後以及爾後的專業，不可能都通，但應該要有共通的基礎，以增進彼此的互動。特別是當下鼓勵跨域。即使不同學門之間，都應該科際整合（interdisciplinarity），何況是共屬教育學門？雖然，MacIntyre（1987）在倫敦大學教育研究院 Richard Peters

講座中，曾經很無奈地提及，即使是在工業革命後的 19 世紀蘇格蘭大學的教學，都無法再以傳統的所謂受教大眾（Educated Public）的理念，加以貫徹。MacIntyre 以渺茫的希望（forlorn hope）稱之。但昭偉（2001）詮釋 MacIntyre 該文時，仍然期待教育學術團體應該有一些共通的書單，以建立共識的基礎。他列出的讀本是《四書》、朱熹《近思錄》、王陽明《傳習錄》、梁啟超《新民說》、柏拉圖《共和國》、盧梭《愛彌爾》、彌爾的《論自由》、杜威《民主與教育》等。如果照筆者觀點，可以加上荀子的〈勸學〉、《禮記》中的〈學記〉、R. S. Peters《倫理學與教育》、R. W. Tyler《課程與教學基本原理》、M. Weber《學術與政治》、P. Freire《受壓迫者教育學》、Paul Willis《Learning to Labor》、黃武雄《童年與解放》等。當然，這份書單見仁見智，各教育專業都可加以細部討論，求取共識或互為主體。衷心期盼我們教育學者以及我們的可畏後輩學子，能在更廣泛的教育基礎上，跨域整合。

三、決斷、建議之難

當然，基於審查職責，也由於僧多粥少，審查者也必須擔任決斷者的角色。許多論文，如教育哲學論文敘述人物教育思想，並無新意，或是量化研究或質性研究論文，沒有明顯的統計錯誤，也中規中矩做了訪談紀錄，但是平淡無奇，是缺乏學術問題意識使然。針對這些論文，筆者也通常會直言不諱的勉勵作者要大膽、有創意，且能自我期許增添學術新知，而不以複製已有論述為滿足，然後拒絕之，請其以後把重點放在引出值得探索的問題意識。若碰到初學者論文撰寫的不嫻熟，筆者拒絕之餘，也盡可能提供撰寫架構。

大部分期刊審查表上都有「修改後再審」的欄位，實際運作上，也有許多爭議，值得吾人討論。針對「修改後再審」，筆者至少可以歸納兩層意義。其一，是涉及刊物是否送第三者審查的參考，如果兩份意見都是修改後再審，可能主編就逕行拒絕了。其二，若按字面上的意思，通常是審查人覺得論文大體上還行，但未臻完善，若能完善修正意

見，很大程度可以獲得修正刊登的許可。但是不同的審查人，也會有不同的思量。有的審查人堅持投稿者必須完全按其要求，有的審查人容許作者有自己的主體性，可以接納作者不能修正的理由。麻煩的是，兩位審查人給的修正意見南轅北轍，令投稿者無所適從。如碰到這種情形，筆者對刊物的建議是讓原審查人可以同時看到另一審查人的審查意見，就像德懷術（Delphi technique）一樣，也讓審查人同時看見不同的聲音，減少自己獨斷的可能。既然「修改後再審」的遊戲規則是以原審查人再審後的意見為依歸，應該責成原審查人針對作者修正意見，具體提出接受與否的立場，不宜一直要求投稿者修正。通常審查意見的修正期限不會超過一個月。量化的研究，變項考驗已定，也不太可能重跑統計資料、重新發問卷。當然，當今很多社會科學研究是運用資料庫，原作也許問題意識不明，審查人提醒可以撈取更有價值資料庫內的資料來分析，也當有價值。而哲學思想類的研究更無法在短時間重新閱讀新文獻。筆者的看法是審查人若覺得原作需另起爐灶，如增加研究變項或統計計算重大錯誤，可以逕行拒絕，而不必以「修改後再審」來「凌遲」作者。也就是，如果審查人認為要大修或重做，可以逕予拒絕，不要勾選「修改後再審」。或許審查人不是有意，但若心有定見拒絕而頻頻要求作者修正，也等於是阻礙了作者尋求他刊的機會。

　　有時，審查人會對投稿文的章節做大幅修改的建議。固然，他山之石，可以攻錯，旁觀者清。但有時即使是同儕之間，對理論學派也有不同堅持、行文表意更屬仁智之見。更重要的是，如果審查人不是真正理解該專題，就可能誤導，或無法理解原作者行文邏輯。所給出的修正建議，特別是涉及架構的鋪陳，就會讓原作者無所適從。

　　筆者深知，很難在制度上克服。審查人的修正意見是會增添作者論文品質，還是根本阻礙原作見天日的機會，如葉啟政的感慨，仍賴主編或責編的把關。高教評鑑中心承接的校務或系所評鑑的遊戲規則，是評鑑訪視者必須事先接受相關培訓，雖然實際培訓方式也接近形式，但至少是對評鑑訪視者的專業要求與期許。筆者在擔任評鑑訪視者而接受培訓時，高教評鑑中心就一直強調，不能以己校經驗同步要求受評學

校，不能以己之見干涉受評學校辦學理念。固然在評鑑訪視過程，很難避免，但中心隨評專員，在尊重我們訪評委員時，也都會不斷叮嚀。筆者認為臺灣 TSSCI 期刊可以借鏡高教評鑑中心的經驗，與各教育學術刊物共同辦理審查職能研習，提供優質審查意見範例，讓同行們有機會交換經驗。以上筆者經驗絕不新穎，《臺灣教育評論月刊》已有「同儕審查」專號（2 卷 9 期），收錄黃政傑、卯靜儒、翁福元、江芳盛、楊宏琪、劉世閔、馮丰儀等多位學者的慧見，都值得參考。

　　就筆者所知，國外期刊論文審查是義務，不會另外支酬。中國大陸期刊支付審查人勞務費用，也遠低於臺灣。所有在臺學術工作者，實在應該更珍惜審查的角色，共同營造可促成學術公平、創新的優質專業審查文化。

伍、教育政策論評：期許《臺灣教育評論月刊》

一、期許《臺灣教育評論月刊》

　　筆者認為《臺灣教育評論月刊》的初衷，正是希望教育學術不會淪為書面論文只藏諸名山，要能真正落實教育實踐。自創刊以來，舉凡**各項評比、評鑑**，如學術評比（1 卷 2 期）、大學校務評鑑（1 卷 8 期）、大學系所評鑑（1 卷 11 期）、師資培育評鑑（1 卷 13 期）、中小學教師專業發展評鑑（1 卷 7 期）。**教育專題，**如優質高中高職（1 卷 10 期）、高教公共化理念與實務（12 卷 1 期）、實驗教育與教育實驗（12 卷 8 期）、前瞻高教變革（10 卷 1 期）、美感素養的培養（9 卷 11 期）。**教育政策，**如師培政策（1 卷 3 期）、教學卓越計畫（1 卷 4 期）、頂尖大學計畫（1 卷 6 期）、大學社會責任（9 卷 2 期）、幼兒園師資培育（7 卷 3 期）、幼教公共化政策與實務（11 卷 11 期）、108 課綱成效與問題（12 卷 3 期）、檢討高中學習歷程檔案政策（12 卷 4 期）、高中優質化政策省思（12 卷 7 期）、國高中本土語文必修政策（10 卷 11 期）、雙語教育政策檢討（10 卷 12 期）等。**新教育議**

題，如 Maker 教育（7 卷 2 期）、翻轉教學（7 卷 8 期）、程式教學入課綱（7 卷 9 期）、素養導向的課程與教學（8 卷 10 期）等。**教育問題**，如大學退場機制（8 卷 4 期）、私立中小學招生問題（12 卷 6 期）、中小學師資老化問題（10 卷 7 期）、國際生在臺就學問題（8 卷 11 期）、借調教師檢討（6 卷 5 期）、偏鄉教育與師資（6 卷 9 期）、大學併校的成果與問題（6 卷 1 期）、遠距教學的問題與對策（10 卷 6 期）、大學流浪教師（4 卷 3 期）、不適任教師處理（2 卷 12 期）等。

　　我們從以上掛一漏萬的舉例中，可以看出《臺灣教育評論月刊》關心教育政策時事，期望透過善意監督，不僅賦予教育政策學理的基礎，更希望能對執行中的教育政策提供反思的空間。只可惜，在目前教育政治生態中，是否能真正影響當局執行中的政策，殊為疑問。就筆者個人生活世界的體會，1970-1990 年代，臺灣重大教育政策，如課程修訂，通常都會有縝密的事前規劃研究，暫不論教育部委辦的政策研究是否完善（許多當時類似政策研究，都是用意見調查方式）。近年許多重大的教育政策，如 2030 年雙語教育，幾乎沒有經過事前縝密的分析，隨性的提出，殆無疑問。雖然執行的學者也會反思修正或提供建言，如陳超明、馬可珍（2022）、林子斌（2021），但理性、重大的教育政策，實在應該事前廣徵眾議，聽取如廖咸浩主編（2022）的反對意見，而不能且戰且走、畫靶射箭。實際執行遇到反彈時，又不斷重新咬文嚼字地界定雙語、全英語、EMI 等之意義。正如 108 年新課綱，強調的素養（competencies），其實是能力、本領的意思，與行之經年的素養（literacy），又不斷碰撞。於是基層教師有參加不完的研習，課程學者汲汲於讓中小學老師重新認識此一波素養的「真義」。近 10 年來的課綱討論從知識、能力到核心素養，108 年新課綱也著實困擾了基層教師。數不清的研習在為基層教師增「何謂素養」之能，實在是治絲益棼。學者專家不應該汲汲於創立各種新教育術語或口號，樸實的將相關概念涉及的學理加以深入討論，才是正道。筆者所讀過最精彩討論這一波素養導向課程對「素養」之界定，也是劉源俊（2020）發表在《臺灣教育評論月刊》之文。餘如 APA 格式在臺灣學術期刊大行其道時，

《臺灣教育評論月刊》也有專號（3 卷 3 期），多人加以反思。例如：李奉儒（2014）就指出一些不合理之處，並具體提出改進之道。但是，也很難撼動主流趨勢。有關教育部近年部分政策不尊重專業、沒有事前縝密規劃的情事，當然不是學術圈人所能置喙。遺憾之餘，正凸顯了《臺灣教育評論月刊》的重要。

　　針對《臺灣教育評論月刊》未來的主題設計，筆者並沒有特別高明的建議，僅在此以個人管見提出兩點。其一，有關教育評論對後續教育政策發揮等的影響，《臺灣教育評論月刊》團隊可以考慮與教育政策學者合作嘗試做一後設（meta）的研究，甚至於建立評論影響政策的模型。其二，對於教育評論促進學術成長與鞭策的有效做法，未來重大評論專刊發布時，可以同步請相關學者與教育政策制定者（教育部或縣市教育局處）列席，舉辦類似記者會、公聽會等的雙向對話。即使不是政策，類似 APA 格式，以及前節提到的學術期刊同儕審查等教育學術圈共識問題，《臺灣教育評論月刊》可以有更大的發言權，例如：在 2 卷 9 期同儕審查或 3 卷 3 期檢討 APA 論文格式專刊發布時，可以同時廣邀各 TSSCI 主編參與座談，相信也能發揮改進學術實踐、促進學術成長的影響力。

二、期許資深基層教育研究者

　　由於臺灣各校碩士培養，會很形式的「要求」學生在畢業前要有學術作品發表（筆者反對這種形式上的要求）。不諱言，原來以實踐、批判、論評取向的《臺灣教育評論月刊》，也會收納許多類似由研究生或教授、研究生共同署名投稿的論文。《臺灣教育評論月刊》近年更增添「專論文章」，筆者希望不要淪為一般論文投稿。對於學者們從事教育政策評論的重點，筆者自身還在學習中。筆者過去就曾婉拒《臺灣教育評論月刊》要求評論一些教育實務問題，因為自忖不熟悉學校基層現貌，若是基層人員願意提供建言，當更能得心應手。筆者所期許的「資深基層教育研究者」，是指服務基層，進修碩博士學位者。筆者絕不敢

輕視研究生的習作，特別是部分研究生本身擔任學校主管，實際執行國家教育政策，當可提供政策導入學校層面的第一手經驗的反思。筆者在多年前就曾論及教授與基層教育人員的協奏，就曾指出：（簡成熙，2005b，頁 110）

> 許多「年輕」的教育學者，面對「資深」的中小學校長、主任，常不能真正重視其經驗。在學位取得或在職進修的過程中，資深的教育工作者要去咀嚼一些生硬的國外學理。「年輕」的教授常常很急切的推銷其在國外最新學到的東西，平心而論，認真學習國外新知有什麼不對？資深教育者常受限於英文而「偷懶」。於是，我們看到一奇妙的國內教育學術培育現象。教授怪學生打混，學生盡力咀嚼生硬的教育學理，然後提出在形式上符合學術體例的論文。雙方都沒有把心思放在最有利於觀察教育現象的位置上。如果教授能鼓勵基層工作者從自己的位置中去呈現教育現象與問題，教授再提供各種相關的知識、理論或視野，使基層工作者能加深加廣其認知參照，不自限於教育現實，相信更能鼓勵基層工作者進入抽象的理論建構中；教授自己也能藉著師生互動，反思自己所熟悉之國外學理的解釋力與價值，以建構更適切的教育理論，並回饋國際學術社群。相信這樣的教學相長，對於國內的教育研究生態（特別是對資深教育工作者的在職進修）會展現另外一種生機，而不會流於「理論不理論，實踐不實踐」的窘境。

因之，筆者完全信賴來自基層的實務慧見。筆者上述的反思是近20年前，當時的學術氛圍，教授還會要求研究生認真讀文。這20年來臺灣研究所擴充，師生間「交相賊」現象，屢見不鮮。如《呂氏春秋》卷三孟夏紀誣徒篇所言，教師「見權親勢，及有富厚者，不論其材，不察其行，毆而教之，阿而諂之，若恐弗及……」，而不當抄襲現象，更越演越烈。當下的研究生是否還願意虛心受教向學呢？根據張芳全

（2017）的觀察，近年來臺灣的碩博士學術生態，有惡化之勢。吾輩督導不周，深夜長思，豈能無愧？如何期許當下學子，或是基層校長、主任們在自己的主體位置上發聲，而不只是藉《臺灣教育評論月刊》平臺，發表平庸無創見的論文，或是對各項政策發表無關痛癢的評論，如「擴大專業編制人力」、「增加相關教育經費」、「強化學術專業社群建構」、「增加教師課綱素養」云云，實則謀個人學位之獲得，似乎仍然是困難的挑戰。只能在此衷心期待「資深基層研究者」能在學位進修取得過程，提升你們的理論視野，結合早已上手的實務經驗，建立自信，讓你們的實踐慧見得以真正提升臺灣教育政策評論水平。

參考文獻

朱敬一（2018）。給青年知識追求者的十封信。臺北：聯經。

吳森（1978）。比較哲學與文化。臺北：東大。

但昭偉（2001）。細讀 Alasdair MacIntyre〈受教大眾的理念〉一文：兼論教育學術圈共事的建立。載於但昭偉主編，弱者的聲音：環境、女人、兒童與教育學術社群（教育哲學與文化 III）（頁 3-45）。臺北：五南。

但昭偉（2002）。思辯的教育哲學。臺北：師大書苑。

李奉儒（2014）。教育研究在 APA 格式應用寫作上的幾個問題。教育研究評論月刊，3(3)，23-28。

李敖（1997）。李敖回憶錄。臺北：商周。

林子斌（2021）。雙語教育：破除考科思維的 20 堂雙語課。親子天下。

林逢祺、洪仁進主編（2017）。請問盧梭先生：教育學核心議題（一）。臺北：五南。

林逢祺、洪仁進主編（2018）。教育的密碼：教育學核心議題（二）。臺北：五南。

周策縱著、楊默夫編譯（1984）。五四運動史。臺北：龍田。

張芳全（2017）。博士養成的憂慮與期待。高等教育：理論與實證，339-371。臺北：高等教育。

陳伊琳（2023）。書評：評介《幸福繁盛作為教育目的：新亞里斯多德式的觀點》。教育研究集刊，69(2)，129-139。

陳超明、馬可珍（2022）。雙語教育完整手冊。臺北：文鶴。

鄒川雄、蘇峰山主編（2009）。社會科學本土化之反思與前瞻：慶祝葉啟政教授榮退論文集。嘉義：南華教育社會學研究所。

黃建中（1962）。比較倫理學。臺北：正中。

廖咸浩（2022）。雙語國家狂想曲。臺北：臺灣大學人文社會高等研究院。

劉源俊（2020）。正本清源說素養。教育研究評論月刊，9(1)，13-19。

龍應台（1985）。龍應台評小說。臺北：爾雅。

簡成熙（2005a）。品格教育與人權教育的衝突與和解，當代教育研究季刊，13(3)，91-114。

簡成熙（2005b）。教育哲學專論：當分析哲學遇上女性主義。臺北：高等教育。

簡成熙（2006）。品格教育能夠促進公德嗎？。**課程與教學季刊**，**9**(2)，13-30。

簡成熙（2015）。評方永泉教授《批判與希望：以行動爲中心的教師哲學》。**市北教育學刊**，**52**，85-90。

簡成熙（2021a）。父母教導子女宗教信仰是否違反其自主性？T. H. McLaughlin 與 E. Callan 及 P. Gardner 論辯之評析。**當代教育研究季刊**，**29**(3)，1-34。

簡成熙（2021b）。我們應該特意進行愛國或民族精神教育嗎？環繞 John White 的相互論辯。**臺灣教育哲學**，**5**(2)，20-48。

簡成熙（2023）。重探愛國主義：後疫情時代全球倫理的省思。**教育科學研究期刊**，**68**(1)，199-228．

Curren, R., & Dorn, C. (2018). *Patriotic education in a global age*. Chicago University Press.

MacIntyre, A. (1987). The idea of a educated public. In G. Haydon (Ed.), *Education and values*. Institute of Education, University of London.

Moulton, J. (1983). A paradigm of philosophy: The adversary method. In S. Harding, M. B. Hintikka (Eds.), *Discovering reality: Feminist perspectives on epistemology, metaphysics, methodology, and philosophy of science* (pp. 149-164). D. Reidel Publishing Company.

Siegel, H. (1997). *Rationality redeemed? Further dialogues on an educational ideal.* Routledge.

第八章

教育哲思對於教育政策評論之影響：教育部品德教育政策之教育評論與建議

郭冠毅

臺中市新興國民小學教師兼學務主任

陳延興

國立臺中教育大學教育學系教授

壹、前言

　　近年來我國頻繁地進行各項教育革新，各項政策不斷推陳出新、如火如荼、甚至「校正回歸」，儘管如此，教育的議題之所以深受廣泛大眾之重視與關注，最主要原因在於：每個人幾乎都在學校待過至少 9 年到 16 年或者更久，「教育」在人的一生中扮演重要的角色。然而，教育的施行若需要有具體成效，首要之務就是釐清問題的根本進而深入瞭解教育的本質，如此一來，教育的施行方能有方針與準則可言；換言之，藉由教育哲學典範的思考與內容反省，將有助於澄清問題的根本與不斷思考各項教育的議題（林逢祺，2010）。教育政策與教育實務之間的鴻溝除了可以透過相關的實徵研究進行探究，教育學術研究需要先透過對於「問題意識」的掌握，藉由哲學的思辨或理論的分析進行評論，進而釐清各項教育問題的本質，避免因為「改得多、想得少」，而變成盲目的行動。

　　據此，教育哲學家的觀點有助於協助政策制定者或教育實務工作者釐清問題，進而藉由鼓勵教師或行政人員主動反省、分析或批判教育活動背後隱約存在的立論根據、重要與次要概念或教育中心議題等。具體而言，教育哲學的思辨可以協助教師或行政人員運用清晰、合理的哲學思考，能批判、謹慎地思考教育問題，提出有系統、條理的教育主張，涵養正確教育理念，最後達成合認知、合價值、合自願的教育規準（歐陽教，1995）。

　　此外，方志華（2023）指出：從《哈佛教育評論》稿約主旨可看出，教育評論性質的文章具有的「公共性」，包括各種教育相關身分的撰寫者、所撰述文章的內容與多元形式，以及潛在閱讀的讀者群，皆可在教育研究與論述的平臺中，取得參與發聲的管道和受到接納與理解的對待。由此可知，《哈佛教育評論》的探討主題主要以教育的公共性議題為主，試圖蒐集多元的觀點分析教育的議題。

　　盱衡國際，成立於 1964 年的英國大不列顛教育哲學學會（The Philosophy of Education Society of Great Britain）從 1999 年開始發行

名為《影響力：教育政策的哲學觀點》（*IMPACT: Philosophical Perspectives on Education Policy*）的小冊子，主要由重要的哲學家與教育哲學家撰寫，對於英國當前的教育政策從哲學觀點進行論述，主要的對象是決策者、政治人物與實務工作者，以及一些對於教育政策感到興趣的研究人員或學生[1]。迄今，IMPACT討論教育政策的各項議題，主題有兩大類：首先是有關學校教育的組織、管理與分配，包括教育公平、提供學生特殊教育的需求、初任教師培育、現代外語、視覺藝術、宗教教育與閱讀教學等；其次是學校因應各項具有挑戰性的公眾議題，像是智能設計論（intelligent design theory）、性教育、愛國主義、緬懷戰爭受難者等。

具體而言，本文作者整理《影響力》該刊從第 1 期到第 27 期的主題（見表 8-1），分別說明如下：從這一些主題可以發現，主要扣緊學校教育的組織、管理與分配，以及學校因應各項具有挑戰性的公眾議題，從 1999 年到 2022 年共有 27 期，其中 2000 年有 6 期，之後一年大致上 1-2 期，也有幾年沒有出刊。

每一本 IMPACT 均會透過研讀會或專家小組辯論的方式進行，藉此引發進一步的探討；而這些發表會曾經邀請政府的部長、影子內閣大臣、議員、政府代表、非官方公共機構、專業協會、工會、智庫、或教育類新聞人員、研究人員，以及教師與學生等參與。從英國大不列顛教育哲學學會的做法可以看出來教育哲學家的努力，試圖從哲學思辨的觀點分析當前的教育政策或重要議題，其中 Curren（2017）的 IMPACT 24：〈品德教育的理據為何？〉（Why character education?），探討品德教育的相關議題，主要針對英格蘭教育部於 2017 年 8 月發表一份〈在學校裡發展品格能力〉（Developing character skills in schools）（Department for Education, 2017）與相關報導對於品德教育的質疑。Curren（2017）認為各界開始關注品德教育是一件好事，但是主張對於

---

[1]　https://www.philosophy-of-education.org/impact/

表8-1

《影響力》刊物各期主題與作者

出版年月 （期）	作者	篇名
1999.11 (1)	Andrew Davis	從當前的教育政策批判教育評量
2000.01 (2)	Michael Luntley	考量教學品質：挑戰政府對於教師待遇之提案
2000.02 (3)	Harry Brighouse	教育公平與新的學校教育選擇
2000.03 (4)	Christopher Winch	新的勞工與培訓的未來
2000.06 (5)	Kevin Williams	學校為何要教外語：從哲學回應課程政策
2000.06 (6)	Steve Bramall & John White	新的國定課程與它的目的一致嗎？
2000.09 (7)	David Archard	性教育
2001.09 (8)	Stephen Johnson	教導思惟力
2001.09 (9)	Colin Richards	英格蘭的學校視導之重新評估
2005.03 (10)	Graham Haydon	從哲學與政策的觀點論「個人、社交與健康教育」（PSHE）之重要性
2005.08 (11)	Mary Warnock	特殊教育的新展望
2005.12 (12)	Robin Barrow & Lorraine Foreman-Peck	討論教育研究的用途
2006.12 (13)	John Gingell	視覺藝術與教育
2007.01 (14)	John White	學校的目的與理由
2007.06 (15)	Mary Midgley	智能設計論與其他意識形態的問題
2008.10 (16)	Andrew Davis	對於現今教育評量與績效責任政策的批判
2009.02 (17)	L. Philip Barnes	從不同面向嚴謹地看待宗教教育
2009.03 (18)	Randall Curren	從哲學評價永續發展教育
2011.12 (19)	Michael Hand	學校裡的愛國教育
2013.11 (20)	Andrew Davis	讀或不讀：解讀綜合拼讀法（synthetic phonics）
2014.11 (21)	David Aldridge	學校裡應該如何緬懷戰爭？
2015.11 (22)	Janet Orchard & Christopher Winch	教師需要怎樣的培訓：理論對於良好教學的必要性

表8-1   （續）

出版年月 （期）	作者	篇名
2016.05 (23)	Christopher Martin	學生需要借貸嗎？
2017.10 (24)	Randall Curren	品德教育的理據為何？
2018.10 (25)	Matthew Clayton, An-drew Mason, Adam Swift & Ruth Wareham	如何管理宗教的學校
2021.06 (26)	Robert Eaglestone	強大的知識、文化的識讀能力：學校裡的文學研究
2022.09 (27)	Judith Suissa & Alice Sullivan	大學如何增進學術自由？從性別競爭的前線洞察

資料來源：https://www.philosophy-of-education.org/impact/

培養良善品德的本質與益處需要加以澄清，他的評論過於將品德窄化為一些成就或表現性的德行，如堅持毅力、復原力或延宕滿足的能力等是嚴重錯誤的，因為上述這一些特質只能說是德行的一部分，就品德的整體內涵還包括像是良好的判斷力與珍視一些需要重視的價值等，不能僅為了解決問題而聚焦於一些生命中所需的特質。據此 Curren 對於良好品德的內涵與如何在學校中培養品德，提出一個具有說服力且條理清晰的說明；他解釋為何學校需要提供支持的環境給予學生機會參與有意義活動，以及為何培養學生良善品格意謂著提升英國的基本價值，像是民主、法治、個人自由、相互尊重與寬容等。

搜尋《臺灣教育評論月刊》與品德或道德教育主題相關的合計有19 篇（見表 8-2），其中僅有少部分與品德教育政策相關，研究者期盼透過本論文之說明，可以持續以品德教育政策為主題進行評析與討論。

表8-2

《臺灣教育評論月刊》與品德或道德教育主題相關一覽表

出版年	作者	篇名	性質
2022.03	曾蕙雯	品德教育融入國語文教材對國小學童學習負荷的影響	主題評論
2021.10	邱筠婷、江姮姬	從2019年社會事件分析高中女生對道德教育的解讀	
2021.08	詹景陽、洪文友	高級中等學校推動新課綱品德教育之策略	主題評論
2020.02	蕭翊	談做家事與品德教育的實踐	自由評論
2020.01	成群豪	大學生的品德教育的取向與方案	自由評論
2019.10	吳美瑤	十二年國教課綱「核心素養」與「議題融入」的品德教育之實踐	主題評論
2019.10	林建銘	108課綱國民小學道德教育之評析	
2019.01	梁忠銘	日本道德特別教科內容演變之解析	
2018.06	曾清旗	百善孝為先——談校園品德教育推動與發展之我觀	
2017.08	丁心平	諾丁關懷倫理學對師培實施道德教育之啟示	
2017.06	鮑瑤鋒	道德教育在新加坡中小學推展之評析	
2016.04	莊奕萱	品德教育的危機與轉機	
2015.08	趙典藏	改變的力量：扎根品德教育吧！	
2015.04	林耀榮	淺談Nel Noddings的道德教育觀	
2014.10	謝宜芬	實施品德教育讓社會向上提升	
2014.09	薛慶友、傅潔琳	品德教育在國民中小學的發展現況與省思	
2014.06	謝湘婷、陳瓅淇	品德教育新風格——以探索教育實施品德教育	
2012.11	范曉倩、范曉芬	國民中小學品德教育實施策略與執行	
2012.06	蔡宜恬、鄭惠珮	改變的力量：扎根品德教育	

貳、友善校園政策有助於改變校園內權力的不對等關係

教育作為社會制度中的一環，某種程度上是反映著社會秩序的價值期待。國家或社會組織希冀透過教育政策的建構與運作，進一步影響、形塑人民個體的行為規範與價值認同。仔細回顧教育部推動品德教育的軌跡，會發現品德教育在教育部的推動規劃當中，其實是隸屬於教育部推動友善校園計畫的一部分，希望透過「學生輔導體制」、「性別平等教育」、「人權教育與公民教育」、「生命教育」等四個實踐介面，以營造尊重與包容、健康與和諧的學習環境，培養新世紀所需的「社會好國民、世界好公民」（教育部，2012）。

品德教育屬於教育部推動友善校園計畫綱要「營造尊重人權的法治校園」向度中執行的項目之一。不過研究者發現 2019 年教育部已修訂刪除了將品德教育列為教育部對地方統合視導和各項評鑑的項目，僅保留公私立高級中等學校獎勵補助申請計畫之內涵、國立大學及技專校院績效型補助之考核指標、教育部獎勵私立大學校院校務發展計畫及私立技專校院整體發展獎補助計畫之核配基準（引自教育部臺教學（二）字第 1080083209 號函）。足顯示教育部簡化各項評鑑項目，不再將品德教育列為評鑑的項目，漸將品德教育列為常態化項目，以鼓勵的方式促進各校自我檢核積極推動。

「友善校園」奠基於學校本位管理的觀點，用以協助適應困難或行為偏差的學生，鼓勵師生「如師如友，止於至善」的互動學習，以性別平等教育、學生輔導體制、人權教育與公民教育及生命教育四向度的內涵，統合學校中的教育活動及輔導管教措施，在「友善校園」的精神上，實踐「把每個學生帶上來」的理想。教育部賦予友善校園的內涵已不限於零體罰，而是著眼於以學生為學習主體的人權教育氛圍，及校園整體軟硬體環境的改變。

研究者參考教育部史就教育部這十多年來推動友善校園四個向度的重要歷程，整理如表 8-3。近年來教育部著重以政策及法令的變革來改變校園的權力結構、擴增輔導專業人員，來保障學生的學習權利，盡力

表8-3

友善校園四個向度的重要歷程表

友善校園向度	歷程
生命教育工作	2010年訂頒、2018年修訂發布（107學年度至110學年度）「教育部生命教育中程計畫」，以政策發展規劃生命教育「課程、師資培育」、「研究發展」與「國際接軌」三大面向。
推動性別平等教育	2004年公布《性別平等教育法》：隔年發布「校園性侵害或性騷擾防治準則」及「學生懷孕事件輔導與處理要點」。 2018年公布《性別平等教育法》增修條文，強化校園防堵「不適任人員」機制，避免學生被標籤化。 2019年特別修訂「校園性侵害性騷擾或性霸凌防治準則」，協助各級學校提升通報與處理效能，加強提升性平事件調查品質。
落實學生輔導體制	2007年頒布「學校訂定教師輔導與管教學生辦法注意事項」、「學校實踐教師輔導與管教學生辦法須知」。 2011年訂定「專任專業輔導人員辦法及實踐要點」，補助各地方政府成立學生輔導諮商中心，設置專任專業輔導人員員額。 2012年起充實國中小專任輔導教師人力。 2014年公布《學生輔導法》：2017年8月起逐年增加專任輔導教師設置，每5年檢討一次。 2017年公布《偏遠地區學校教育發展條例》，提供偏遠地區國中另設置專業輔導人員或社會工作人員法源依據。 2017年強化中途輟學、時輟時學、高關懷及適應困難學生之輔導工作。 2020年因應我國《兒童權利公約》推動，檢視修正「學校訂定教師輔導與管教學生辦法注意事項」，積極推動正向管教政策。
推動人權教育與公民教育	1999年公布《教育基本法》，確認人權教育發展的開端。 2004年訂頒「品德教育促進方案」，2019年為因應社會發展並結合十二年國教課程綱要內涵與教育現場所需，修正方案內容，著重「品德核心價值」與「行為準則」之深耕及推廣。 2005年訂定「友善校園總體營造計畫」，並於2012年修正為「教育部推動友善校園計畫」。 2009年教育部合併「人權教育」及「公民教育」為「教育部人權教育及公民教育實踐方案」，建構以學生為學習主體之人權及公民教育氣圍。 2016年首次提出《身心障礙者權利公約》國家報告。 2018年針對《兒童權利公約》中的學生基本權利，研擬訂定更為明確之行政指導，杜絕不當處罰或不當管教措施。

資料來源：參考教育部史（2021），https://history.moe.gov.tw/Policy/Detail/c06cd3a8-9901-4084-bcae-227161cfcf33整理。

避免學生不受外力影響下，能自在的開展自我。在「校園性侵害性騷擾或性霸凌防治準則」、「學校訂定教師輔導與管教學生辦法注意事項」及《兒童權利公約》的重視等，不僅具體改變了校園內權力的不對等關係，更具體推動了平等的概念；推動教師正向管教和學生輔導專業輔導人員，讓老師從輔導的層面關懷孩子，並讓各校提升專任輔導教師編制，專業輔導教師進駐校園，不僅減輕了教師班級經營的負擔，對於校園弱勢輔導與專業關懷，更有了積極提升的作用；尊重人權的法治校園才能培養尊重他人的良善公民；深耕生命教育才能推廣正向人生理念與經驗。

由以上友善校園四向度的重要歷程可知，友善校園關懷的教育主體在於學生，而使學生自我實現是教育的一項重要任務，因此必須營造一個自由、開放、多元的教育環境，使學生在不受外力影響的環境下自我決定與自我開展（梁弘孟、蘇筱婷，2016）。有法可循的友善校園內涵不只局限於零體罰，權力結構的改變、專業輔導人員的進駐、以人性價值爲中心的思考，確立了學生爲主體的教育模式，因此各種教育制度、法令的設計、學校環境的規劃以及師生關係的定位等，都成爲各校依循的依據。教育部 102 年 1 月 14 日臺教學（五）字第 1020006217 號函明令各級學校推動友善校園週活動規劃，每學期開學第一週辦理推動友善校園週創意活動，原重點在於「防制校園霸凌」、「防制黑幫勢力介入校園」及「防制藥物濫用」等，之後已擴及「強化校園安全防護措施」、「強化學生身心健康與輔導」、「強化校園自殺防治工作」、「防治校園親密關係暴力事件」、「瞭解與尊重身心障礙者」、「防治數位／網路性別暴力」、「配合執行《跟蹤騷擾防制法》」、「防制校園詐騙」、「尊重多元文化理念」之宣導，並明訂各學期之宣導主題，如 111-2 學期明訂宣導主題爲：「對抗網路霸凌——截圖、反映、找 iWIN」。強調藉由各項教育宣導及活動之辦理，喚起國人及各級學校對建立友善校園之重視，共同關注及協助解決問題。

另外，各校的校園安全通報系統，以法律強制力介入校園危機處理的管控與規訓力道，即時通報避免隱匿，可警惕威權、霸凌、歧視的不

良惡習，並塑造具人權尊重的校園氛圍。研究者認為友善校園是品德自主性的基礎，制度與環境的變革漸漸讓師生擺脫威權體制的枷鎖，讓校園環境多了「彼此尊重」的元素，讓校園中每個人的心智能夠理性且獨立地行動，充分理解民主社會的規範是可以共同討論與制定的，回歸到人的價值探索，在人權意義的解析之下，擁有公平的人權才能彰顯人的價值。據此，越來越重視人權的校園才能為品德的實踐奠定更大的發展空間，政府應持續支持友善校園之政策，並進行滾動式的修正。

參、教育部品德教育促進方案的探討

　　教育部於 2004 年為彌補品德教育在九年一貫課程綱要中的懸缺，並回應社會各界對品德教育的需求與重視，公布 5 年為期的品德教育促進方案中程計畫方案，品德教育不再於正式課程中單獨設科，從「由上而下」強制主導和標準化的模式，轉為強調學校本位的「由下而上」的品德教育，形塑非正式課程／活動和校園氛圍成為主流，逐漸重視生活實踐和服務學習的課外活動。品德教育促進方案經歷第一期（2004-2008 年）（2006 年微調）、第二期（2009-2013 年）、第三期（2014-2018 年），2019 年教育部修訂品德教育促進方案當屬第四期，方案內容因應社會發展並結合十二年國教課程綱要內涵與教育現場所需，著重「品德核心價值」與「行為準則」之深耕及推廣，只是本次修正在方案中並未特別標示實踐期程，而有轉向常態推動的意味（引自教育部臺教學（二）字第 1080083209 號函）（見表 8-4）。

　　若細看方案的內容並與上期（2014-2018 年）方案比較，可以發現方案目標、實踐原則、經費、組織分工等均相同，研究者檢視該方案與前期比較，約有以下幾點不同：

　　1. 緣起中，增列並申明品德教育在新課綱中核心素養的定位，以及融入各領域／科目教學的相關內涵。

　　2. 在方案目標、實踐策略中，有關「品德核心價值」的列舉，將

表8-4

教育部品德教育促進方案期別實踐重點彙整表

期別與時間	實踐重點
第一期 （2004-2008）	請各縣市及各校以民主方式，依我國既有共同校訓與德目，融入當代新價值與思潮，選定其品德核心價值，並制定具體行為準則，實踐教學。
第二期 （2009-2013）	以「多元教學方法、學校落實推動、教師典範學習、品德向下扎根」為重點，期達「師生成長、家長參與、民間合作、全民普及」的品德教育理想。
第三期 （2014-2018）	延續原有工作之外，更深化品德教育之內涵，加強課程發展、教學設計、教學策略與學習評量，深化並內化學生的體驗、探索與反省，善用潛在課程、形塑學習環境、整合校內外資源，促使品德教育由學校，擴展到家庭與社會，以涵育有品德、富教養、重感恩、懂法治、尊人權之現代公民素養。
第四期 （2019-）	著重「品德核心價值」與「行為準則」之深耕及推廣，同時為了深化推動效能，將因應社會發展持續滾動修正。

資料來源：研究者參考教育部品德教育促進方案文獻整理。

自2009年所採用的七項核心價值，修正與十二年國教新課綱品德教育議題的「品德核心價值」一致，即「尊重生命、孝悌仁愛、誠實信用、自律負責、謙遜包容、欣賞感恩、關懷行善、公平正義」（教育部，2019），另增列「廉潔自持」共計九項。

　　3. 在實踐策略中，鼓勵各師資培育之大學依「教師專業素養指標——3-4 掌握社會變遷趨勢與議題，以融入課程與教學」納入品德教育。

　　4. 鼓勵高級中等以下學校於各領域／科目融入「道德實踐與公民意識」核心素養的重要內涵（如新課綱品德教育議題的九項品德核心價值），於彈性學習課程及校訂課程（含特色課程）中規劃與實踐。

　　5. 刪除了將品德教育列為教育部對地方統合視導和各項評鑑的項目，但仍留作獎補助申請計畫之內涵、績效型補助之考核。

現有品德教育課程基於政策，乃定位於「議題隨機融入」的組織型態，我們可以看出修正的部分則主要集中在：一、品德教育列入十二年國民基本教育課程總綱之十九項議題之一，強調多元價值融入課程，必要時由學校於校訂課程中進行規劃（教育部，2014a）；二、因應簡化各項評鑑項目訴求，不再將品德教育列為評鑑的項目以回應教育界（教育部，2014b、2019），足以顯示教育部簡化各項評鑑項目，漸將品德教育列為常態化項目，以鼓勵方式促進各校自我檢核推動。

教育部自 2014 年發布《十二年國民基本教育課程綱要總綱》（以下簡稱《總綱》）後，對於品德教育的角色有了原則性的定調，《總綱》強調課程目標須結合九個「核心素養」加以發展，它們分屬自主行動、溝通互動、社會參與三個面向，而社會參與面向所列三個核心素養亦彰顯品德教育意涵，亦即《總綱》的基本理念和核心素養蘊含當代品德教育精神。品德教育為落實總綱所揭示「道德實踐與公民意識」核心素養，宜以不同程度和各種策略融入所有的領域／科目，如依教育部部定課程、彈性學習課程及校訂課程之屬性，可分為議題融入正式課程、議題主題式課程、議題特色課程等（國家教育研究院，2020）。

肆、六大直轄市之品德教育推動核心價值

我國教育部修訂第四期品德教育促進方案內容，著重「品德核心價值」與「行為準則」之深耕及推廣。美國 Character Counts 國際品格教育聯盟曾提出品格六大支柱：信賴、尊重、責任、公平、關懷和公民責任，並認為品格六大支柱中的每一個核心價值觀，都有助提升學校積極校園氛圍和友善的文化，讓學校成為安全的學習環境；美國各級學校的品格教育課程內容：「尊重、責任、誠實、關懷、自律、信賴、公平、公民、勇氣、堅忍、忠誠」；其目標是希望透過品德核心價值的澄清手段，來培養孩子成為具備公民能力與素養的人民。研究者參考品德教育資源網 108 年各縣市制定品德核心價值、行為準則及建置相關網站一覽

表[2]，發現各縣市都鼓勵各校依民主程序訂定品德教育的目標、核心價值和具體的行為準則，並勵鼓各校建置具有校本特色的校訂課程。思考六大直轄市的具體推動方式較為完整，且具有北、中、南的代表性，因此以六大直轄市的核心價值與具體推動方式進行瞭解。

六大直轄市的品德教育的核心價值大多參照 2009 年教育部品德教育促進方案，提出十三項品德教育核心價值或德目：尊重生命、孝親尊長、負責盡責、誠實信用、團隊合作、自主自律、謙虛有禮、主動積極、關懷行善、愛護環境、賞識感恩、接納包容、公平正義等，鼓勵各校就方案上加以選擇與推動（教育部，2019）。後來教育部配合新課綱品德教育議題「品德核心價值」採取一致的內容，修正品德核心價值為尊重生命、孝悌仁愛、誠實信用、自律負責、謙遜包容、欣賞感恩、關懷行善、公平正義等八項，2019 年另增列「廉潔自持」共計九項，但直轄市原先已訂定之品德核心價值並未隨同教育部一同改變，茲整理如表 8-5 所示。

美國 Character Counts 國際品格教育聯盟提出品格六大支柱：信賴、尊重、責任、公平、關懷和公民責任；第四 R 及第五 R 中心（The Center for the 4th and 5th Rs）提出十二項品德之核心價值，包括以尊重和責任為核心，並提出勤勞、智慧、追求真理、正義、誠實、無私、同情、勇敢、耐心、堅毅（Lickona, 2003）。Character.org 自 1996 年也提出了十一項美德作為品德教育的核心價值，包含責任、堅毅、關懷、自律、公民責任、誠實、勇敢、公平、尊重、正直、忠誠等核心價值。《美德書》整理出十項的「美德」，依序為自我紀律、同情、負責、友誼、工作、勇氣、誠實、堅毅、忠誠及信仰等（林尚達匯編，2011）。由上可知國內外有關於品德教育核心價值的認定甚多，不同的學者或不同政策論述皆會提出不同的品德核心價值的內涵。

研究者發現，國內與國外都很重視「責任」、「尊重」與「關懷」

---

[2] 108年各縣市制定品德核心價值、行為準則及建置相關網站一覽表。取自https://dxes.hcc.edu.tw/var/file/122/1122/img/1961/584066298.pdf

表8-5

六大直轄市制定品德核心價值一覽表

縣市 教育部	品德核心價值													
	尊重生命	孝親尊長	負責盡責	誠實信用	團隊合作	自主自律	主動積極	謙虛有禮	關懷行善	愛護環境	賞識感恩	接納包容	公平正義	其他
臺北市	●	●	●	●	●	●	●	●	●	●	●	●	●	
高雄市	●	●	●	●		●		●	●		●		●	勇敢、守法
新北市	●	●	●	●	●	●							●	自省、助人、公德
桃園市	●	●	●					●	●				●	欣賞、勤儉
臺中市	●		●			●			●				●	正念、勤儉、勇敢
臺南市	●	●	●			●			●				●	自信、正念、友善、信賴、勇敢、勤儉

註：研究者參考2019年六大直轄市制定品德核心價值內容整理。

三種品德核心價值，但「孝順」和「有禮」卻只出現於國內推崇的核心價值之中，未見於國外學者所提出的品德內涵，推想應是受到不同文化環境薰陶所造成的差別。韓國學界關於 2022 年《人性教育促進法》課程修改[3]，批評在第 2 條第 2 款提出的品德教育目標的八項核心價值和美德中，不宜明確訂立禮節和孝道，在韓國的國民議會中，也針對同一問題提出了一些修正法案（鄭妍秀，2021）。我國六大直轄市除臺北外皆未選取之教育部的品德核心價值包含「主動積極」與「愛護環境」兩項；「孝順」之品德核心價值僅臺中市未選列；「自律」之品德核心價值僅桃園市未選列；六大直轄市與教育部不同的品德核心價值中出現最

---

[3]　解決《人性教育促進法》和《人性教育綜合方案》問題的建議——關於2022年課程的修改。取自https://kiss.kstudy.com/thesis/thesis-view.asp?key=3922555

多的核心價值為「勇敢」，其次為「勤儉」與「正念」。檢視教育部所訂定之核心價值可發現，品德教育內涵是配合著我國傳統價值觀與社會變遷之影響而逐漸調整，我國傳統價值觀的「禮節」、「孝順」等仍受到國人相當的重視，但隨著自由、民主價值觀與全球化的影響下，我國品德教育的價值觀漸漸地從傳統的倫理價值觀中，趨向重視人際的互動關係及社會的公平正義。

根據上述資料，綜合歸納教育部及六大直轄市皆認定之品德核心價值共七項（尊重、責任、誠信、合作、關懷、感恩、正義）。若彙整六大直轄市皆認定之品德核心價值，連結至十二年國民基本教育「自主行動」、「溝通互動」、「社會參與」三大面向。研究者構思「誠信」和「尊重」對應的是「自主行動」面向，主要體現在「自主」這一概念，品德教育的課程目標可設定為：展現自我道德規範，學會尊重他人；「責任」、「合作」與「正義」則屬於「溝通互動」概念的範疇，品德教育的課程目標可設定為：承擔責任，學會與夥伴們共同合作，在社群或社會中秉持公平原則伸張正義；「關懷」、「感恩」涉及「社會參與」概念範疇，品德教育的課程目標為：學會願意去幫助他人或協助他人的態度，努力在國家、世界中成為一個積極公民，並以具體行動向國家、社會表示感激。「自主行動」、「溝通互動」、「社會參與」三大面向可設為我國品德教育的主軸核心概念，引導學生從七個核心價值（尊重、責任、誠信、合作、關懷、感恩、正義）進行實踐反思，從而成為良善的終身學習者和積極的公民，提供教育政策制定者或實務工作者參考。

伍、公平和卓越的品德教育趨勢

Character.org 於 2022 年發布了 the National Guidelines for Character and Social-Emotional Development〈美國國家品德與社會情緒發展

指南[4]〉（CSED），將品德與英國「品德與美德銀禧中心[5]」（The Jubilee Centre for Character and Virtue）一直強調倡導的品德四個領域（道德德行、智力德行、表現德行與公民德行）及社會情緒學習融合在一起。Character.org 認為社會情緒學習（SEL[6]）的五項能力和四個品德維度，對於每個學生的學習和實踐都至關重要。這些能力和品德優勢是兒童和青少年發展塑造與道德、智力、表現和公民德行相關的重要基石。CSED 美國國家指南為個別學校提供了一個機會，可採納和使用最全面的框架來支持、培育和培養完整的孩子。這些適合發展的國家指南為學校領導和教師提供了路線，以幫助兒童和青少年理解、關心，並持續實踐 SEL 技能和優勢品德，讓他們能夠在學校、工作場所和作為公民蓬勃發展。

　　Character.org 在推出國家指南之前，審查了廣泛的研究和出版物，以確保當前品德教育的研究和教育方法與〈美國國家品德與社會情緒發展指南〉的教育方法一致，包括多層次支持系統[7]（MTSS）、適合發展

---

[4]　〈美國國家品德與社會情緒發展指南〉（the National Guidelines for Character and Social-Emotional Development, CSED），將品德和社會情感發展融合在一起，採用最全面的框架來支持、培育和培養完整兒童。取自：https://character.org/wp-content/uploads/2022/04/CSED-Natl-Guidelines-2022.pdf

[5]　英國「品德與美德銀禧中心」（The Jubilee Centre for Character and Virtue）的〈學校中品格教育架構〉包含四類德行：道德德行、智力德行、表現德行與公民德行，取自Jubilee Centre for Character &Virtues（2017, p. 5）。

[6]　美國學業與社會情緒學習協會（Collaborative for Academic, Social, and Emotional Learning, CASEL）於1997年撰寫了〈促進社會和情感學習：教育者指南〉，正式定義了社會情緒學習（SEL）領域。在接下來的幾十年中，大量研究證明了SEL在支持學生的學業和長期成功方面的有效性。美國各地的學校、學區和州有越來越多採用SEL策略的實證。取自：https://casel.org/

[7]　多層次支持系統（multi-tiered system of support, MTSS），主要在幫助學校建立支援學生的工作，依據學生在教學、介入或服務的需求程度，主動積極甄選學生在學習或行為上的需求，在系統上規劃相關因應策略，提早有效介入，減少學生

的實踐[8]（DAP）、學校氣候倡議[9]、正向行為介入與支持[10]（PBIS）、以學生為中心的學習、監督與課程開發協會（ASCD[11]）的全兒童倡議、學校心理健康服務法案，以及美國各地方、州和國家重點關注的霸凌預防、酒精、藥物和毒品類藥物濫用預防、青少年自殺預防和學校安全倡議。〈美國國家品德與社會情緒發展指南〉希望孩子們能夠自信地利用自己的 SEL 技能來管理個人壓力，並塑造與道德、表現、智力和公民德行相關的優勢品德（見圖 8-1）。

　　研究者思考我國教育部品德教育促進方案所列舉的實施原則有創新品質、民主過程、多元教學、全面參與、統整融合與分享激勵，以及各級學校十大推動策略（教育部，2019），和〈美國國家品德與社會情緒發展指南〉的共同點時，會很驚異的發現我國品德教育發展與美國的共同點在於促進「公平和卓越」。我國品德教育的進程主要在重視基本

問題的惡化和高度需求學生之數量。取自：https://www.understood.org/en/articles/mtss-what-you-need-to-know

[8] 適合發展的實踐（Developmentally Appropriate Practice, DAP）是一套幼兒教育（0-8歲）的實務指引。取自：https://mychildcareplan.org/zh-tw/resource/developmentally-appropriate-practice/

[9] 美國國家學校氛圍中心（National School Climate Center, NSCC）認為，學校氛圍對於優質教育至關重要。學校運用領導動員學生、家長／監護人、學校工作人員和社區成員戰略性地塑造有效的學校氛圍，促進學校成功。取自https://schoolclimate.org/

[10] 正向行為介入與支持（Positive Behavior Interventions and Supports, PBIS）為近期美國對於學生問題行為的矯正焦點，從先前品德教育病理學的視角，改變成主動預防、環境改變、提升個體積極行為能力等方面，來尋求改善之道。從結果式消極懲罰轉向預防式的積極行為支持，改變過往學校品德教育重懲罰輕預防的結果論導向方式，側重幫助學生養成積極正向的行為習慣（洪儷瑜，2018）。

[11] 監督和課程開發協會（Association for Supervision and Curriculum Development, ASCD）是一家全球教育組織，致力於幫助教育工作者推進和提升學習，從而公平、全面地滿足所有學生的需求。取自：https://www.ascd.org/

圖8-1

美國國家品德與社會情緒發展指南圖（CSED）

道德 ｜ 自我意識

表現 ｜ 自我管理

智力 ｜ 社會意識

公民 ｜ 人際／關係技巧

負責任和合乎道德的決定

註：取自https://character.org/national-guidelines/

人權的推展，人人擁有公平的權利才能彰顯身爲人的價值。〈美國國家品德與社會情緒發展指南〉重視 SEL，學校使用 SEL 作爲框架來檢查大人和學生他們的身分、優勢、價值觀、生活經驗和文化的重要性，反思和欣賞多樣性，並營造一個包容的環境。在共同的「公平和卓越」的品德追求中，公平不是一個單獨的重點領域，而是貫穿整個品德教育實施的方法。

1. 品德教育孩子不僅僅是針對不當行爲學生的干預，更是一種改變學校教育面向的協調框架。

2. 品德教育是讓孩子們對課堂和學校的運作方式有發言權。在學校和社區中發現問題並共同討論解決的方案，試著有效地挑戰他們看到的不平等現象，並負責任地擔當起眞正的領導角色。

3. 學校所有教職員工生、家庭和社區之間的關係是品德教育的核心。團隊中所有學生、家庭和社區合作夥伴，都有機會分享他們的觀點和回饋。

公平貫穿整個品德教育的實施，而貪小便宜、仗勢欺人、不守規矩有可能是孩子的個性、家庭的背景或經濟條件的影響，但公平的正義是

教育的結果，而不是與生俱來的天性。減少不公平的處境才能讓弱勢獲得資源與關注，教導孩子用理性探討「如何過更好的生活」這就是亞里斯多德所講的幸福（*eudemonia*）。追求幸福的行為本身即是至善，是一種自足並且永遠的狀態，透過工具性的善（如權力、金錢或政治手段）來達成內在的善。幸福就是內在的善，而達成幸福的過程就是品德的實踐，開發人們的理性去把每件事情、每個行動做到最極致與卓越的狀態。人類的一切活動都在於追求至善（幸福），能夠把一件事情做到最完美，或是在混亂的情境中能秉持公理正義，實際體驗並帶給大眾幸福，這個歷程就是品德。古希臘文中卓越（古希臘語：$\alpha\rho\varepsilon\tau\dot{\eta}$）和德行其實是同一個字。因為德行就是把自己的潛能發揮到極致，而且止於至善。人的德行就是做出最公平、最美好、最正義的行動，達到追求卓越的至善（幸福）滲透進自己的靈魂。

　　Marvin Berkowitz（2022）說明很多教育者都在找「亮點」，而非找教育的「鑰匙／關鍵」，提出以下問題：你想要成為怎樣的人？是什麼讓你成為這樣的人？你為何會成為這樣的人？主張良好的品德教育就是良好的教育，並以培育人類良善的幸福人生為目的，他提出品格（德）教育 PRIMED 六大設計原則，第一為「優先考慮」（Prioritization），以好品格作為學校的首要願景、優先考慮好態度養成好習慣、學校教師參與核心價值和品德教育課程；第二為「關係」（Relationship），重視學校內校長與主任的互動關係、行政與教師的良好關係，且營造校園師生關係關懷溫馨；第三為「內在動機」（Intrinsic Motivation），培養品格的內化與鼓勵學生成為有品格的人；第四為「示範」（Modeling），即所有成人與其他角色均能具體表現，並作為學生的典範；第五為「賦能」（Empowerment），創造一種文化與治理結構，賦能給所有關係人藉此邀請他們發聲，聆聽他們的聲音與認真考慮他們的想法；第六為「發展式教學」（Development Pedagogy），採取一種發展性的觀點藉此協助學生長期學習與發展品格的方式加以教育。Marvin Berkowitz 提出的品格（德）教育 PRIMED 六大設計原則，亦可作為學校層級推動品德教育，促進幸福人生的參考。

陸、我國推動品德教育面臨之困境

我國品德教育發展的軌跡是由國家民族至上，漸漸轉變為重視個體的適性發展；品德教育課程由單獨設科，逐漸轉變為非正式課程與校園的文化形塑；品德教育內容則由傳統四維八德的倫理規條，漸漸轉變為面對當代議題（人權、性別、環境等）的判斷與反思（李琪明，2017）。但是我國在品德教育的推動上，仍面臨了一些迷思與困境，茲分述如下：

一、誤認為品德教育僅是生活常規與習慣的培養

透過生活常規和習慣的培養，確實可以使孩子們學會規律的行為，並感受到品德的力量。學習遵守學校的紀律，如班級規範、遵守秩序及按時繳交作業等，默化共同向善的力量，例如：關懷同學、誠實守信、尊敬師長等。然而品德教育乃是引領學生由他律至自律之全人教育，而非僅限於生活常規，如何讓孩子學會自主思考，並負責任地做好決定，變得更為重要。

二、誤認為品德教育不需要專業的師資

仔細觀察各校的校風及帶班導師的專業態度，我們會很容易觀察出績優學校與績優教師做事的積極性與完成度明顯高於一般學校與一般的班級。另外，在考慮到品德教育的目標與內容及教學方法的改進上，品德教育迫切需要改變老師的教學觀念，並提高老師的教學能力，以影響教學的生態。

三、誤認為民主化就不需要建立國家的認同

品德教育在東方國家（如日本、韓國及新加坡）包含著國家認同與

傳統傳承，但臺灣的品德教育推動承載著掙脫威權教育體制的解放，又同時交織著東西方文化、保守與自由等不同的論述與詮釋，從蘊涵政治意識形態轉化為民主的多元價值。課程政策不再獨立設科，宣示多元價值的建立，十二年國民基本教育「總綱」對於品德教育定位在議題及相關領域的多元價值融入，並不是要將一套特定的價值觀強加給學生，也不是要讓他們成為沒有獨立性、言聽計從的人。藉由民主價值觀的深植與建立，讓孩子們深化作為一個擁有思辨能力的人，學會與他人相處，共同合作解決問題並過上更好的生活。民主與自由就是臺灣品德教育推動的核心與國家認同。

四、誤認為邁向卓越就會忽略社會正義

升學壓力及智育第一的升學主義緊箍咒，一直是校園裡揮之不去之陰霾，朝向升學卓越的教育學習並不會淹沒社會正義的伸張，自由民主的校園氛圍是一種巨觀式生活方式與文化形塑。追求卓越就是追求德行，讓孩子不僅關心自身，還要讓孩子能以寬廣的心去看待眾人，關懷家人、關懷生命、關懷社會，追求共好的關懷變成一種正義，為日後建立更公平正義的社會預做準備。

柒、建議與結語

品德教育目標應著重高層次認知的推理能力，強調以反思的分析，將個人、習俗和道德範疇，與追求平等、人性和尊重的社會系統謀合（Nucci, 2016）。此外，民主時代的教育更應重視教師為轉型化知識分子的深切期許，以發揮品德教育的專業效能，才能在課堂教學中培養能批判、會反思、有知識、願擔責任的行動公民。

一、友善校園政策本身即具有解決品德教育問題的意涵

　　「友善校園」奠基於學校本位管理的觀點，目的在協助適應困難或行為偏差的學生，鼓勵師生「如師如友，止於至善」的互動學習，以性別平等教育、學生輔導體制、人權教育與公民教育及生命教育四向度的內涵，統合學校中的教育活動及輔導管教措施。因此，友善校園關注在多元平等、和諧關懷、尊重人權與尊重他人和自己的生命。友善校園尊重學生的人權，關懷同理學生的困難，建立包容與安全的學習環境，實踐「把每個學生帶上來」的理想。

　　在學校層級的實務工作上，友善校園政策本身即具有解決品德教育問題的意涵，如近年來友善校園週皆會制定年度宣導主題（如 109 年度主題：網路旅程不留傷痕——防治數位性別暴力；110 年度主題：凡走過必留下痕跡——健康上網最安心；111 年度主題：友善校園無界限——陪你勇敢，不再旁觀），皆具有養成學生正確觀念，遵守相關倫理、道德及法律的意義，並讓孩子們主動關懷現今社會的各項議題。另外，例行性的宣導事項，如防制學生藥物濫用宣導可強化孩童對於毒品的警戒心；防制校園霸凌宣導可避免貶抑、排擠、欺負、騷擾或戲弄等霸凌行為；強化學生法治教育、性別平等教育及自我保護措施，落實學生情感教育與情感衝突處理；認識人權及公民教育與相關人權公約，營造人權保障、相互尊重包容之教育環境。

　　更廣闊的看近年來友善校園的內涵，除四大向度——性別平等教育、學生輔導體制、人權及公民教育、生命教育之外，另包括特殊教育、資訊素養與倫理教育等，研究者認為友善校園以學生為中心、學校為本位，強調尊重、關懷、同理、包容、安全、參與等涵義，不僅具有解決品德教育現況問題的功用，對於學校的品德教育促進工作也提供了良好的發展基礎。

二、教孩子們「學習如何思考」是學校推動品德教育該努力的方向

　　教師不僅是知識的傳遞者，更是社會道德的維護者。若仔細瞭解教育的目的，從中西教育字的原義來看，可以很明確地說教育的目的就是在教育孩子「向上向善」。研究者相信絕大多數老師都是具有「愛與榜樣」初心的好老師，更會爲了學生的學習權益恪守專業倫理而積極作爲，只是經師易得、人師難求。一位教師假如擁有專業的學識與教學技巧，但是缺乏願意付出的態度，起碼也只能說是一位「教書匠」，而不能稱之爲「教育工作者」。前國立臺灣師範大學校長劉眞教授提示，教育人員的四個特質：慈母般的愛心、園丁般的耐心、教士般的熱忱、聖哲般的懷抱，這四個特質便是教師專業一再強調的初心。全國教師會訂立的「教師專業守則」，係以「對學生學習權益負責」爲主要內涵，並論及對學校、對社會的責任。其條文如下：

　　1. 教師應以公義、良善爲基本信念，傳授學生知識，培養其健全人格、民主素養及獨立思考能力。

　　2. 教師應維護學生學習權益，以公正、平等的態度對待學生，盡自己的專業知能教導每一個學生。

　　3. 教師對其授課課程內容及教材應充分準備妥當，並依教育原理及專業原則指導學生。

　　4. 教師應主動關心學生，並與學生及家長溝通聯繫。

　　5. 教師應時常研討新的教學方法及知能，充實教學內涵。

　　6. 教師應以身作則，遵守法令與學校章則，維護社會公平正義，倡導良善社會風氣，關心校務發展及社會公共事務。

　　7. 教師應爲學習者，時時探索新知，圓滿自己的人格，並以愛關懷他人及社會。

　　後現代的教育觀，是接受多元、解構、去集中化、重視人際關係與環境議題，師生的角色也有了改變，教師不再是權威式的灌輸知識，而

是協助學生整合與建構自己的知識，教育就是在師生的互動過程中，由教師來引導學生與生活產生經驗累積知識，開啟學生的人生智慧。因而在推動品德教育時，老師們除了前述的專業守則要求之外，在面對學生的言談與態度上，需要有敏銳的覺察力，覺察自己是擁有權力且強勢的一方，必須要以「平等與相互尊重」的態度來面對學生，才能避免在師生互動的潛在過程中，產生言語傷害、奚落、孤立、肢體暴力……或是拳頭大、聲音大就可以任意欺壓羞辱人的反教育行徑。品德養成的關鍵，在於「平等與相互尊重」的態度。班級經營中常規的建立，也不是為了讓孩子害怕，或停留在表面上的陽奉陰違，真正有品德的教養模式，是孩子出於自己自由意志，真心為自己好、為自己負責，而做出的改變不再是為了避免懲罰。孩子透過錯誤經驗的學習，慢慢學會自律、自主、自重，並為自己負責任。

　　學校發展品德教育的目的，乃是通過學習的過程讓孩子學會如何看待自己，學習從廣闊的角度來思考事情，加深「身為一個人」所應該有的生活思考，這是一種基於「人性」為根本的價值觀理解，所以如何培養孩子道德判斷就是一個很重要的課題，在教育的歷程當中培養孩子豐富的情感、實踐的意願和與人合作的態度就顯得非常重要，個案學校中各種活動及課程，就是希望通過各個視角的評估，將道德判斷、情緒、實踐意願和態度，藉由細微的觀察來分析孩子的學習情況，並針對孩子所欠缺的地方因材施教的培養學生良善的個性和高尚的品德。未來的品德教育課程側重在校本化的品德氛圍營造，指導孩子們「學習如何思考」。在「理解品德價值觀」和「思考如何身為一個人」中，老師們要學會去瞭解每個學生，並在學校安排的各種學習活動中，協助孩子們養成獨立思考的習慣，成為一個真正且完整的個人（郭冠毅，2023）。

參考文獻

方志華（2023）。教育評論的公共性與專業性——從《哈佛教育評論》稿約談起。**臺灣教育評論月刊，12**(1)，120-126。

李琪明（2017）。臺灣品德教育轉型與困境及其歷史脈絡的宏觀剖析。**教育學報，45**(2)，1-23。

林尚達匯編（2011）。美德書（Bennett, W. J. 原著，1998 年出版）。中國，哈爾濱。

林逢祺（2010）。**教育規準論（二版）**。臺北：五南。

洪儷瑜（2018）。**特殊教育學生的正向行為支持**。臺北：心理。

國家教育研究院（2020）。**十二年國民基本教育課程綱要（國民中小學暨普通型高級中等學校）——議題融入說明手冊**。

教育部（2012）。**教育部推動友善校園計畫**。取自 http://163.20.179.3/uploads/1568964221487qdgUdFHw.pdf

教育部（2014a）。**十二年國民基本教育課程綱要總綱**。取自 https://www. naer.edu.tw/files/15-1000-7944,c639-1.php?Lang=zh-tw

教育部（2014b）。**教育部品德教育促進方案**。取自 https:// 品德教育 .naer.edu.tw/policy.php

教育部（2019）。**教育部品德教育促進方案**。

梁弘孟、蘇筱婷（2016）。法治教育的核心價值——友善校園理念的實踐。**教育政策與管理，1**，21-50。

郭冠毅（2023）。**國民小學推動品德教育策略與最佳實踐之個案研究**（系統編號：111NTCT0576002）。博士論文，國立臺中教育大學。

陳柚均譯（2022）。「品格」決定孩子未來：品格教育 PRIMED 六大設計原則（Berkowitz, M. 原著，2021 年出版）。臺北：時報。

鄭妍秀（2021）。解決《人性教育促進法》和《人性教育綜合方案》問題的建議——關於 2022 年課程的修改。**韓國哲學雜誌，71**，303-339。取自 https://kiss.kstudy.com/thesis/thesis-view.asp?key=3922555

歐陽教（1995）。**教育哲學導論（12 版）**。臺北：文景。

Curren, R. (2017). *Impact 24: Why character education?* Wiley Blackwell & The Philosophy of Education Society of Great Britain.

Department for Education (2017). *Developing character skills in schools: Summary report.* Department for Education, England.

Jubilee Centre for Character &Virtues (2017). *A framework for character education in schools.* https://uobschool.org.uk/wp-content/uploads/2017/08/Framework-for-Character-Education-2017-Jubilee-Centre.pdf

Lickona, T. (2003). The center of our character: Ten essential virtues. *The Fourth and Fifth Rs-Respect and Responsibility, 10*(1), 1-3. https://www2.cortland.edu/dotAsset/199310.pdf

Nucci, L. (2016). Recovering the role of reasoning in moral education to address inequity and social justice. *Journal of Moral Education, 45*(3), 291-307. doi: 10.1080/03057240.2016.1167027

成果展望篇

第九章

教育評論的回顧與展望

許游雅

國立臺南大學教育學系課程與教學博士班研究生

屏東市新庄國小教師

林進材

國立臺南大學教育學系教授

壹、前言

　　教育評論主旨在於透過研究論述、理論分析、觀察所得、輿論梳理等形式，針對教育發展與實踐的過去、現況與未來，提出評論與處方性建議。因此，教育評論本身與教育發展之間的關係是相當密切的，教育發展方向與梗概受到教育評論的支配，而教育評論取向同時受到教育發展的影響。本文主要內容以教育評論的回顧與展望為主題，梳理我國之教育評論的過去、現在與未來，說明教育評論與教育發展之間的關係。內文包括前言、教育評論的意義和作用、教育評論的發展歷程與演變、教育評論的理論基礎和方法論、教育評論的趨勢和方向、教育評論的應用和價值、教育評論面臨的議題和挑戰、教育評論發展的新典範等，茲加以說明如下。

一、教育評論與評論教育

　　教育評論是藉由質性研究、量化研究、敘事探究等方式，針對教育領域進行相關評估，例如：各樣教育政策、教育體制、教學策略、教學內容，或是學生的學習成果等，並依此提出改進或發展的方針與建議。誠然教育評論是一個有價值的過程，可以根據評論目的之不同進行不同面向的各項評估，然而教育評論所存在的評論者主觀性，亦影響評估結果甚鉅（劉堯，2012；蔡清田，2021）。評論者個人之價值觀往往存在其個人的偏見，如何透過有系統的方法進行客觀且全面的評估，是亟需遠慮深思的。此外，影響教育的因素多元且複雜，評論工具與方法的選擇應根據評論目的考量其限制性與適切性，以期能更準確評估瞬息萬變的教育環境，進而促進教育領域各項之發展（吳清山，2021）。

　　評論教育則是利基於證據，進行具有理性與邏輯性的評論。首先，學生在明白評論之意義與目的後，應能透過閱讀、討論，或寫作等方式進行自我批判思考能力的養成，並以開放的心胸，從不同角度與觀

點出發，分析問題、理解問題，以及回應問題（陳寶泉，2012）。此外，在進行評論教育時，教師也應營造一個安全自由且尊重包容的學習情境，適時地引導、鼓勵學生進行後設思考，反思自我批判的過程與結果，進而培養學生發現問題、指出問題，最後能有提出解決問題具體建議的能力。

綜上所述可見，教育評論與評論教育所關注的焦點不盡相似。教育評論強調針對教育相關事物與其面向所做的評價與見解，而評論教育則是針對評論本身進行探討，學習者被鼓勵以問題導向為中心進行多元觀點的探索、反思與批判。然而，教育評論和評論教育皆能有助於關心教育相關議題者對於教育所面臨的問題與挑戰有更好的理解。

二、教育破壞與教學關懷

新興科技、教育創新、社會變遷等因素所帶來的教育破壞（Educational disruption）或稱「破壞式學習」，挑戰了傳統教育方式，甚至能激盪出新的教育變革，改變教育常態，促使教育的進步。此外，這也為教育帶來更多元、更彈性，以及更加個人化的學習體驗（趙永佳、蘇賜福，2021；蕭富元，2004）。然而，教育破壞應能把握教育核心之本質與價值，同時考量學生需求與教育目標，並且須根據教育破壞後之實際結果與影響進行持續性的評估、滾動式的修正，以保持教育破壞之開放性與靈活性（蔡清田，2021）。而教育破壞後教師角色的改變、數位資源的差距、學生學習樣態的轉變等這些挑戰，亦是在教育破壞之前所需要考量與處理的（趙永佳、蘇賜福，2021；蕭富元，2004；Muirhead & Juwah, 1994）。

教育者若能實踐教學關懷，瞭解學生的個別學習狀況，營造安全、尊重與包容的學習氛圍，提供適切的協助與支持，除能與學生建立積極良善的師生關係，更能因此激發學生學習潛能、增強其學習動機，進而提升學習成效。此外，教師進行教學關懷時應能保持開放的溝通管道，瞭解家長、學校需求，評估學生整體學習情形，權衡教育關懷與教

學本身之影響，以促進學生身心靈全面的健康成長。然而，教師所需面臨的學生個別差異問題，著實考驗著教師本身的專業知能。因此，教師的持續增能與教學精進實有其必要性（陳寶泉，2012）。

基於上述論證，教育評論應能符應教育破壞所帶來的變革與創新，且同時關注學習者在這個改變下的身心靈狀態，持續反思修正教育的各個面向內涵，以求教育能有更全面的提升，更有利於學習者的學習。

貳、教育評論的意義和作用

教育評論的意義和作用，在於透過主客觀的工具或形式，針對教育發展與實踐，提出具有建設性的、處方性的建議。有關教育評論的意義和作用，說明臚列如下：

一、教育評論的意義

教育評論主要透過客觀的評估工具，蒐集相關資料，對於教育政策、學校系統、教師教學、學生學習等教育體制的運作與管理進行全面的評估、分析與解釋，以促使教育的反思與改進（蔡清田，2021）。

教育評論所蒐集的相關資訊與評估，除了能藉此檢視教育政策外，亦能提供教育現場更多不同面向的看法與訊息，從而促使教育政策的制定與改善、教與學品質的提升，可讓學童獲得更好的學習體驗與學習成效。然而，教育評論的目的在於確保教與學的品質，因此，進行教育評論時，首先需有明確的評論目的與範圍，進而據此選擇適當的評估方法與工具，以讓所蒐集與分析之資料數據更具有信、效度。此外，教育評論需同時考量所處之環境脈絡，評論者應在充分瞭解相關環境脈絡後，保持開放的心胸，秉持教育評論之公正公平，並且能從各個不同面向進行觀察與評估。教育評論的過程應具有公開性、透明性，且應能邀請相關機構、團體等教育工作者共同參與教育評論過程，以能提供更客觀、更可靠的教育評論結果，做出更符應教育現場需求之決策與建議

（陳寶泉，2012；楊深坑，2008）。

　　然而，教育評論之結果亦需避免評估結果的濫用，教育評論之結果主要提供教育相關單位與教學實施者客觀的教學改善之意見與實際的改善策略，非以此成為教育排名競爭手段。另教育評論對象涵蓋的範圍複雜且多元，評估工具的選擇與使用可能均有其限制之處，如何藉由教育評論反映出最真實的教育現象，提出客觀公平且有效的方針，以推動教育的改進，著實是在進行教育評論時亟需考量的（陳寶泉，2012）。

二、教育評論的作用

　　教育評論的評估越來越關注整體面向的評估，且其作用主要核心價值在於提供教育領域相關的意見與策略，促使提升教師教學效能、學生學習成效，進而穩定教育體系之健全發展（劉堯，2012）。而教育評論所包含的面向極廣，以下從「教育政策實施發展」、「教育機構團體輿論」、「教師的教學實踐」、「學生學習成效評估」及「社區家長關注回饋」五個面向，探討教育評論在教育上所發揮的作用：

（一）教育政策實施發展

　　針對教育政策所作的教育評論包含對於教育政策制定目標與目的的檢視，評估教育政策是否目標與目的相符應且確實為實際教育體系所需。而評估也涵蓋對於教育政策之制定過程的評估，確保政策的制定過程有進行充分的溝通與協調，並且具有公開透明可檢視性。此外，教育評論亦評估政策實際施行進度、教育資源分配之公平性與適切性，以及施行後之成效與影響，以能關注各個不同族群學生之學習與其教育機會的均等。而教育評論也具有對政策進行長期持續監督與評測之作用（楊深坑，2008；Youn, 1990）。

　　教育評論透過公開透明的教育評論可以瞭解教育政策的實施情況，有助於政策的調整與修改，更對於教育的發展有監督與追蹤之作用。此

外，藉由教育評論亦能將教育資源做最適切的分配，進而提高整體教育體系之品質（蔡清田，2021）。

（二）教育機構團體輿論

教育評論在學校層面上的評估，主要包括學校與相關機構對於教育資源的投入，以及對於教師專業發展所提供的支持與協助之程度與成果之評估。透過教育評論可以檢視學校所進行的教師專業發展計畫是否符合教師實際教學現場所需，並且有助於教師教學品質之提升。此外，教育評論也期待學校能針對教師的教學與學生的學習進行全面性的綜合自我評估，並與相關的支持性計畫與資源互相檢視評估，以促進學校與相關機構對於教育政策的落實，進而對於教師專業能力之成長與學生學習有所助益。

教育評論之數據與相關資訊可提供教育相關機構團體回饋與改進機會外，亦可確保機構團體掌握教育目標之核心，並持續地滾動式修正與自我覺察，以能彰顯教育之影響力。

（三）教師的教學與實踐

教育評論在教師層面上的評估，主要針對教師教學的準備、教學過程，以及教學成效等面向進行評估。教師針對不同學生的特點與差異性所使用的不同教學策略是否與教學目標相結合、是否能滿足學生學習的需求，抑或是否有效可行，均是教育評論所關注之焦點。此外，亦需評估教師是否明確讓學生瞭解課程的具體評估標準、課程內容與評估形式等，有助於學生進行課前預備和課後複習之相關課程說明（林進材，2023）。而教師的教學策略對於學生學習動機、學習過程或是學習成效所造成的影響，以及教學方法的與時俱進與創新性，亦為教育評論在教師層面進行評估時所強調的。

教師藉由教育評論之結果，可以瞭解其教學歷程與教學成果之問題

所在，提供教師有效的建議與指導，以促進教師進行教學反思與課程的創新實踐，從而提升自我專業知能，以達有效之教學（汪昌華，2015；Borich, 2014）。

（四）學生學習成效評估

教育評論在學生層面上的評估，是針對學生的學習過程與學習成果進行探究與分析。而評估學生時宜使用多元化的評量進行綜合性的評估，例如：紙筆評量、形成性評量、實作評量、檔案評量、口說評量或是透過觀察進行評估，以確保評估之結果的客觀性與有效性（蔡清田，2021）。而評估也需要同時檢視學生所達成的學習目標之程度來進行評估結果的解釋。針對學生的教育評論之目的主要在瞭解學生的學習難點與真實學習情況，以提供更有利於學生學習之策略與建議，最終能促進學生的學習能力之養成與學習成效之提升（汪昌華，2015）。

教育評論之於學生學習上所產生的作用，除了幫助學生瞭解自我學習狀況與學習成果外，亦能提供相關資訊於學校與相關教育者，協助學生進行個別性、差異化的學習，進而增進學生自我認知與全人之發展。

（五）家長、社區關注回饋

教育評論在家長、社區方面具有回饋之作用，進而促進家長、社區與教育之連結，同時提高其對於教育的關注、支持與參與，以建立親、師、生、社區教育合作夥伴之關係。

參、教育評論的發展歷程與演變

19 世紀初，英國的工業革命迫使人們開始思考許多社會問題，而教育的相關討論亦為重要議題之一。當時的教育評論以量化的評估方法，例如：考試、測驗等為主，主要關注學生於特定學科的學習結果、

教育系統中的相關設施、政府教育資源的分配情形，或是教育管理等基礎建設之狀況。直到 20 世紀中，隨著研究工具的進步，開始出現訪談、觀察、問卷調查等質性的評論方式。此外，也開始關注教育政策、教育法規、教育改革的相關評估，而評估的方法與工具也更加的多元，教育評論逐漸成為一個獨立的學術領域（劉堯，2012）。

　　現今，隨著全球化與新興科技的影響，教育評論逐漸關注跨學科與跨國際的合作，使教育評論能結合不同學科之知識與方法，以及藉由國際交流與比較，擴大對於教育評論的理解與應用，更有助於從其他國家的經驗中獲取寶貴的相關啟示。而教育評論也因著數位技術的發展，開始出現線上相關評論與分析工具，例如：線上數位學習平臺、線上問卷調查等（吳婷婷、黃國禎、宋天文，2007；Muirhead & Juwah, 1994）。此外，教育評論的過程更多地關注教育政策制定者、學校、教師、家長、學生、社區與非政府組織等教育評論相關利益者的參與與溝通對話，以確保他們的經驗與聲音能納入教育評論中，進行更全面性、更精確的評估。而教育評論焦點也逐漸轉向教師的教學與學生學習的學習歷程之評估，包含教學策略、教學資源、學生參與等，並且強調學生個人化的學習經驗、學習品質與學習成果之探討，同時重視學生性別、族群、語言等不同差異性，並鼓勵學校、教師、學習者本身進行自評與同儕互評，促進自我反思與自我實踐（楊深坑，2008；Youn, 1990）。

　　教育評論的發展不僅僅反映教育理論與教育實踐的進步與演變，更是對於實際教育現況產生重要的指導與回饋。教育評論對於教育界、學術界與政策制定的影響逐漸擴大，亦引起家長與社會大眾的關注與討論，教育評論如何透過公開透明、公正公平的評估，使教育評論結果具有客觀性、有效性與可靠性，並且能適當地解釋分析評估結果數據，尊重被評估者的隱私與權力等相關倫理原則，提高教育評論之可實踐性，成為教育改革與穩定教育之重要支持，滿足社會期望與需求，實為不斷演進的教育評論發展歷程之重要核心。

　　教育評論的發展歷程演變，受到許多社會、經濟、文化、科技等不

同範疇的影響，更同時影響著教育改革與教育政策的制定。教育評論的不同階段雖非能嚴格劃分出來，但隨著時間的推移，教育評論的發展歷程亦見證了教育不同時期與發展脈絡及進步（學習吧教育版，2022；Muirhead & Juwah, 1994）。

肆、教育評論的理論基礎和方法論

　　教育評論的立論需要結合理論與實踐，才能落實到教育發展軌道之上，進而影響改變教育活動。因此，教育評論需要堅實的理論基礎與嚴謹的方法論為基底。有關教育評論的理論基礎與方法論，簡要說明如下：

一、教育評論的理論基礎

　　實際的教育評論工作可能會或多或少結合理論基礎與其方法，這些不同的理論基礎提供了不同面向的觀點與分析，進而提供教育相關領域更全面、更完整與更適切的建議與回饋。教育評論的理論基礎基於教育學面向，可從「行為主義理論」、「建構主義理論」、「社會認知理論」，以及「人本主義理論」來探討。其中，行為主義理論的教育評論，強調教學者所提供的刺激以及學習者的學習行為、學習結果之間的交互關係與影響，藉此評估教學的有效性（張春興，2003）。而建構主義理論的教育評論則關注學生主動建構知識的歷程與學習結果之間的關聯，進而探討學生的思考過程與其學習策略。社會認知理論的教育評論強調學習者的社會參與與社會學習之行為，透過學習者實際參與社會情境脈絡中，以及與他人的互動獲取相關的知識與技能之學習歷程。此外，基於人本主義理論的教育評論關注學習者的學習主觀感受、自主性，以及情感狀態，並透過對於教育情境與周遭環境的評估，檢視學習者的自我實現與成長（張春興，2003；Bandura, 1986）。

　　教育評論基於社會學理論，可從「社會結構理論」、「文化理

論」、「符號互動理論」，以及「社會學習理論」來探討。社會結構理論基礎下的教育評論，關注教育資源是否公平地被分配到合適的地方，或是社會階級在教育制度中所造成的影響，藉此評估整體教育系統的公平性與其社會正義（李全生，2008）。而基於文化理論的教育評論，其強調不同文化下的教育成就之差異情形，以及不同文化價值觀與不同文化信念下的教育實踐之異同（蔡源煌，1996；Williams, 1993）。符號互動理論中的教育評論則重視實際教育現場中的師生角色及其互動溝通，進而理解教育過程中所產生的相關符號與其意義，以提供評估師生互動與學習參與評估的指標（陳明和，2005；蔡東鐘，1999；Blumer, 1969）。基於社會學習理論的教育評論，其強調學習者透過觀察與模仿他人，進而產生學習。其中，教師以及同儕團體對於學習者所產生的影響，正是社會學習理論中所關注的（張春興，2003；Bandura, 1986）。

教育評論基於發展心理學理論，則著重於評估學習者不同學習階段之學習歷程，進而探討其認知、情感、生理發展與其學習之關係，以瞭解學習者學習潛能（張春興，2003）。而認知心理學的教育評論藉由對學習者認知歷程與對於訊息處理能力，包含記憶、思考、問題解決等的評估，瞭解學習者之學習與認知上所遇到的困難與阻礙，進而提出相對應的評估（張春興，2003）。

教育評論基於系統理論，強調教育整體是一個連續而動態的複雜系統，由學校、教師、學生等各種子結構與教學策略、教學政策、教學資源等不同的元素所共同建構而成，並且與許多因素產生交互影響。教育評論者則試著從系統中的變化找出關鍵的影響脈絡，進而給予相當的評估與建議。教育評論者若應用政策與經濟的理論基礎進行評估，可藉此分析探討政府角色、資源配置以及政策施行之有效性、可行性與公平性，並進一步分析教育市場的供需狀況，及教育之於個人、社會之回報率，以瞭解教育政策之經濟效益，從而提供對應策略與改進方案。

二、教育評論的方法論

　　教育評論根據其問題與目標的不同，方法論可以單獨使用或是多個方法論結合應用。教育評論使用質性方法論，通常透過觀察、訪談、文件分析、個案研究等方式進行教育現象的深入洞察與理解，並進行詳細的描述，著重於主體經驗或是事件背後的細節、緣由與其影響因素之探究，以追求教育現場的眞實性（劉堯，2012）。而教育評論中的量化方法論主要透過大規模數據蒐集，以進行統計相關數據的分析與評估，以客觀的方式與標準化工具評估教師教學或學生學習的成果。而隨著評測工具的進步，教育評論者可以透過大數據分析進行更廣泛的評估與應用，探索教育現象與教育之趨勢。然而，教育評論取質量統合的研究方法則可互補質性研究與量化研究之限制，以獲得更深入全面的教育評論（劉堯，2012）。

伍、教育評論的趨勢

　　教育評論的發展趨勢方向與教育實踐與發展的關係是相當密切的，關鍵在於針對教育實踐與發展進行學理方面的觀察與聯繫，並依據教育評論作爲反思的參考依據。

　　過去的教育評論傾向於透過量化的評估方式，評估學生的成績結果表現，並用於分級、排名等方面，也因此常常爲人所詬病，認爲忽略學生的學習歷程、族群、文化、學生學習需求與其各樣全面的發展（陳信智，2009；劉堯，2012）。故現今的教育評論越來越重視關注學生個別化與全面性的發展評估，同時，隨著個人化評估工具的開發，學習觀念的快速翻轉，針對學生的個別化差異與個別需求有更多的探討與評估，而整個教育系統與社會價值所賦予教育的影響也透過質性、量化的方式評估，有更豐富全面的評估結果（李雅筑、侯良儒，2020）。

　　因著科技的進步，人工智慧、虛擬實境等創新技術的發展，教育評論也越來越仰賴數位化的評估與數據結果的分析解釋，並用以支持教

育相關政策的制定與施行，以及作為指導未來政策改進與制定的考量方向，進而確保教育之品質的穩定和發展（吳婷婷、黃國禎、宋天文，2007）。

　　然而，由於教育評論趨向多面向的評估與探討，其中評估因素的複雜性、多元性、公平性、客觀性，考驗評估人員的相關專業知能、數據分析能力，以及評估工具的使用技術。此外，教育評估所需面臨的倫理與隱私問題，亦是專業的教育評估者在進行教育評估時所面臨的挑戰。

陸、教育評論的應用價值和啟示

　　教育評論本身具有正面的意義與負面的影響，在運用各種形式的評論時，需要顧及評論本身對於教育發展的影響，以及對於教育實踐的功能。有關教育評論的應用價值與啟示，簡要從「教育政策決定與實施」、「學校教育辦學與發展」、「教師教學設計與實踐」與「學生學習成效與評估」等四個方面進行分析說明如下：

一、教育政策決定與實施

　　教育評論在教育政策的應用，包含對於教育政策實施成效的評估、教育政策制定過程的評估、教育政策影響的評估、教育政策改革的評估、教育資源分配與利用的評估等方面的評估。而教育評論的提出有助於教育目標的確立以及評估，並能提供教育政策制定者相關的建議與指導。此外，也對於教育政策的成效能積極地進行監督，以瞭解教育政策實際對於教育環境所造成的影響，並能藉此促進教育政策者除了要重視教育的績效與創新外，也要同時借鑑國際之相關經驗，進行國際合作與比較，並且重視教育的公平性、資源分配的有效性，進而確保所有學生均能獲得公平的教育機會（楊深坑，2008）。

二、學校教育辦學與發展

教育評論在學校辦學的應用，包含對於學校辦學績效的評估、學校發展計畫的評估、學校資源分配與使用的評估、學校改革與創新上的評估、學校與家長、社區、老師溝通合作關係之評估、學校領導與管理的評估、學校對於教師教學與學生學習支持之評估、學校服務品質之評估等方面的評估。而教育評論對於學校層面所產生的啟示，有助於學校檢視學校領導、學校管理、組織結構、資源分配與教學支持的實踐狀況，以營造積極優質的校園環境。

三、教師教學設計與實踐

教育評論在教師教學的應用，包含對於教師教學成效的評估、教學計畫的評估、教學策略與教學方法的評估、教學資源使用的評估、自身專業成長的評估、教學反思的評估、教學風格的評估、教學研究、專業分享，以及教學創新等方面的評估。而教育評論對於教師產生的啟示，除了能鼓勵教師進行教學反思外，亦能促進教師落實教學實踐與持續的進行教師專業知能之精進。教育評論亦能促進教師教學調整與教學創新，重視教學效能之提升，並且提供學生包含輔導、認知、情感發展等全面的支持，以關注學生之整體發展與需求。

四、學生學習成效與評估

教育評論在學生學習的應用，包含對於學習的評估、學習目標的評估、學習弱點和學習優勢的評估、學生個別化需求的評估、學生學習動機的評估、學習成效的評估、學習策略的評估、學習資源的評估，以及學生自我反思的評估等。而教育評論所提出來的評估結果，能檢視教育者對於學生動機的激發、學生的學習過程，或是學習成效產生激勵與反省之作用，進而促進教學者使用多元化的教學策略與評量方式，以更全

面地瞭解學生的實際學習狀況（汪昌華，2015）。此外，從教育評論之評估亦能提醒教學者重視學生的個別化差異，以及跨學科與學生基礎能力之養成的重要性，並且能同時關注學生的道德品行與情感發展，以培育五育並重之學生。

柒、教育評論面臨的議題和挑戰

教育評論的發展緊隨著教育發展的軌道，針對教育實施相關議題，提出學理與輿論方面的建議，作為修正（或改進）教育的參考。然而，在振振有詞的立論之下，仍然需要面對相當的議題和挑戰。

一、教育評論面臨的議題

教育評論議題多取決於當時教育環境與全球教育之議題的脈絡發展。當今的教育評論議題，包含疫情對於整個教育系統、學校、教師與學生學習產生的改變與影響，以及少子化等議題，進而開始關注教育資源分配的公平性、城鄉差異與混齡教育之問題（林倖妃，2021；曾芳琪，2021；魏千妮，2021）。而疫情也連帶影響教育開始進行數位整合與轉型，例如：數位學習平臺、虛擬教室、數位媒材與數位工具的應用，學生自主學習的能力也同時被關注（黃夏成，2016）。同時，教師的相關專業知能也被要求能跟上不斷變化的教育環境與學習需求（李雅筑、侯良儒，2020）。教育政策在後疫情時代，亦更顯其革新與實踐之重要性，教育投資的公平性與有效性，更為教育相關利益者所關注（林倖妃，2021；曾芳琪，2021）。而學校環境對於教育政策實踐的情形與影響，是否持續支持學校文化的維持與推動、是否提供教師專業發展之機會與資源、是否能充分協助學生發展其不同潛能、是否能結合社群與家長／社區，建立教育連結，進而促進學生的學習與其全面的發展，均為當前教育評論所重視的相關議題。

二、教育評論面臨的挑戰

　　教育評論連結了評論者其專業的內涵，且隨著網路的發達與科技的進步，各類評論議題不斷興起，進而影響教育評論被賦予更高的使用與要求，故所面臨的挑戰也更甚。例如：教育評論撰寫者之評論是否有融合社會大眾的參與、是否能確切反映出當前教育的實際狀況與需求、是否考量被評論者所處之環境脈絡，並能藉此傳達專業的教育理念，以促進教育領域的省思與品質的提升。此外，評測工具是否具有多元性與客觀性、評估過程是否公開透明與公平、是否站在家長、教師、學生等教育相關利害人之立場進行評析、是否納入其他教育專業者與關心教育人士之見解與心聲、是否結合多個學科領域進行評估等，這都需經過教育評論者進行全面綜合的觀察與蒐集資料，結合其專業論理與實際經驗始能提出具有革新意義之教育評論。

捌、教育評論發展的新典範

　　教育評論因著教育體系面臨的變化與需求、教育領域知識的不斷更新與發展、教育研究方法的不斷改進、教育相關利害關係者的參與、科技的進步與資訊的快速流通、後疫情時代的教育變革，以及全球化的競爭與比較等因素，產生許多新的理論與研究，進而帶動教育理解的新視角，也促進教育評論發展新典範的興起，以回應教育領域之需求與期待（林倬妃，2021；曾芳琪，2021）。

　　而教育評論新典範的興起涉及多種不同因素之影響，不同的教育評論典範在不同的時代背景下，都有其不同的重要性與影響力，而隨著教育的發展與教育趨勢的更迭，其更是一個不斷更新、不斷發展的歷程。教育政策、學校、教師與學生層面各個因素彼此相互影響，並且隨著時代脈動與時間的推移產生不同的需求與變化，都促使教育評論朝向更多元的發展與新典範的形成與確立（汪昌華，2015）。

　　教育評論發展的新典範可能涉及教育評論之理論基礎的不同，例如：開始立基於建構主義之理論，重視學生是個別差異性與不同需求，或是教育評論工具的創新與發展，促使教育評論產生技術整合的新典範，其重視數位技術與多元研究工具的整合使用，也重視數據產生、數據解釋需考量更全面、更多元的相關影響因素（學習吧教育版，2022）。此外，在生態典範上，教育評論也開始關注教育環境與社會文化、經濟發展的交互影響，同時，對於教育評論者的專業發展與專業知能之要求也更加的全面。而隨著多元文化的興起與對於多元文化多樣性的尊重包容，教育評論也產生了多元文化的新典範，期能切實反映社會脈動與其需求，進而連結國際與全球化之議題（蔡清田，2021）。有鑑於此，在發展教育評論新典範的同時，也應該關注本身與教育發展與趨勢之間的關聯性，邁向更為多元、更為包容、更為相容的教育評論與教育發展新典範。

參考文獻

吳清山（2021）。**教育概論（第六版）**。臺北：五南。

吳婷婷、黃國禎、宋天文（2007）。**建構情境感知無所不在學習之應用**。中小學網路教學與數位學習，TANET 2007 臺灣網際網路研討會，國立臺灣大學。取自 http://itech.ntcu.edu.tw/Tanet%202007/9%5C328.pdf

李全生（2008）。布迪厄的社會結構理論述評。**濟南大學學報**（社會科學版），**18**(6)，81-85。

李雅筑、侯良儒（2020）。雲端教育大爆發：病毒比 108 課綱，更快翻轉學習觀念、遠距商機。**商業周刊**，**1693**，48-57。

汪昌華（2015）。**有效學習評價**。合肥：安徽大學。

林倖妃（2021）。破壞式學習。天下雜誌，**735**。取自 https://www.cw.com.tw/article/5118725

林進材（2023）。**大學課堂教學設計與實踐**。臺北：五南。

張春興（2003）。**心理學原理**。臺北：東華。

陳明和（2005）。符號互動論對組織文化研究的啟示。**教師之友**，**46**(4)，56-63。

陳信智（2009）。評論十二年國教追求促進教育機會均等，社會公平「正義」目的之理論適當性。**學校行政**，**62**，31-43。

陳寶泉（2012）。**教育的細節：陳寶泉教育評論集**。天津：天津大學。

曾芳琪（2021）。遠距教學的挑戰——如何因應疫情下學習樣態改變的衝擊。**臺灣教育評論月刊**，**10**(9)，145-152。

黃政傑（2020）。評課綱研修審議的政治性。**臺灣教育評論月刊**，**9**(1)，1-7。

黃夏成（2016）。**自學時代：找回學習的動機與主權，成為自己和孩子的最佳教練**。臺北：如何。

楊深坑（2008）。社會公義、差異政治與教育機會均等的新視野。**當代教育研究季刊**，**16**(4)，1-37。

趙永佳、蘇賜福（2021）。**「破壞式學習」下的教育科技新常態**。取自 https://reurl.cc/qLVv50

劉堯（2012）。教育評論研究論綱。鎮江：江蘇大學。

蔡東鐘（1999）。符號互動論在教育上的應用之探討。**國教之聲**，**32**(4)，33-45。

蔡清田（2021）。十二年國民基本教育課程改革之評論。**臺灣教育研究期刊**，**2**(1)，171-189。

蔡清田（2021）。**核心素養的課程與教學**。臺北：五南。

蔡源煌（1996）。**當代文化理論與實踐**。臺北：雅典。

學習吧教育版（2022）。**改變，為臺灣的數位教育走更長的路**。取自 https://www.learnmode.net/aboutus/press120629.html

蕭富元（2004）。破壞式創新，打造臺灣第一。天下雜誌，**290**，108-116。

魏千妮（2021）。**國民小學混齡教育評鑑指標建構之研究**。國立臺北市立大學教育行政與評鑑研究所博士論文。

Bandura, A. (1986). *Social foundations of thought and action: A social cognitive theory*. Englewood Cliffs, NJ: Prentice-Hall.

Blumer, H. (1969). *Symbolic interactionism: Perspective and method*. Englewood Cliffs, NJ: Prentice-Hall.

Borich, G. D. (2014). *Effective teaching methods: Research-based practice*. Boston: Pearson Education.

Muirhead, B., & Juwah, C. (1994). Interactivity in computer-mediated college and university education: A recent review of the literature. *Educational Technology & Society*, *7*(1), 12-20.

Williams, R. (1993). The idea of culture. In J. McIlroy & S. Westwood (Eds.), *Border country: Raymond Williams in adult education* (pp. 57-77). Leicester: National Institute of Adult Education.

Youn, I. M. (1990). *Justice and politics of difference*. Princeton, NJ: Princeton University Press.

第十章

臺灣教育類TSSCI期刊收錄評論性文章之狀況與展望

丁一顧

臺北市立大學教育行政與評鑑研究所特聘教授

楊　珩

臺北市立大學教育行政與評鑑研究所博士候選人

臺北市私立再興小學校長

壹、緒論

　　所謂「文章千古事」，文章對現代與後世的影響總是無遠弗屆，學術研究亦是如是，因此，如何提供各類型研究論文，諸如，研究論文、文獻評論、研究筆記、評論與回應等，有發表及刊登之機會，進而對學術與實務社群產生正向影響效果，實為學術社群當前重要的任務之一。

　　評論性文章（review papers/articles）對於研究者而言，乃是相當有價值的資源，因為，對於讀者而言，它是瞭解新主題領域的第一站，而對於作者而論，它則可讓他成為一個特殊領域的權威，且廣泛為大眾所閱讀及引用（Sayer, 2018），顯見評論性文章的價值與重要性。在國外，許多研究領域具特色及高影響力的期刊，都會致力提供評論性文章的發表機會（Palmatier, Houston & Hulland, 2018; Post, Sarala, Gatrell, & Prescott, 2020），諸如，國際頂尖期刊《管理研究期刊》（*Journal of Management Studies*）、《美國管理學會評論》（*Academy of Management Review*）、《心理學公報》（*Psychological Bulletin*）等，即長期刊登重要議題具高影響力的評論性文章。而且，有些不錯的期刊，也都會致力於徵稿及刊登評論性文章，所以，其不管是刊登篇數或比例都有逐年增加的趨勢（Ketcham & Crawford, 2007）。

　　至於期刊主編徵稿評論性文章的理由，主要是為擴大期刊讀者人數，而且，一旦讀者喜歡閱讀評論性文章，相對地也會對期刊其他文章加以閱覽，增加期刊的影響力（Ketcham & Crawford, 2007）。然而，很多研究者較少撰寫及投稿評論性文章，導致期刊也較少刊登評論性文章。這或許是因為研究者大都認為評論性文章被期刊接受刊登的機會較低、一般研究者對評論性文章較缺乏「尊重感」（Palmatier et al., 2018），如此，越來越少研究者願意投入評論性文章的研究，其後將衍生期刊中評論性文章可見率下降情況，終將可能讓一般研究者誤認評論性文章僅為次等的研究文章，殊為可惜。

　　國內大學為追求大學排名，總是期待學校教師與碩博士研究生之研究結果能為 TSSCI、AHCI、SSCI，以及 SCI（以下統稱「I 刊物」）等期刊所收錄，尤有甚者，大學教師的聘任、升等、評鑑、申請相關計畫獎補助等，幾乎都要求非「I 刊物」不行，由此可知，國內「I 刊物」對學術研究與文章類型走向的影響可見一斑。而究竟「I 刊物」是否重視「實徵性研究」，忽視「評論性文章」，此乃為本文想進一步探究之問題。因此，本文乃嘗試分析國內教育類 TSSCI 期刊刊登評論性文章之狀況，並進一步提出未來的展望與建議。

　　文件分析法（documentary analysis），主要是透過相關文件的蒐集與分析，並從中獲得結論的一種研究方法，至於所謂的文件則包括有：期刊、報紙、雜誌、會議紀錄、出版品、公文、信件、札記、日記、照片、錄影帶、影片，以及各種紀錄（朱柔若譯，2000；謝文全等人，2006；Altheide & Schneider, 2013）。而本文主題為「臺灣教育類期刊收錄評論性文章現況與展望──以 TSSCI 期刊為例」，因此，本研究乃採文件分析法，並以臺灣目前所出版之教育類 TSSCI 期刊為分析的母群體。再者，2022 年公布「臺灣人文及社會科學期刊評比暨核心期刊收錄」之教育學學門之名單中，屬 TSSCI 共計 27 本期刊，本文乃從中抽取 5 本期刊進行文件分析，而為讓所分析之期刊具代表性，3 本期刊分別取自北、中、南三所大學，另外 2 本期刊則分別屬公部門機構及非營利組織之學會，並分別以期刊 A、B、C、D、E 代表之。

　　準此，本文主要在探究臺灣教育類 TSSCI 期刊收錄評論性文章之狀況與展望。具體言之，本文首先分析評論性文章相關概念；其次，則分析臺灣教育類 TSSCI 期刊收錄評論性文章之狀況；最後，則作一結論並據以提出未來相關之建議。

貳、評論性文章相關概念

　　評論（review）一詞又稱「回顧」，所以，評論性文章又稱文獻回顧文章，而為提升本文之理解性與可讀性，本文統一以「評論性文章」

取代「文獻回顧文章」等相關用詞。簡而言之，評論性文章較明顯的特性是沒有呈現原始數據（original data），係針對大量的科學報告進行蒐集、選擇、排序與詮釋，再將相關的發現與普遍原則形成對研究者有用的類型或表件（Ketcham & Crawford, 2007）。

　　評論性文章包括量化（quantitative）（如後設分析、系統性評論等）與敘述性（narrative）或質性（qualitative）成分（Bem, 1995; Callahan, 2010; Sayer, 2018），而 Bem（1995）認為，評論性文章通常是由主題專家進行撰寫，藉以提供新概念架構發表的平臺、呈現研究不一致之處、綜論不同研究結果，以及簡介某領域最新的理念等。當然，評論性文章不只僅在概述某領域當前最新的知識，也要綜論文獻來提供研究領域的新洞見和進展（Denney & Tewksbury, 2013; Van Wee & Banister, 2016; Webster & Watson, 2002）、概論當前文獻來解釋科學證據的最新情況（Erol, 2022）。亦即，一篇良好的評論性文章除要概述重要研究發現、論述重要文獻、描述當前研究一致、衝突與爭論點，更要指陳當前知識缺口、描述待解答問題，以及提供未來研究的建議方向等（Meyer & Roux, 2023）。顯見，評論性文章並非次等文章，而是相當有價值的。因為，撰寫評論性文章並非易事，更需要投入大量的時間、思考以及創意（Sayer, 2018）。

　　一般而論，評論性文章的目的在於：(1) 解釋相關主題模糊定義及概述主題範圍；(2) 針對當前知識提供統整與綜合性概述；(3) 針對先前不一致的研究結果與解釋進行確認；(4) 針對現有的方法論及獨特洞見進行評估；(5) 發展概念性架構來調和與擴展過去的研究；(6) 描述研究的洞見、現存缺口，以及未來研究方向（Palmatier et al., 2018）。而 Meyer 與 Roux（2023）則認為評論性文章的功用，包括：(1) 可對現有的研究有較佳的瞭解；(2) 可用來確認想探究的研究問題；(3) 可發現及找尋相關的資源。

　　評論性文章的內容從系統性到較不系統性可說相當多種類型（Snyder, 2019），《行銷科學學術期刊》（*Journal of the Academy of Marketing Science*, JAMS）曾倡導並出版各類型評論性文章，包括：(1) 領

域本位的評論性文章：針對相同領域的文獻進行檢視、綜合與擴展；(2) 理論本位的評論性文章：應用潛在的理論針對文獻進行檢視、綜合與擴展；(3) 方法本位的評論性文章：應用潛在的方法針對文獻進行檢視、綜合與擴展（Palmatier et al., 2018）。而 Sutton、Clowes、Preston 與 Booth（2019）則將評論性文章的評論類型區分成四十八種，並進而歸類為七大評論家族，分別為：傳統性評論、系統性評論、評論的評論、快速評論、質性評論、混合方法評論、特殊目的評論等。由此可知，評論性文章之類型相當多元，除傳統的純文獻評述之外，也可結合理論、量化或質性方法進行評述，所以可以說是相當具學術專業的一種文章呈現方式。因此，如果研究者能依據研究目的或研究問題進行適切評論性文章類型的選擇，將更足以彰顯評論性文章的價值與意義。

雖然評論性文章有相當多的類型，不過，許多評論性文章較常採用敘述方式，僅對研究領域當前的知識進行討論，較缺乏將哪些文章或文獻納入探究的標準、無法討論方法論（Barczak, 2017），其對學術或實務的影響顯然較低（Palmatier et al., 2018）。Torraco（2005）認為評論性文章一般包括綜論與批判分析，其中，批判分析係指採明確的方法論來檢視議題或問題。而系統性評論性文章不但能完整確認及整合與研究問題相關之研究，也能運用有組織、明確且可複製的研究程序（Littell, Corcoran, & Pillai, 2008），所以應該是一種值得推薦的評論性文章類型。基此，Littell 等人（2008）就提出系統性文獻評論的六個過程，分別為：(1) 主題構想（topic formulation）：著手設定研究問題的具體評論目標；(2) 研究設計（study design）：具體說明有興趣探究的相關問題、對象、構念和情境；(3) 取樣（sampling）：確認所有即將進行分析的研究或文獻；(4) 資料蒐集（data collection）：確定並選取符應研究設計的研究或文獻；(5) 資料分析（data analysis）：進行描述性分析、或者趨勢、概念群集、多變項等之檢視分析；(6) 提出報告（reporting）：善用敘述或圖表呈現資料、針對評論資料進行詮釋與討論、提出未來研究或實務之啟示。

值得一提的是，許多整合性文獻評論會針對過去研究進行批判，但

應注意的是，評論性文章是對過去研究結果進行學習，而非批判個別的研究或作者（Torraco, 2005）；其次，評論性文章也不要僅是將過去每一研究作成清單或解釋而已，否則將讓讀者與研究者忽略全貌（Denney & Tewksbury, 2013; Webster & Watson, 2002）。這些觀點都是進行評論性文章撰寫之際，須特別加以留意之處。

參、教育類TSSCI期刊收錄評論性文章之狀況與分析

為瞭解及分析教育類 TSSCI 期刊收錄評論性文章之狀況，本文乃結合目標取向模式，以及計畫、執行、考核（Plan, Do, Check）三聯制，作為本文期刊資料分析之參考與分析架構，也就是分析期刊在「徵稿稿約」的目標規劃下，各期刊刊登實徵性文章與評論性文章之結果（包括刊登類別、比例、關聯性等）與目標達成狀況。

一、就稿約內容而言

從表 10-1 可知，期刊 B 以較整體性用詞來說明徵稿方向：「徵求……具創新性之學術性論文。」嘗試將各類學術性論文加以收錄刊登。

可惜的是期刊 B 並未具體說明「學術性論文」包括哪些類別之文章，其餘四種期刊則或多或少說明評論性文章是該期刊徵稿與收錄的文章類別之一，其中，又以期刊 A 與期刊 E 的說明較具體，例如：期刊 A 提及該期刊徵稿文章之類別，包括四大類：「研究論文、文獻評論、研究筆記、評論與回應等四類文章。」期刊 E 的徵稿說明則為：「量化與質性之實徵研究、理論論述及資訊新知」。

此外，其餘兩種期刊則以較屬但書的方式，來說明評論性文章為該期刊徵稿的內容之一，諸如，期刊 C 的：「學術性專書之書評及對話式論壇則不受此限」；期刊 D 的：「以文獻探討或以科學方法，綜合評述該議題研究趨勢」。不過，後者所指的並非一般投稿者的徵稿說

明，而是針對特定重要議題進行邀稿的評論性文章。

　　前述發現與國外為提高期刊閱讀者數量，編輯群會致力於徵稿及刊登評論性文章之觀點（Ketcham & Crawford, 2007），有些許的差異。而為擺脫評論性文章被期刊接受刊登的機會較低、對評論性文章較缺乏「尊重感」（Palmatier et al., 2018）的負面觀感，未來國內各大教育類期刊似可致力於稿約之修訂，並將評論性文章具體列為徵稿之重要項目之一。

二、就呈現刊登類別而言

　　從表 10-1 發現，在五種教育類 TSSCI 期刊當中，於各期期刊刊登的形式上，只有一種期刊有將刊登的文章加以分類，其餘四種期刊則未進行刊登文章的分類。就有將刊登的文章加以分類的期刊 A 來看，該期刊各期刊登的文章分類主要是針對徵稿的四大文章類別，分別為「研究論文、文獻評論、研究筆記或評論與回應」等類型，不過，由於每期通過審查及收錄刊登的文章並非四類文章都有，諸如，2021 年第 1 期僅刊登「研究論文、研究筆記」兩類、第 2 期則刊登「研究論文、文獻評論、研究筆記」三類、第 3 期刊登「研究論文、研究筆記」兩類文章；2022 年第 1 期僅刊登「研究論文、文獻評論」兩類文章、第 2 期僅刊登「研究論文」類文章。

三、就刊登比例而言

　　從表 10-1 可瞭解，在五種教育類 TSSCI 期刊當中，2021-2022 年刊登的「評論性文章」與「實徵性文章」狀況，在 2021 年度中，五種期刊都至少刊登 1 篇以上的評論性文章，期刊 E 甚至刊登了 7 篇評論性文章，占了該期刊年度總刊登數 33 篇的 21.21%，而期刊 C 雖僅刊登 4 篇評論性文章，卻占該期刊年度總刊登數 8 篇的 50%，可說是五種期刊當中刊登評論性文章最高比例的期刊。

　　而在 2022 年度中，五種期刊亦至少都有刊登 1 篇以上的評論性文章，期刊 E 甚至刊登了 6 篇評論性文章，占了該期刊年度總刊登數 28 篇的 21.43%，而期刊 C 雖僅刊登 2 篇評論性文章，卻占該期刊年度總刊登數 8 篇的 25%，可說是五種期刊當中刊登評論性文章最高比例的期刊。不過，比較 2021 年與 2022 年之刊登篇數趨勢卻發現，在此兩年度中，期刊 A、C、E 之刊登評論性文章篇數是下降的，期刊 B 則仍維持 2 篇的刊登、期刊 D 由 1 篇升爲 2 篇；以刊登比例來看，期刊 A、C 是下降的，期刊 B、D、E 則是微微上升，此等結果顯然與國外期刊致力並逐年增加刊登篇數之狀況有點不同（Ketcham & Crawford, 2007），而此狀況則實在值得國內期刊未來徵稿及刊登之規劃與參考。

　　再就 2021-2022 年 2 年刊登評論性文章之總數與比例而論，期刊 A 有 4 篇（占 2 年總篇數 19 篇的 21.05%）、期刊 B 有 4 篇（占 2 年總篇數 38 篇的 10.52%）、期刊 C 有 6 篇（占 2 年總篇數 16 篇的 37.50%）、期刊 D 有 3 篇（占 2 年總篇數 26 篇的 11.54%）、期刊 E 有 13 篇（占 2 年總篇數 61 篇的 21.31%）。所以，就篇數而言，期刊 E 刊登 13 篇可說是刊登評論性文章篇數最多的期刊，然就比例而言，期刊 C 刊登 37.50% 可說是刊登評論性文章比例最高的期刊。

四、就整體分析而言

　　再就五種教育類 TSSCI 期刊進行整體分析（如表 10-1），從「稿約內容」、「期刊刊登呈現類別」、「2021-2022 刊登狀況」之間關聯度加以探究，刊登評論性文章比例前三名的期刊中，排名分別爲：期刊 C（37.50%）、期刊 E（21.31%）、期刊 A（21.05%）。而此三種期刊都有共同的特色，就是都能於稿約中具體說明徵稿對象包括評論性文章與實徵性文章，顯然稿約具體清楚說明徵稿刊登文章類別，應該是有助於評論性文章之投稿與刊登比例。

　　其次，刊登評論性文章比例前三名的期刊 C、期刊 E、期刊 A 中，較特別的是，僅有期刊 A 於期刊刊登呈現評論性文章與實徵性文章之

表10-1

教育類TSSCI期刊評論性文章刊登狀況分析

	稿約內容	期刊刊登呈現類別	每年期數（年刊登總篇數）	2021-2022刊登狀況			
				2021		2022	
				評論性	實徵性	評論性	實徵性
期刊A	研究論文、文獻評論、研究筆記、評論與回應等四類文章。	根據當期刊登文章，區分為研究論文、評論、研究筆記或評論與回應等類型	2-3 (6-13)	3篇（2篇第2期、1篇第3期）23.08%	10篇（4篇第1期、2篇第2期、4篇第3期）76.92%	1篇（第1期）(16.67%)	5篇（2篇第1期、3篇第2期）(83.33%)
期刊B	國內外教育政策與教育行政相關領域具創新性之學術性論文。	未分類刊登	4 (19)	2篇（1篇第1期、1篇第3期）10.53%	17篇（4篇第1期、4篇第2期、4篇第3期、5篇第4期）89.47%	2篇（2篇第1期）10.53%	17篇（3篇第1期、4篇第2期、5篇第3期、5篇第4期）89.47%
期刊C	包含「教育基礎理論、課程與教學、教育政策與行政、心理輔導與測驗統計」等四大領域，學術性專書之書評及對話式評論式對談，則不受此限。	未分類刊登	2 (8)	4篇（2篇第1期、2篇第2期）50%	4篇（2篇第1期、2篇第2期）50%	2篇（2篇第1期）25%	6篇（2篇第1期、4篇第2期）75%

（續）

表10-1

期刊	稿約內容	期刊刊登呈現類別	每年期數（年刊登總篇數X）	2021-2022刊登狀況			
				2021		2022	
				評論性	實徵性	評論性	實徵性
期刊D	1. 包含「師資培育與教師專業發展」、「課程與教學」、「教育政策與制度」（含教育行政、學校行政等）、「教育心理、輔導與測計」（含教育統計）等領域之原創性評論文。 2. 得邀請各領域學者專家針對本刊四大領域的重要議題，以文獻探討或綜合評述方法，綜論研究趨勢。	未分類刊登	4（13）	1篇（1篇第4期）7.69%	12篇（3篇第1期、3篇第2期、4篇第3期、2篇第4期）92.31%	2篇（1篇第1期、1篇第3期）15.38%	11篇（3篇第1期、3篇第2期、2篇第3期、3篇第4期）84.62%
期刊E	刊登課程與教學相關的量化與質性之實徵研究、理論論述及資訊新知。	未分類刊登	4（28-33）	7篇（2篇第1期、3篇第2期、1篇第3期、1篇第4期）21.21%	26篇（7篇第1期、5篇第2期、7篇第3期、7篇第4期）78.79%	6篇（1篇第1期、2篇第2期、2篇第3期、1篇第4期）21.43%	22篇（6篇第1期、5篇第2期、5篇第3期、6篇第4期）78.57%

類別，不過，其刊登評論性文章的比例僅居第三名，而此，雖然於期刊刊登呈現評論性文章與實徵性文章之類別是有助於評論性文章的投稿與刊登比例，不過，一般投稿者要投稿該期刊都應該會先閱覽及瞭解徵稿稿約，所以，或許於稿約具體清楚說明徵稿刊登文章類別，才是對評論性文章之投稿與刊登比例有較大的助益。

再者，刊登評論性文章比例前三名的期刊 C、期刊 E、期刊 A 中，期刊 E 刊登評論性文章的篇數相當的多，其中，2021 年有 7 篇、2022 年有 6 篇，2 年共刊登 13 篇，然細究其每期刊登文章總篇數大約 7-9 篇（2021 年共 33 篇、2022 年共 28 篇），約是其他四種期刊的 1.5-2 倍的數量，刊登的期數又是高達 4 期，由此可知，期刊刊登期數與每期刊登文章數量，也應該是吸引投稿者願意投稿的重要因素，對於刊登評論性文章亦應該所有幫助。

值得一提的是，雖然期刊 D 於 2021 年與 2022 年各刊登 1、2 篇評論性文章，不過，期刊 D 於稿約中特別提及：「本刊編輯會亦得邀請各領域學者專家針對本刊四大領域的重要議題，以文獻探討或以科學方法，綜合評述該議題研究趨勢。」尤其，評論性文章通常是由主題專家進行撰寫，藉以提供新概念架構發表的平臺、呈現研究不一致之處、綜論不同研究結果，以及簡介某領域最新的理念等（Bem, 1995），而且撰寫更需要投入大量的時間、思考及創意（Sayer, 2018）。因此，未來國內各教育類期刊似可透過邀稿來徵稿及刊登重要議題之評論性文章，亦應是一種較主動、積極性且權宜性的做法。

肆、結論與展望

本文分析發現，撰寫評論性文章並非易事，是需要投入相當的時間、思考以及創意。而評論性文章具有相當多的正向功能，也對學術或實務有其重要貢獻。此外，評論性文章之類型相當多元，除傳統的純文獻評述之外，也可結合理論、量化或質性方法進行評述，所以可以說是相當具學術專業的一種文章呈現方式。再者，本文分析也發現，影響

投稿者投稿該期刊意願，以及期刊刊登內容之重要因素，包括：(1) 期刊稿約的說明；(2) 各期期刊刊登文章所呈現的類別；(3) 各期期刊刊登文章總篇數等。此外，邀請各領域學者專家針對重要議題進行論文評述，也是提升評論性文章刊登的積極性做法。

　　所謂「百尺竿頭，更進一步。」未來為更提高各期刊刊登評論性文章之篇數與比例，兼顧研究論文與評論性論文之發展，本文乃提出以下六點淺見，以就教國內各學術與實務專家：

一、彰顯各類文章對學術皆有其貢獻

　　本文分析發現，各類論文都對學術與實務都有其重要貢獻，評論性文章亦是如此。所以，各期刊刊登之論文內容絕不可偏廢一方，否則將可能影響學術社群之正常發展。準此，本文建議，未來各期刊應兼容並蓄刊登各種類型的文章，不管是實徵性研究、評論性文章、專書評論、或研究筆記等，藉以彰顯各類文章的功能與貢獻，進而提升學術社群之正常發展。

二、稿約具體明確說明徵稿文章類別

　　本文分析發現，期刊稿約的說明內容對於投稿者投稿意願，以及期刊刊登的內容是有所影響的，亦即，期刊稿約如能詳細說明徵稿文章之類別包括評論性文章，則將有益於投稿者撰寫評論性文章投稿該期刊。因此，本文建議，未來各期刊實應於徵稿稿約中，具體明確且詳細載明期刊徵稿包括學術研究論文與評論性論文等類型，藉以提升評論性文章投稿與刊登之數量或比例。

三、依稿約類別呈現文章刊登之類別

本文分析發現，除期刊徵稿稿約內容會影響投稿者投稿意願，進而影響期刊刊登的文章類別外，各期刊當期刊登文章所呈現的類別，也多少會影響投稿者投稿意願以及期刊刊登文章之類別。因此，本文建議，未來各期期刊刊登之所有文章，應可依徵稿稿約所載明之徵稿文章類別，進行刊登文章之分類並加以呈現刊登，相信也會提升評論性文章刊登之篇數或比例。

四、兼顧品質適度提高刊登文章總數

本文分析發現，期刊所刊登的總篇數較多時，其所刊登之評論性文章的篇數亦相對會增加，顯見期刊各期刊登文章總篇數對於吸引及刊登評論性文章是有影響的。基此，本文建議，未來各期刊理應於兼顧期刊品質與經費預算的前提下，適度調整各期期刊刊登文章總篇數，則其不但能吸引更多高品質研究論文的投稿與刊登，更將增加評論性文章刊登的機會。

五、邀約學術專家進行重要議題評論

本文分析發現，邀請各領域學者專家針對重要議題，以文獻探討或以科學方法，綜合評述該議題研究趨勢，也是期刊較具主動與積極性的一種方式，相對於要提升評論性文章的刊登也是一種不錯的合宜做法。因此，本文建議，未來各期刊如果要提升評論性文章之刊登篇數或比例，亦可主動邀請並刊登各領域學者專家進行重要議題評論的評論性文章。

六、持續探究評論性文章刊登議題

　　本文採文件分析法來探究當前教育類 TSSCI 期刊評論性文章刊登狀況，並進而提出未來期刊刊登評論性文章之啟示與建議。然本文並未針對期刊主編進行質性或量化之調查，此實爲本文之研究限制。因此，本文建議，未來可針對教育類 TSSCI 期刊評論性文章刊登相關議題作進一步探究，訪談或問卷調查期刊主編或編輯委員，藉以更深入瞭解評論性文章刊登議題相關脈絡與原因。

參考文獻

朱柔若（譯）（2000）。**社會研究方法：質化與量化取向**（原作者：Neuman W. L.）。臺北：揚智文化。

謝文全等人（2006）。**教育行政學：理論與案例**。臺北：五南。

Altheide, D. L., & Schneider, C. J. (2013). *Qualitative media analysis*. Thousand Oaks, CA: Sage.

Barczak, G. (2017). From the editor: Writing a review article. *Journal of Product Innovation Management, 34*(2), 120-121.

Bem, D. J. (1995). Writing a review article for psychological bulletin. *Psychological Bulletin, 118*(2), 172-177.

Callahan, J. L. (2010). Constructing a manuscript: Distinguishing integrative literature reviews and conceptual and theory articles. *Human Resource Development Review, 9*, 300-304.

Denney, A. S., & Tewksbury, R. (2013). How to write a literature review. *Journal of Criminal Justice Education, 24*, 218-234. https://doi.org/10.1080/10511253.2012.730617

Erol, A. (2022). Basics of writing review articles. *Noro Psikiyatr Ars, 59*(1), 1-2. https://doi.org/10.29399/npa.28093

Ketcham, C. M., & Crawford, J. M. (2007). The impact of review articles. *Laboratory Investigation, 87*(12), 1174-1185.

Littell, J. H., Corcoran, J., & Pillai, V. (2008). *Systematic reviews and meta-analysis*. New York, NY: Oxford University Press.

Meyer, C., & Roux, S. (2023). *Find and use review articles*. University of California: UCLA Library. https://uclalibrary.github.io/research-tips/review-articles/

Palmatier, R. W., Houston, M. B., & Hulland, J. (2018). Review articles: Purpose, process, and structure. *Journal of the Academy of Marketing Science, 46*, 1-5. https://doi.org/10.1007/S11747-017-0563-4

Post, C., Sarala, R., Gatrell, C., & Prescott, J. E. (2020). Advancing theory with review articles. *Journal of Management Studies, 57*(2), 351-376. https://doi.org/10.1111/

joms.12549

Sayer, E. J. (2018). The anatomy of an excellent review paper. *Functional Ecology*, *32*(10), 2278-2281.

Snyder, H. (2019). Literature review as a research methodology: An overview and guide-lines. *Journal of Business Research*, *104*, 333-339.

Sutton, A., Clowes, M., Preston, L., & Booth, A. (2019). Meeting the review family: Explor-ing review types and associated information retrieval requirements. *Health Information & Libraries Journal*, *36*(3), 202-222. https://doi.org/10.1111/hir.12276

Torraco, R. J. (2005). Writing integrative literature reviews: Guidelines and examples. *Human Resource Development Review*, *4*, 356-367. https://doi.org/10.1177/153448 4305278283

Van Wee, B., & Banister, D. (2016). How to write a literature review paper? *Transport Re-views*, *36*, 278-288.

Webster, J., & Watson, R. T. (2002). Analyzing the past to prepare for the future: Writing a literature review. *MIS Quarterly*, *26*(2), xiii-xxiii. https://doi.org/10.1080/01441647.20 15.1065456

第十一章

《臺灣教育評論月刊》內容分析：2011.11-2023.8

林偉人

輔仁大學師資培育中心副教授

壹、前言

　　教育評論在教育領域中有其重要性，教育評論可為教育政策制定者提供寶貴的資訊與建議；教育評論亦有助於檢視學校、教育機構、教師和學生的表現，從而提升教育品質與效能；教育評論也可鼓勵教育工作者嘗試新的教學方法、技術和策略，並通過評估其效果來確定是否有助於學生的學習。這種創新和實驗有助於教育領域的進步和發展；教育評論亦可促使學校、教師、學生、家長和社區之間進行對話和合作，以共同解決教育挑戰，這種合作有助於建立更健全的學習環境，並確保教育目標得以實現；透過教育評論持續監測和評估教育體系，可以確保教育目標得以實現並保持高水平，藉由定期的評估，可以快速發現問題並進行修正，從而避免問題惡化。故教育評論實為教育政策及實務問題找原因、找方法、找答案，以求改善教育政策、教育實務及教育觀念等。

　　2010 年 10 月黃政傑教授和教育界一些有識之士，發起成立「臺灣教育評論學會」，該學會於 2011 年 11 月開始發行旨在評論教育政策與實務，促進教育改革的《臺灣教育評論月刊》電子刊物。這是國內第一份以教育評論為主軸的學術刊物，截至 2023 年 8 月，近 12 年已出刊 142 期，並多年連續獲得「國家圖書館」評定，榮獲「臺灣學術資源影響力──期刊資源貢獻獎」，顯見此份電子月刊的能見度頗高。

　　目前針對國內期刊刊載內容進行分析之研究少見，僅散見於部分刊物，如：林仁傑與陳伊琳（2005）針對《教育哲學期刊》、葉寶玲等人（2010）針對《教育心理學報》、黃柏叡（2012）針對《比較教育》、楊誌燕、巫博瀚與陳學志（2013）針對《測驗年刊》與《測驗學刊》及陳繁興、郭福豫與邱麗蓉（2014）針對《教育政策論壇》的研究。

　　然而，對於過去的瞭解，有助於預測未來，惜已發行近 12 年，被調閱與下載次數頗高之《臺灣教育評論月刊》，迄今尚未有期刊內容分析，似有所美中不足。

　　本文針對《臺灣教育評論月刊》的發行編輯及內容加以分析討論，旨在瞭解稿約之變化、各期各專區文章數之差異、作者身分別以及文

章，期藉由本文，有助於讀者及作者瞭解《臺灣教育評論月刊》歷史、各期文章數的變化情形、哪些身分別的人投稿本刊及文章相關之利害關係人（組織）為何，並藉此提供《臺灣教育評論月刊》編輯，未來研議每期主題與規劃發展方向的參考。

　　為達上述目的，本文以《臺灣教育評論月刊》2011 年 11 月發行之第 1 卷第 1 期至 2023 年 8 月本文截稿前之最近一期第 12 卷第 8 期所刊登之文章為分析對象。《臺灣教育評論月刊》每年為一卷，每月發行一期，一年計有 12 期，惟第 1 期發行於 2011 年 11 月，於是 2011 年 11 月及 12 月所發行之第 1、2 期，併入 2012 年，並將 2012 年訂為第 1 卷，故第 1 卷共計有 14 期，其餘年度則均有 12 期，本文分析對象為第 1 卷第 1 期至第 12 卷第 8 期共 142 期。《臺灣教育評論月刊》分成五個專區，分析卷期之文章總篇數為 4,232 篇，各專區名稱及文章數量如下：「主題評論」（1,752 篇）、「自由評論」（2,318 篇）、「專論文章」（132 篇）、「交流與回應」（13 篇）、「學術動態報導」（17 篇）。

　　為方便計次，筆者首先將各卷期各專區文章進行編碼，如：第 1 卷第 1 期之「主題評論」專區第 1 篇文章，則編碼為 1(1)-1-1。另依「作者身分」，將作者分為大學教師、研究人員、教育行政人員、幼小中教師及校長、研究生及其他等六類。大學教師若有其他兼職身分，如某學會理事，仍依其本職列為大學教師；研究人員為研究機構之專職人員，如國家教育研究院副研究員等；教育行政人員則如督學、局長等；幼小中教師及校長，則為幼稚園教師或園長、中小學教師，另由於主任係教師兼任，故亦歸此類，校長則屬學校教職員之一員，故亦歸屬此類。由於一篇文章，可能有數名作者，故最後作者數仍為「人次」，其數量將大於文章數。

　　在文章「關注對象」部分，則依文章內容所涉及之對象（人或組織），分為教育行政機關、學校（又分：幼稚園、小學、國中、普通型高中、技術型高中、大學、科技大學）、師資培育機構、研究及輔導機構、其他等類別。其中教育行政機構如教育部或教育局、處；研究及輔

導機構，則如國家教育研究院、國教輔導團等。此部分係針對文章主題所涉及之對象爲何單位（含單位內之人）來進行分類，故如某篇評論係針對中小學校長遴選制度發表看法，則在歸類上，學校中的小學、國中、普通型高中及技術型高中，均將計數一次。同作者身分別，同一篇文章可能有一個到數個關注對象，故關注對象之總數將會大於文章總篇數。

貳、稿約分析

《臺灣教育評論月刊》從 2011 年 11 月發行第 1 卷第 1 期至 2023 年 8 月第 12 卷第 8 期，共發行了 142 期，在 142 期中共有 13 期刊登了新修訂之稿約。以下針對稿約中的刊物宗旨、刊物內容、文章長度、投稿說明、投稿費用等說明如下：

一、刊物宗旨

13 次稿約修訂，有的只是小部分修訂，有的則有較大的改變。在月刊宗旨上，雖然稿約進行了多次修訂，然一直以「評論教育政策與實務，促進教育改革。」作爲刊物之宗旨，顯見《臺灣教育評論月刊》始終秉持「評論」之創刊精神，而其評論之對象則爲教育政策及教育實務，目標則在藉由教育評論促進教育改革。

二、刊物內容

在刊物內容上，第 1 卷第 1 期（以下第 1 卷第 1 期簡以 1(1) 示之，各卷期以此類推），分成「主題評論」、「自由評論」、「交流與回應」三部分，並表示「主題評論」由作者依各期主題撰寫文稿，並由主編約稿和公開徵稿；「自由評論」則不限題目，由作者自由發揮，亦兼採約稿和徵稿方式；「交流與回應」係由作者針對過往月刊發表之

文章，提出回應、見解或看法，採徵稿方式。綜觀之，在創刊號上，《臺灣教育評論月刊》即已決定每期會定出主題，亦接受非屬該期主題之評論，並期待後續有作者能針對過往文章，提出回應，以擴大效應。

　　然在 1(2) 刊登的稿約中，刊物內容卻僅分成「主題評論」和「專題評論」，但「專題評論」則與「自由評論」一樣皆不限題目，由作者自由發揮，亦兼採約稿和徵稿方式，由此觀之，「專題評論」實為「自由評論」。此外，在 1(2) 刊登的稿約中，也將刊物內容由三部分改為兩部分，去掉了「交流與回應」部分。1(3) 稿約修正不大，但在刊物內容上，則修改成「專題評論」與「自由評論」兩部分，在「自由評論」部分的投稿說明上則與 1(1) 的「自由評論」及 1(2) 的「專題評論」相同。由此觀之，1(2) 的「專題評論」似為「自由評論」之誤繕。

　　在 1(5) 的稿約上，刊物內容又回到了「主題評論」、「自由評論」、「交流與回應」三部分，然而，有趣的是，1(2) 起去掉了「交流與回應」部分，並自 1(5) 的稿約才恢復，但《臺灣教育評論月刊》的第 1 篇「交流與回應」文章，卻出現在應無「交流與回應」部分的 1(4)。2(1) 稿約則修改幅度不大，在刊物內容上亦維持了此三部分。

　　在 2(11) 刊登的稿約上，將刊物內容分成「評論文章」、「專論」、「交流與回應」及「學術動態報導」四專區，「評論文章」部分又分為「主題評論」及「自由評論」。此外，相較以往新增了「專論」及「學術動態報導」，並在投稿說明上說明「專論」部分不限題目，凡與教育相關之量化及質性實徵研究、理論論述之文章，內容具評論見解與建議者均可投稿，採徵稿方式；「學術動態報導」部分，則係對國內外學術動態之報導文章，採徵稿方式。至此，《臺灣教育評論月刊》之內容確定分成「評論文章」、「專論」、「交流與回應」及「學術動態報導」四專區，內含五個部分，至今未再修改。

三、文章長度

在 1(1) 稿約中，規定刊登文章一般文長 500 至 3,000 字，長文則在 6,000 字內；至 1(2) 一般文長則改爲 500 至 2,000 字內，長文字數限制則不變，1(3) 則維持 1(2) 規範；至 1(5) 一般文長又改回 500 至 3,000 字，長文則維持在 6,000 字內。

2(11) 刊登之稿約，有著較大幅度的修訂，除如前文所言將刊物內容分成「評論文章」、「專論」、「交流與回應」及「學術動態報導」四專區，在文長部分，「評論文章」、「交流與回應」及「學術動態報導」部分，維持一般文長 500 至 3,000 字，長文不超過 6,000 字；「專論」部分則中文稿字數以每篇 1 萬字至 1 萬 5,000 字爲原則，長文不得超過 2 萬字，英文稿字數以每篇 1 萬字爲原則，「專論」部分的文長限制至今未變。

8(2) 登刊之稿約，則將一般文長改爲 1,000 至 3,000 字，長文文長則維持 6,000 字內。然 11(4) 時，一般文長字數限制未變，但長文文長則由 6,000 字改爲 4,500 字，此後至目前最新版之 11(7) 修改稿約，長文字數限制仍維持在 4,500 字。

由表 11-1 之綜合整理可知，在「評論文章」（主題評論、自由評論）、「交流與回應」及「學術動態報導」部分，一般文長先是 500 至 3,000 字，後改爲 500 至 2,000 字，不久又改回 500 至 3,000 字，最後改爲 1,000 至 3,000 字。縮短最高字數限制，可能是爲增加文章數量，而後可能考量 2,000 字作者難以盡書，故又改爲 3,000 字；而提高最低字數限制，則可能係考量 500 字較難有深度之評論，故提高至 1,000 字。至於長文字數限制由 6,000 字改爲 4,500 字，應亦是考量希望能在有限篇幅之下，有更多作者能共襄盛舉。

表11-1

《臺灣教育評論月刊》稿約中文長規範變化

	1(1)	1(2)	1(3)	1(5)	2(11)	8(2)	11(4)	11(7)
一般文長	500-3,000	500-2,000	500-2,000	500-3,000	500-3,000	1,000-3,000	1,000-3,000	1,000-3,000
長文	6,000內	6000內	6000內	6000內	6000內	6000內	4,500內	4,500內
專論					中文：10,000-15,000為原則；長文20,000內 英文：10,000內	中文：10,000-15,000為原則；長文20,000內 英文：10,000內	中文：10,000-15,000為原則；長文20,000內 英文：10,000內	中文：10,000-15,000為原則；長文20,000內 英文：10,000內

資料來源：研究者自行整理。

四、投稿說明

　　2(11) 刊登之稿約中，開始於投稿說明中明訂同一期刊物中，相同之第一作者投稿至各專區之文章數量至多以 1 篇爲限，全數專區之投稿文章數量加總不得超過 2 篇以上，投稿者另列爲第二作者之文章數量至多則可再增加 1 篇爲限。自此開啟了同一期的投稿篇數限制。

　　自 11(4) 起，則刪除了有關列爲第二作者之文章數量可再增加 1 篇之規定，即同一專區僅得有 1 篇文章，全數專區至多 2 篇文章。

　　之所以限制相同作者在各專區之文章數量及全數專區之文章總數，應爲希望擴大參與，同時也顯示有作者踴躍投稿，或爲第一作者或爲第二作者，同一期投稿數篇文章，因此《臺灣教育評論月刊》方新增此項規定。

五、投稿費用

2(11) 刊登之稿約中言明，為促進刊物永續經營與維護學術品質之需要，自 2014 年 1 月 1 日起，「專論」每篇投稿需繳交審稿費 2,000 元及行政處理費 1,500 元。自此，投稿「專論」文章部分，需繳交費用。

8(5)（2019 年 5 月）更規範除投稿「專論文章」需繳交費用外，自行投稿「評論文章」、「交流與回應」及「學術動態報導」者，亦均需繳交投稿費，中文稿件 2,500 字以下，每篇 1,000 元，2,500 字以上，每篇 2,000 元。英文稿件 1,500 字以下，每篇 1,000 元，1,500 字以上，每篇 2,000 元。

11(4) 刊登之稿約，則規範自 2022 年 7 月 1 日起，自行投稿「評論文章」、「交流與回應」及「學術動態報導」繳交之投稿費，2,500 字以下，每篇由 1,000 元調漲至 1,500 元，2,500 字以上，則維持每篇 2,000 元。英文稿件 1,500 字以下亦由每篇 1,000 元調漲為 1,500 元，1,500 字以上，則維持每篇 2,000 元。

由此可知，《臺灣教育評論月刊》自 2011 年 11 月創刊後，對投稿稿件先是未收費，而後於 2014 年 1 月 1 日起，對文長較長之「專論文章」收取審稿及行政處理費，而後於 2019 年 5 月起全面收取投稿費，並於 2022 年 7 月 1 日調漲了 2,500 字以下之短文的投稿費，其餘則未調整。

參、各專區文章數變化

《臺灣教育評論月刊》每一期均訂有主題，「主題評論」專區即作者依主題進行投稿或由主編進行邀稿，而各期之「自由評論」專區，作者可不依當期主題而自訂主題進行投稿。為瞭解不同主題之各期「主題評論」專區文章數之差異及各期「自由評論」文章數之變化情形，以推估不同主題受關注之情形及各期自由評論之數量是否有增加，本文就 142 期月刊各專區文章篇數進行統計，並就主題評論、自由評論及文章總數繪製折線圖，如圖 11-1。

圖11-1

主題評論、自由評論及文章總數之變化情形

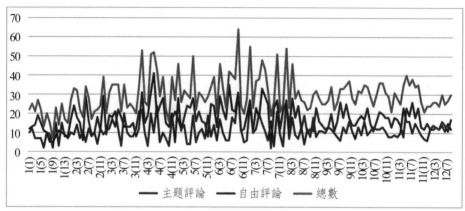

資料來源：研究者自行整理。

　　由圖 11-1 可知，不論是《臺灣教育評論月刊》中最為重要、篇數占比最高的「主題評論」及「自由評論」兩部分，或者是加總了月刊「專論文章」、「交流與回應」及「學術動態報導」三部分的文章總篇數，均呈現不穩定的變化情形。在第 4 卷之前及第 8 卷之後的文章總數相較兩者期間的卷期，文章數有較少的情況。若依筆者的統計，總文章篇數不及 20 篇有 1(6)、1(8)、1(9)、1(11)、1(13)、1(14)、2(5) 及 7(8)，共計 8 期，約占總期數的 5.6%，且多是在月刊草創的第 1 卷居多，故雖然總篇數呈現高高低低的不穩定現象，但第 2 卷後各期之總篇數亦穩定維持在 20 篇以上。文章總篇數最多的為 6(9) 之 64 篇，最少的則為 1(9) 之 7 篇，顯見各期文章總篇數之全距頗大。

　　再就受各期主題規範之「主題評論」專區的文章數觀之，篇數亦呈現不穩定情形。在 142 期中，特別高之期數有 5 期，其卷期（篇數）及主題依序為：6(9)（30 篇）偏鄉教育與師資、2(6)（29 篇）校級教師會的功能、2(11)（29 篇）TSSCI 問題檢討、8(1)（27 篇）產業與教育的關係、7(1)（26 篇）實驗教育如何實驗。篇數明顯較低，不及 5 篇者計有 9 期，其卷期（篇數）及主題為：1(9)（2 篇）弱勢生助學、1(11)（3

篇）大學校務評鑑、3(6)（3 篇）課程委員會的運作、4(3)（3 篇）大學流浪教師、4(10)（3 篇）大學規模與品質、7(9)（3 篇）程式設計入課綱、5(4)（4 篇）優質高中認證、5(5)（4 篇）私校獎補助款改補助學生、8(7)（4 篇）科技大學加設五專部。

由上述分析可知，在「主題評論」方面，文章數最多的是 6(9) 之 30 篇，文章數最少的是 1(9) 之 2 篇，差距頗大。然觀之文章數較多之卷期主題，彼此之間係無明顯關聯；同理，文章數較少之卷期，其主題之間關聯亦不明顯，勉予歸類，或許 1(11)、4(3)、4(10)、5(5) 均與大學有關，然諸多作者為大學教師，應對大學相關事務有感，但此幾期主題的篇數卻較少，頗令人疑惑。但需特別注意的是，1(9) 之弱勢生助學主題，僅有 2 篇主題評論文章，顯示此主題較少獲致關注，更凸顯了大環境對弱勢生的不利。

另由圖 11-1 觀諸「自由評論」文章篇數之變化情形，亦呈現高高低低之情形，文章數在 30 篇以上之卷期及其篇數如下：4(5)（41 篇）、6(6)（35 篇）、7(5)（33 篇）、4(1)（31 篇）、6(9)（31 篇）；文章數不及 5 篇者，其卷期及篇數如下：1(6)（2 篇）、7(8)（2 篇）、2(10)（4 篇）。由此可知，「自由評論」文章數最多者為 4(5) 之 41 篇，文章數最少者則為 1(6) 與 7(8) 之 2 篇，差距頗大。

「專論文章」專區係在 2(11) 刊登的稿約上方才出現，因此在第 3 卷後才開始刊登專論文章。「專論文章」計有 132 篇，登刊數量最多的期別刊登了 4 篇，最少則為 0 篇。

「交流與回應」專區部分，係自第 1 卷第 1 期即已創立，由稿約中可知「交流與回應」係由作者針對過往月刊發表之文章，提出回應、見解或看法。然此部分的文章數在五個專區中最少，僅有 13 篇，顯見較少有作者對過往月刊發表之文章提出回應、見解或看法。

至於「學術動態報導」專區部分，雖遲至 2(11) 刊登的稿約上方才出現，然至今亦僅有 17 篇，顯見較少作者對國內外學術動態進行報導。

肆、作者身分別分析

　　為利瞭解《臺灣教育評論月刊》不同作者身分所占之比率，筆者依作者身分別，將作者分為「大學教師」、「研究人員」、「教育行政人員」、「幼小中教師及校長」、「研究生」及「其他」等六類。大學教師包含未敘明其他身分，僅註明為某大學兼任教師者；研究人員包含政府及民間組織研究人員、於大學工作之博士後研究人員；教育行政人員包含服務於教育部或教育局（處）之人員、教育局聘任（課程）督學；幼小中教師及校長則包含幼稚園、小學、國中、高中之教師及校長，此部分人員亦可能具研究生身分，若其未註記具研究生身分則將其身分歸屬此類，另退休教師則歸為其他類，不在此類；研究生則包含碩士及博士研究生、博士候選人，若其他類身分者具研究生身分，則因其投稿動機多因其受就讀研究所之薰陶或要求所致，故將其身分均歸屬此類；其他類則包含未敘明身分，如僅註明某大學某研究所碩士或博士之人士、其他機構或組織從業人士、未具上述分類身分之退休人士等。另，若同篇文章有一位作者以上，則依不同作者身分別另分別計次。

　　以下茲就整體作者身分別分析及各專區作者身分別分析，說明如下：

一、整體作者身分別分析

　　由表 11-2 及圖 11-2 可知，就整體作者人次而言，「大學教師」所占比率最高（40.4%）、其次為「研究生」（34.6%），再次為「幼、小、中教師及校長」（18.1%），其餘身分別則所占比率不多。由此可見，《臺灣教育評論月刊》的主要作者群為大學教師及研究生，以及學校教師與校長，且「幼、小、中教師及校長」作者當中，可能亦有在讀研究生，只是未敘明此身分，因此「研究生」身分作者的比率可能比 34.6% 更高。具大學教師身分的作者較多，一來可能大學教師本就常著述投稿發表研究發現或個人見解，二來可能因《臺灣教育評論月刊》兼採自行投稿及主編約稿制，因此部分文章可能是當期主編（主要為大學

表11-2

作者身分別統計表

類別	大學教師	研究人員	教育行政人員	幼、小、中教師及校長	研究生	其他	總計
主題評論	1197 (54.1%)	67 (3.0%)	42 (1.9%)	384 (17.4%)	430 (19.4%)	91 (4.1%)	2211 (40.4%)
自由評論	905 (29.9%)	53 (1.8%)	25 (0.8%)	577 (19.1%)	1373 (45.4%)	89 (2.9%)	3022 (55.2)
專論文章	88 (43.8%)	4 (2.0%)	2 (1.0%)	22 (10.9%)	80 (39.8%)	5 (2.5%)	201 (3.7%)
交流與回應	4 (25.0%)	1 (6.3%)	0 (0.0%)	6 (37.5%)	5 (31.3%)	0 (0.0%)	16 (0.3%)
學術動態報導	16 (72.7%)	0 (0.0%)	0 (0.0%)	2 (9.1%)	3 (13.6%)	1 (4.5%)	22 (0.4%)
全部文章	2210 (40.4%)	125 (2.3%)	69 (1.3%)	991 (18.1%)	1891 (34.6%)	186 (3.4%)	5472 (100%)

資料來源：研究者自行分析。

圖11-2

全部文章不同作者身分別占比圓餅圖

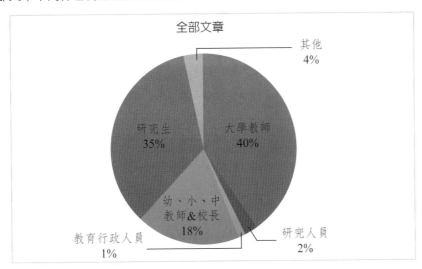

資料來源：研究者自行分析。

教師）邀請熟識之同儕進行撰寫，因此在總體作者人次上，大學教師數最多。

　　作者人次所占比率第二高為「研究生」，此現象可能因為一來就讀研究所受學術之薰陶，二來研究所常將發表文章數列為畢業條件，因此研究生有發表之意願及需求。

　　然就表 11-2 觀之，在總體占比上，「研究人員」及「教育行政人員」所占人次的比率較低，僅為 2.3% 及 1.3%。而研究人員其工作本職在於學術研究工作，且具備豐富的理論知識，自應能就教育政策與實務提出較具深度的論述與見解，然在本刊作者人次中的占比較低，是否為本刊較不吸引「研究人員」投稿，抑或因臺灣的研究單位多屬公務體系，許多「研究人員」因身在公務部門故對於政策評析有所顧忌，此值得進一步探究。「教育行政人員」在本刊的作者人次占比上亦較低，是「教育行政人員」工作忙碌無暇撰稿，或者擔心對教育政策的評析會影響個人升遷，抑或者本身對教育政策及實務缺乏個人看法，還是不願投稿本刊而投稿其他稿物，此亦值得探究。若「教育行政人員」無意願對教育現象、政策或實務發表看法，或謹遵指示辦事無個人意見，則實為臺灣教育之危機，因教育行政人員較少具省思之能力；若為本刊較難吸引「教育行政人員」投稿，則除非「教育行政人員」本非《臺灣教育評論月刊》預設的主要作者群，否則刊物似應就此現象加以思考。

二、各專區作者身分別分析

　　若分就各專區作者身分別所占比率觀之，由表 11-2 及圖 11-3、圖 11-4、圖 11-5、圖 11-6 及圖 11-7 顯示，在「主題評論」、「專論文章」及「學術動態報導」部分，以「大學教師」所占比率最高，此現象應屬合理，一來「主題評論」部分如上文稿約分析時所述，兼採自由投稿及主編約稿，各期主編為免主題評論之文章較少，應多會向同儕約稿，因此「主題評論」部分，大學教師作者人次較多；二來大學教師常帶領研究生或自行進行研究，故較有研究發現可發表於「專論文章」，而大學教師較常關心國內外學術動態，自能為「學術動態報導」部分提供報導。

圖11-3

「主題評論」不同作者身分別占比圓餅圖

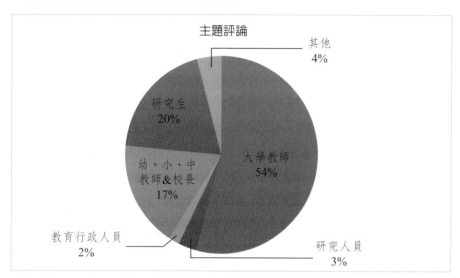

資料來源：研究者自行分析。

圖11-4

「自由評論」不同作者身分別占比圓餅圖

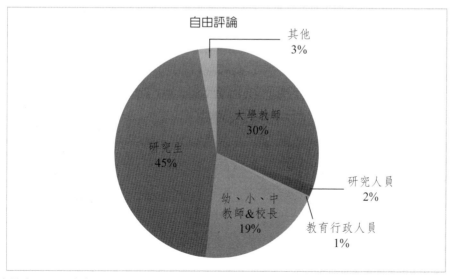

資料來源：研究者自行分析。

圖11-5

「專論文章」不同作者身分別占比圓餅圖

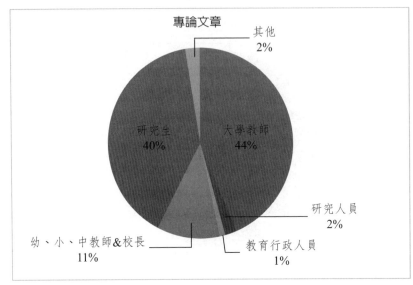

資料來源：研究者自行分析。

圖11-6

「交流與回應」不同作者身分別占比圓餅圖

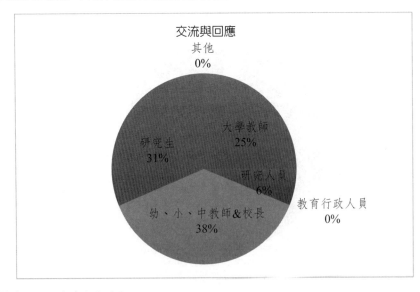

資料來源：研究者自行分析。

圖11-7

「學術動態報導」不同作者身分別占比圓餅圖

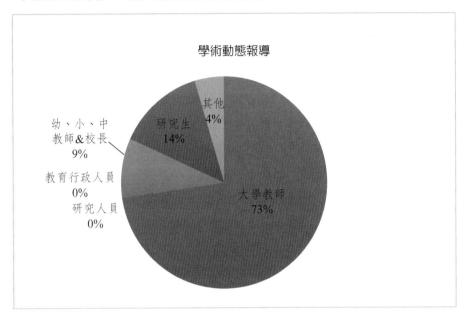

資料來源：研究者自行分析。

　　在「自由評論」專區部分，則「研究生」的占比最高，達 45.4%，高於次高之「大學教師」的 29.9%。此現象可能是《臺灣教育評論月刊》每月發行，因此，研究生不一定針對各期主題撰寫稿件，而是隨時就自己感興趣或接觸到的主題進行撰述，即便不是當期主題亦能隨時投稿，故能有較多研究生參與投稿。此外，亦有可能是因為常有 2 位研究生共同撰寫文章投稿，故在人次上表現出較多。然而，不論原因為何，從研究生身分的占比人數，可知《臺灣教育評論月刊》為不少研究生投稿選項之一。

　　至於「交流與回應」部分，則是「幼、小、中教師及校長」身分別占比最高，但與「研究生」及「大學教師」身分別作者人次相差不遠，且此部分在總數 142 期中，方才出現 13 期計 16 人次，故作者人次 6 次，亦不多。

伍、文章關注對象分析

《臺灣教育評論月刊》旨在評論教育政策與實務，促進教育改革。然而刊物包含五個專區，刊物每期均有主題，然除「主題評論」外每期刊物尚有多篇文章，在總數 142 期、文章總數 4,232 篇中，文章百家爭鳴，主題包羅萬象，若以主題進行分類，恐有數十個，從而意義較小。因此，本文試圖就文章主要關注對象爲何人或何組織？作者們關心的主題涉及了哪些利害關係人（組織）？以此進行分類，藉以看出《臺灣教育評論月刊》作者群，較爲關心的對象爲何？

在文章「關注對象」部分，筆者依文章內容所涉及之對象（人或組織），分爲教育行政機構、學校（又分：幼稚園、小學、國中、普通型高中、技術型高中、大學、科技大學）、師資培育機構、研究及輔導機構、其他等類別。其中教育行政機構如教育部或教育局、處；研究及輔導機構，則如國家教育研究院、國教輔導團等。此部分係依據文章主題及其內容所涉及之對象爲何單位（含單位內之人）來進行分類，因此即便不同文章的主題相同，但歸類上亦有可能不同；另亦有可能文章標題或內容未明確指出其適用對象，但不同對象均適用，則均劃記一次，如某文論及私校董事會，因小學、國中、普通型高中、技術型高中、大學、科技大學均有私校，故在記次上，便會均記一次。故關注對象之總數，將會大於文章總篇數。

以下茲就全部文章關注對象分析及各專區關注對象分析，說明如下：

一、全部文章關注對象分析

由表 11-3 及圖 11-8 可知，從全部文章來看，除「其他」（18.5%）外，國小是最被關注的（17.5%），其次爲國中（13.9%），其餘依序爲：高職（12.6%）、高中（12.5%）、大學（9.8%）、科大（5.9%）、幼兒園（3.6%）、師培機構（3.2%）、教育行政機構（2.2%），研究及輔導機構（0.2%）則是最不受關注的。

表11-3

全部文章關注對象統計表

類別	教育行政機構	幼兒園	國小	國中	高中	高職	大學	科大	師培機構	研究及輔導機構	其他	總計
主題評論	73 (2.5%)	65 (2.2%)	421 (14.5%)	369 (12.7%)	360 (12.4%)	379 (13.1%)	430 (14.8%)	234 (8.1%)	129 (4.4%)	8 (0.3%)	433 (14.9%)	2901 (42.8%)
自由評論	76 (2.1%)	175 (4.8%)	713 (19.7%)	540 (14.9%)	457 (12.6%)	447 (12.3%)	211 (5.8%)	148 (4.1%)	80 (2.2%)	4 (0.1%)	775 (21.4%)	3626 (53.6%)
專論文章	3 (1.5%)	4 (2.0%)	45 (22.2%)	28 (13.8%)	26 (12.8%)	21 (10.3%)	22 (10.8%)	17 (8.4%)	4 (2.0%)	0 (0.0%)	33 (16.3%)	203 (3.0%)
交流與回應	0 (0.0%)	1 (4.5%)	4 (18.2%)	4 (18.2%)	3 (13.6%)	3 (13.6%)	0 (0.0%)	0 (0.0%)	2 (9.1%)	0 (0.0%)	5 (22.7%)	22 (0.3%)
學術動態報導	0 (0.0%)	1 (5.3%)	4 (21.1%)	2 (10.5%)	1 (5.3%)	2 (10.5%)	1 (5.3%)	1 (5.3%)	2 (10.5%)	0 (0.0%)	5 (26.3%)	19 (0.3%)
全部文章	152 (2.2%)	246 (3.6%)	1187 (17.5%)	943 (13.9%)	847 (12.5%)	852 (12.6%)	664 (9.8%)	400 (5.9%)	217 (3.2%)	12 (0.2%)	1251 (18.5%)	6771 (100%)

資料來源：研究者自行分析。

圖11-8

全部文章關注對象占比圓餅圖

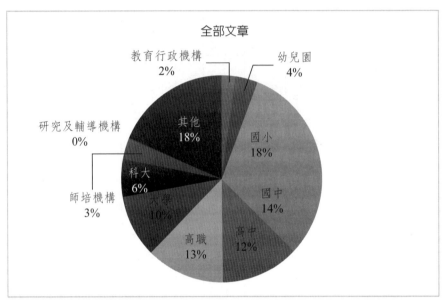

資料來源：研究者自行分析。

「其他」類居最高，此仍因許多文章為某理論或方法之介紹，未能從文中明確看出作者認為其適用的對象為何者，甚或有些文章僅是作者出國、演講、參加活動或研習之心得，凡此等文章皆無法歸類作者關心之對象，或該文涉及之利害關係人或組織為何，因此皆歸為「其他」類。而由於「其他」類之文章較多，在審稿或稿約上是否要有所約束，以免刊物之宗旨：促進教育改革，不易達成，因為不知是要給何者建議、什麼建議，沒有對象自不知何人（組織、單位）應改善或改革、如何改善或改革。

扣除「其他」類外，最多文章涉及「國小」部分，不論是對國小教師、國小學生、國小校長、國小課程、國小教學、國小組織、國小親師溝通、……。國小在此場域最為被關注，可能與許多大學教師作者具有國小任教經驗或國小師資培育背景有關，又可能與多位研究生作者任教

於國小有關，因此諸多作者較關注國小此場域的事物，進而提出見解或分享經驗。

占比在國小之後者為國中，其理由應與國小相似，皆與大學教師作者及研究生作者之服務或任教經驗有關。

高中、職之占比相似，可見兩者常相提並論，作者們常以「高中職」視之。在科大方面，有時因其與大學同屬高等教育階段，故被同時關注，然從其所占比率較低，並低於大學，亦可見科大在被關注度上不若大學，且是較被忽略的。然而，因少子化所帶來的大學存亡危機中，科技大學的衝擊更甚於一般大學，但由分析中可見其較少獲致諸多教育評論者的關注，此體弱又乏人關注的情形，不啻也是科技大學與技職教育的另類危機。

另外，幼兒園相較於其他階段教育機構，關注度較低，亦即作者們較少對幼稚教育或幼兒園相關事宜為文，顯示幼稚教育階段是最為弱勢的教育階段，或許《臺灣教育評論月刊》應對幼稚教育多設主題，以吸引更多作者關注此教育階段。

在「師資培育機構」及「教育行政機構」方面，關注度亦僅有 3.2%及 2.2%，在總體占比中屬低者。由此可見，有關師資培育部分較少文章提及，師資培育機構亦無法因此而獲致一些建議；在「教育行政機構」方面，除了一些法規涉及教育行政機構之外，有關教育行政機構的組織結構、組織文化、計畫、決策、考核（評鑑）、變革與發展……，較少有作者提及，此對我國中央及地方教育行政組織的發展，較難能起集思廣益之效。

此外，在「研究及輔導機構」方面，則是最乏人問津的，顯示較少有作者為文論及教育研究機構及教育輔導機構。教育相關研究機構，扮演教育智庫的角色，其為教育行政機構提供決策之參考，亦常為教育行政機構進行政策規劃與成效檢視，並對教育政策與現象，進行實徵性之研究，實具前瞻、輔佐與建言之功能。然由本研究分析發現，在《臺灣教育評論月刊》諸多文章中，作者較少將心思放在教育研究機構上；教育輔導機構，如中央及各縣市國教輔導團，近年來十分積極協助各項

教育政策的推動，諸如：教師專業成長、課程與教學革新、九年一貫及十二年國教課程總綱及領綱的推動……，然在《臺灣教育評論月刊》中，諸作者們似乎忘了它的存在，連對其評論、期許或建言皆少見，因此「研究及輔導機構」僅獲致 0.2% 的關注度。

二、各專區關注對象分析

由表 11-3 及圖 11-9、圖 11-10、圖 11-11、圖 11-12、圖 11-13 發現，在不同專區關注對象的排序所有不同。若對照圖 11-3、圖 11-4、圖 11-5、圖 11-6、圖 11-7，則可發現關注對象與作者背景有關。在「主題評論」專區，因作者中大學教師占比較高，故大學獲得最多關注；而在「自由評論」專區，因研究生作者占比最高，而研究生作者多為任教於中學或國小之在職生，故其文章內容與十二年國民基本教育各階段有關，故國小、國中、高中、高職的關注占比較高。

另在「主題評論」文章中，有關師培機構、幼兒園、教育行政機構、研究與輔導機構較少，可能「主題評論」專區個別與此等機構有關之主題相對較少有所關聯。

而「專論文章」專區關注對象占比排序與「主題評論」專區相似，此可能與此專區作者多為大學教師及研究生亦有所關聯。「專論文章」部分不限題目，凡與教育相關之量化及質性實徵研究、理論論述之文章，內容具評論見解與建議者均可投稿，而實徵研究多需有場域，不論是大學教師、研究生或大學教師與研究生共同撰文，其研究場域多為教育現場，諸如國小、國中、高中或高職，因此，此等場域自然獲得較多關注。

此外，在「交流與回應」及「學術動態報導」中，雖然文章數量不多，但在關注對象上則皆以「其他」占比較其他分類關注對象高出許多。顯示，「交流與回應」及「學術動態報導」兩專區的文章，其關注對象有諸多不在本文的分類中，或其關注對象不明顯，分類較為困難，因此分為「其他」類。

圖11-9

主題評論專區關注對象占比圓餅圖

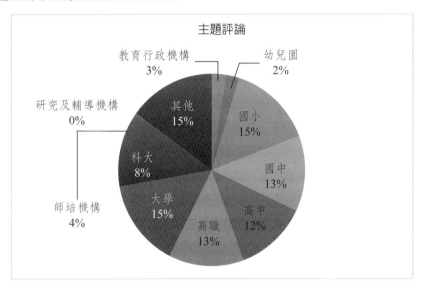

資料來源：研究者自行分析。

圖11-10

自由評論專區關注對象占比圓餅圖

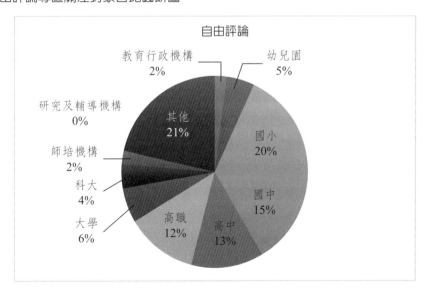

資料來源：研究者自行分析。

圖11-11

專論文章專區關注對象占比圓餅圖

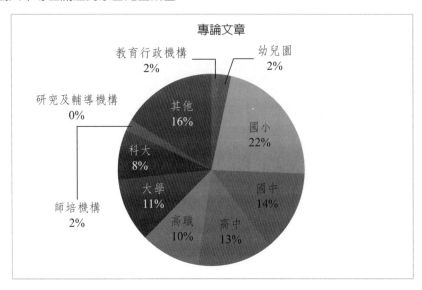

資料來源：研究者自行分析。

圖11-12

交流與回應專區關注對象占比圓餅圖

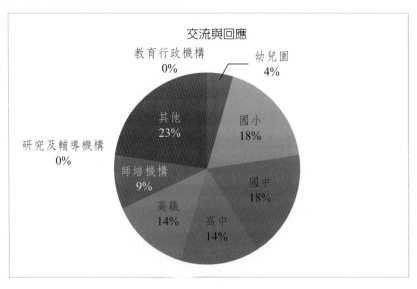

資料來源：研究者自行分析。

圖11-13

學術動態報導專區關注對象占比圓餅圖

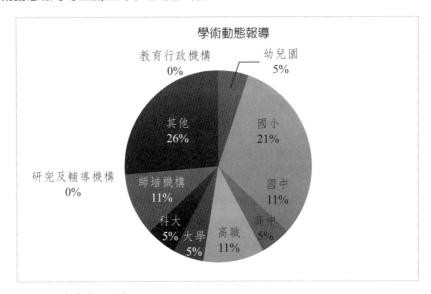

資料來源：研究者自行分析。

陸、結語

　　本研究旨在就《臺灣教育評論月刊》之發行編輯及內容進行分析，並從稿約、各專區文章數變化、作者身分別，以及文章關注對象等四個向度進行分析。

　　研究結果發現，《臺灣教育評論月刊》稿約歷經 13 次修訂，其內容最後確定分成「評論文章」（主題評論、自由評論）、「專論」、「交流與回應」及「學術動態報導」四專區，內含五個部分，文章長度則有長、短文之分，一般文長先是 500 至 3,000 字，後改為 500 至 2,000 字，不久又改回 500 至 3,000 字，最後改為 1,000 至 3,000 字；長文文長則由 6,000 字改為 4,500 字。至於作者文章篇數部分，則限制同一專區僅得有 1 篇文章，全數專區至多 2 篇文章。投稿費用部分，則由最初

全免費，後改爲「專論文章」需收費，其後再改爲除約稿外，自行投稿之各專區文章均需收取投稿費用。

在文章數方面，文章總篇數及「專論文章」、「交流與回應」、「學術動態報導」三部分的文章總篇數，均呈現不穩定的變化情形。在作者身分別上，大學教師及研究生爲最主要作者，在各專區上，「主題評論」、「專論文章」及「學術動態報導」的最主要作者爲大學教師；「自由評論」的最主要作者則爲研究生。

在文章關注對象方面，除「其他」，國小是最被關注的，其次爲國中，其餘依序爲：高職、高中、大學、科大、幼兒園、師培機構、教育行政機構，研究及輔導機構則最不受關注。在不同專區文章中，「主題評論」專區，大學獲得最多關注；在「自由評論」專區，國小、國中、高中、高職的關注占比較高；「專論文章」關注對象占比排序與「主題評論」專區相似；在「交流與回應」及「學術動態報導」中，雖然文章數量不多，但在關注對象上則皆以「其他」占比較其他分類關注對象高出許多。

由上述研究結果來看，《臺灣教育評論月刊》的稿約歷經多次修訂後，不論刊物宗旨、專區分類、文長限制及收費規定，已相當完整。然若就各專區文章數來看，「專論文章」、「交流與回應」及「學術動態報導」的文章明顯偏少，若此三部分亦爲刊物之重要部分，則可能要思考如何提升文章數量，如由專人蒐集外交部或各領事館報導之各國教育動態。各期文章總數、各期專題文章數差異頗大，在各期主題訂定及文章內容品質控管上，或可多著力。

此外，各專區作者身分與文章關注對象有關，且作者群以大學教師及研究生爲主。研究及輔導機構、教育行政機構、師培機構、幼兒園爲最不受關注之對象，因此，如何促進教育行政人員、公私立研究人員、中央及地方輔導團團員、幼教學者及從業人員自由投稿，或邀約其投稿，以擴大不同身分別人士之參與度及增進各對象之關注度，或許亦爲《臺灣教育評論月刊》未來可參考之方向。

經由本文之分析，可知《臺灣教育評論月刊》發行至今已近 12 年，

出刊 142 期，刊登文章總篇數達 4,232 篇，並多年連續獲得「國家圖書館」評定，榮獲「臺灣學術資源影響力——期刊資源貢獻獎」。在臺灣學術界一片追逐「I 級熱」的情形下，《臺灣教育評論月刊》不盲目追隨，一直以「評論教育政策與實務，促進教育改革。」作為刊物之宗旨，進而吸引了諸多作者進行投稿，也確實發揮其影響力。在每期的文章上，除依設定主題之「主題評論」外，亦歡迎「自由評論」之文章，兼收多面向評論之效。此外，刊物更設立「專論文章」、「交流與回應」及「學術動態報導」專區，以期有更深度的專題論述、讀者就先前刊登文章予以回應與回饋，以及介紹國內外重要的學術動向，在文章的分類上頗具特色。此一份深具影響力、忠於設立宗旨、擁有廣大作者群及讀者群之刊物，若能參酌本文之分析發現與建議，相信定將持續振聾發聵，扮演臺灣教育之中流砥柱。

參考文獻

林仁傑、陳伊琳（2005）。英語系國家唯一 SSCI 教育哲學期刊——《教育哲學期刊》近五年（2000-2004）論文內容分析。**教育資料與研究，66**，129-144。

楊諮燕、巫博瀚與陳學志（2013）。臺灣心理與測驗領域六十年之回顧與展望：《測驗年刊》與《測驗學刊》內容分析。**測驗學刊，60**(1)，11-42。

葉寶玲、陳秉華、陳盈君與蔡毅樺（2010）。《教育心理學報》四十年（1967-2007）之內容分析。**教育心理學報，41**，685-702。

陳繁興、郭福豫與邱麗蓉（2014）。《教育政策論壇》15 年（1998-2012）之內容分析。**教育政策論壇，17**(1)，1-39。

黃柏叡（2012）。我國比較教育研究的內容與發展——《比較教育》期刊之分析。**比較教育，72**，1-24。

第十二章

教育評論議題之分析：以《臺灣教育評論月刊》7-11卷的自由評論為例

謝金枝

澳門大學教育學院助理教授

壹、前言

　　《臺灣教育評論月刊》是臺灣第一份以教育評論為核心的期刊（黃政傑，2019）。第 1 期於 2011 年 11 月出刊，目前已出版至第 12 卷第 11 期，以月刊的形式出刊已近 12 年的時間。評論文章是《臺灣教育評論月刊》的核心，包括主題評論和自由評論（黃政傑，2019）。其中的主題評論是由作者就當期的主題論述，自由評論則是由作者自行決定主題進行評論（黃政傑，2019）。

　　《臺灣教育評論月刊》每期都刊登自由評論文章近 15-20 篇，從創刊至今已約 2,000 篇。由於自由評論的主題由作者自行選擇，作者選擇的主題往往代表其關心的議題，在這麼多的自由評論主題中，是否有特定的關注趨勢？是哪些學科與領域？哪些融入議題？哪些教育階段？這一部分值得分析。

　　後設分析（meta-analysis）是「針對大量的個別研究結果所進行的統計分析，目的是為了統整研究發現」（Glass, 1976, p. 3），也就是「把已有的研究當成資料，從中提取趨勢與原則，以建構有關主題的新知識與新理解」（Noah, 2017, p. 196）。後設分析可以針對主要的研究發現進行質性的總結，也可以進行量化的分析，或者評估兩個變項之間的關係或兩種不同觀點的理論檢測（Hansen et al., 2022）。後設分析的方法越來越受研究者的歡迎（Glass, 1976），尤其近 50 年來，發表的研究論文的數量幾乎以指數速度增長（Noah, 2017），有必要統整研究結果以發現新意義。

　　然而，同樣主題的研究論文相當多，很難把所有的論文都納入後設分析，必須有所選擇，依據分析目的及適當且能力可及的資料範圍來決定（Hansen et al., 2022）。筆者認為《臺灣教育評論月刊》中的自由評論主題相當多元，篇數也非常多，值得進行後設分析，以瞭解作者（研究人員及實務工作者）關注的議題，並找出其趨勢，提供建言。但因為自由評論的文章篇數近 2,000 篇，若是全部納入分析，可能不切實際。有鑑於自由評論作者在選擇主題時可能受到當時新的教育政策影

響，尤其是 108 課綱的推出（國家教育研究院課程及教學中心，2020）及雙語國家政策（國家發展委員會，2018；國家發展委員會、教育部，2022），以及 2018 年至 2022 年間教育部制定的各種政策（教育部，2018、2021a、2021b、2021c、2021d、2021e、2022、無日期 a、無日期 b；教育部、外交部、僑務委員會，2022；教育部原住民族委員會，2020），包括美感教育、數位平權、中小學數位學習、高齡教育、終身學習、海洋教育、智慧學習、高教深耕、防災校園、華語教育及原住民族教育等。筆者認為這些政策可能會影響自由評論主題的選擇，因此，將分析的範圍設定在 2018 年與 2022 年間（第 7-11 卷），以各篇自由評論的「標題」為分析單位。首先透過網路工具「Trend Code」的「詞雲圖生成工具」（https://tendcode.com/tool/word-cloud/）分析各卷標題而產生詞雲圖及頻率，瞭解關鍵詞出現的趨勢；再由筆者分析標題，依學科領域、議題融入與教育階段予以歸類。考慮年度的完整性，本文僅分析 2018、2019、2020、2021、2022 年所出版的自由評論，未納入 2023 年的文章，因為它還在持續出版中，年度出版尚未完結。

貳、分析方法與步驟

本文應用後設分析對《臺灣教育評論月刊》第 7-11 卷的每一期的自由評論篇名進行分析，主要以「卷」為單位。分析方法與步驟說明如下：

一、分析方法

分析方法分兩種。第一種是「詞雲圖分析」，運用網路工具「Trend Code」的「詞雲圖生成工具」（https://tendcode.com/tool/word-cloud/）分析各卷各篇自由評論的標題而產生詞雲圖，瞭解所出現關鍵詞的頻率。第二種是由筆者以每篇自由評論的「標題」為分析單位，以「學科／領域」、「議題融入」及「教育階段」為歸類依據。「學科／

領域」是依據教育部（2014）發布及教育部（2021a）修正的《十二年國民基本教育課程綱要總綱》中的「課程類型與領域／科目」來劃分，包括語文、自然科學、社會、藝術、綜合活動、科技、數學、健康與體育、生活課程、全民國防教育及議題融入共十一大類。其中語文又分五次類，包括本土語文、臺灣手語、新住民語文、英語及第二外語、國語文等；議題融入則分為十九次類，包括：1.性別平等、2.人權、3.環境、4.海洋、5.科技、6.能源、7.家庭、8.原住民族、9.品德、10.生命、11.法治、12.資訊、13.安全、14.防災、15.生涯規劃、16.多元文化、17.閱讀素養、18.戶外及19.國際教育等。教育階段分為：1.學前、2.國小、3.國中、4.高中、5.技術型高中（高職）、6.高教及7.特教等。分析架構如表12-1。其中的「議題融入」因為有十九項，分析時會填代號1-19，教育階段分七次類，會以1-7代表，其他類別直接以檢核方式在該類打「✓」，否則留空，最後再統計次數。

表12-1

本研究的分析架構

類別	學科／領域													議題融入	教育階段
	語文					自然科學	社會	藝術	綜合活動	科技	數學	健康與體育	生活課程	全民國防教育		
	本土語文	臺灣手語	新住民語文	英語及第二外語	國語文											
歸類																

二、分析步驟

　　詞雲分析前，筆者先從《臺灣教育評論月刊》的官網上將第7-11卷的自由評論篇名分卷分期下載整理在EXCEL表中，再將各卷所有標

題複製到網上工具的文本區，然後生成「詞雲圖」，並將出現頻率在 7 次以上的關鍵詞整理成表。類別分析則是筆者先依據各篇論文的標題參考分析架構類別寫出一到兩個關鍵詞，例如：第 11 卷第 10 期有一篇文章標題為〈國小教師實施生命教育之現況與困難探討〉，筆者標注「國小」及「生命教育」兩個關鍵詞，然後分別在「教育階段」的「國小」類別及「議題融入」的「生命教育」中記一次。若無法直接從標題找出類別則快速瀏覽全文，再依分析架構歸類。例如：第 11 卷第 8 期有一篇〈跨年級教學革新下的專業學習社群特色〉，從標題無法確認教育階段與學科及融入議題，在查對內文後發現其談論的是「國小」階段，因此標注關鍵詞為「國小」，然後在教育階段的「國小」記一次。對於不屬於分析架構中的類別，則不加以歸類。同樣的，若能分出學科或領域的則直接標示，跨學科則所跨學科皆計次；若標題及內文提及「中小學」，在教育階段則同時記入高中、國中及國小；若是十二年國教及 108 課綱，則視其為國小、國中、高中及高職。若無法依分析架構來歸類的，則忽略不記。

參、分析結果與討論

一、詞雲分析

（一）第7卷之分析

圖 12-1 是根據第 7 卷共 12 期 271 篇自由評論的標題所導出的詞雲圖。其中字或詞的大小代表出現頻率。有些字或詞雖然出現頻率高，但並無特別意義。例如：「與」在圖 12-1 中出現頻率最高，代表標題中經常出現「與」字，但沒有實質上的意義，筆者將它排除不列入分析。此外，網路工具的詞雲圖中可顯示各詞的頻率，但無法在本文的詞雲圖中呈現，因此，筆者將頻率 7（次）以上的詞，由高而低列表補充，以顯示其重要性，如表 12-2。

圖12-1

第7卷自由評論標題詞雲圖

資料來源：網上工具形成（https://tendcode.com/tool/word-cloud/）。

表12-2

第7卷自由評論主題之詞雲頻率

關鍵詞排序	1教育	2課程	3教學	4教師	5策略	6學習
頻率（次）	71	36	36	33	24	21
關鍵詞排序	7生命	8幼兒園	9專業	10活動	11融入	12高中
頻率（次）	18	18	16	15	15	13
關鍵詞排序	13十二年	14問題	15國教	16素養	17學校	18困境
頻率（次）	13	13	12	12	12	12
關鍵詞排序	19評鑑	20模式	21校長	22輔導	23大學	24國小
頻率（次）	11	10	10	10	9	8
關鍵詞排序	25培育	26領導	27因應	28課綱	29領域	30情緒
頻率（次）	8	8	8	7	7	7

資料來源：彙整自網上分析結果（https://tendcode.com/tool/word-cloud/）。

　　第 7 卷的自由評論介於 2018 年 1-12 月間。根據圖 12-1 與表 12-2 顯示，「教育」是出現頻率最高的關鍵詞，筆者推論，可能是因為此刊物為「教育評論」月刊，基本上自由評論的作者在選題時會以「教育」為主要範圍。此外，教育中的主要元素包括課程（內容）、教師（與教學）、學習者（與學習）及環境（校園）（Schwab, 1983），其中前三個元素在第 7 卷中的頻率都比較高（排序前六），環境的營造（學校、校長、領導及模式）也有許多探討，顯示四個元素都受到一定的關注。

　　由於十二年國教課綱（簡稱 108 課綱）於 2019 年實施，2018 年是前置作業時期，許多相關議題都受到關注。表 12-2 中與十二年國教相關的關鍵詞包括「融入」（15 次）、「十二年」（13 次）、「國教」（12 次）、「素養」（12 次）、「課綱」（7 次）及「領域」（7 次），若加起來達 66 次，頻率頗高。顯示政策確實影響作者的選題，尤其是十二年國教影響學校教育的範圍廣泛，更受重視。

（二）第8卷之分析

　　圖 12-2 是根據第 8 卷共 12 期 212 篇自由評論的標題所導出的詞雲圖。表 12-3 是詞雲頻率（次），依高低排序。

圖12-2

第8卷自由評論標題詞雲圖

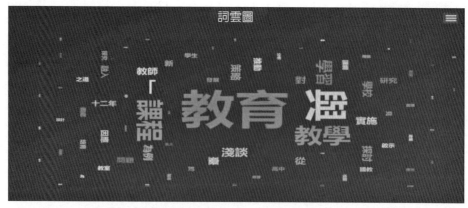

資料來源：網上工具形成（https://tendcode.com/tool/word-cloud/）。

表12-3

第8卷自由評論主題之詞雲頻率

關鍵詞排序	1教育	2教學	3課程	4策略	5教師	6學校
頻率（次）	66	36	35	15	14	14
關鍵詞排序	7十二年國教	8融入	9新	10問題	11因應	12推動
頻率（次）	12	12	12	12	12	11
關鍵詞排序	13國教	14課綱	15學生	16教室	17偏鄉	18培育
頻率（次）	9	9	8	8	8	8
關鍵詞排序	19高中	20閱讀	21困境	n/a	n/a	n/a
頻率（次）	8	7	7	n/a	n/a	n/a

資料來源：彙整自網上分析結果（https://tendcode.com/tool/word-cloud/）。
註：n/a不適用。

　　由圖 12-2 及表 12-3 發現，「教育」仍是此卷自由評論的主要範圍。Schwab（1983）主張的四個要素〔課程（內容）、教師（與教學）、學習者（與學習）及環境（校園）〕皆受到關注，只是與前期相比，「學生」受關注的程度較不是那麼凸顯。倒是有關十二年國教的推動仍受到重視，代表性的關鍵詞如「十二年國教」（12 次）、「新」（12 次）、「國教」（9 次）、「課綱」（9 次）出現的總頻率仍有 42 次。此可能與十二年國教從當年（2019）開始實施有關，意味著教育人員都處於探討、適應及實踐新課程的階段。

（三）第9卷之分析

　　圖 12-3 是根據第 9 卷共 12 期 200 篇自由評論的標題所形成的詞雲圖。表 12-4 是詞雲頻率（次），依高低排序。

圖12-3

第9卷自由評論標題詞雲圖

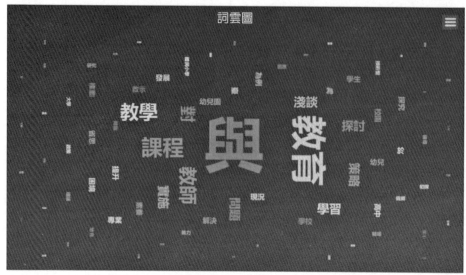

資料來源：網上工具形成（https://tendcode.com/tool/word-cloud/）。

表12-4

第9卷自由評論主題之詞雲頻率

關鍵詞排序	1教育	2課程	3教師	4教學	5策略	6實施
頻率（次）	42	26	25	24	16	16
關鍵詞排序	7學習	8問題	9幼兒園	10素養	11解決	12困境
頻率（次）	15	14	11	11	10	10
關鍵詞排序	13校園	14高中	15幼兒	16專業	17學生	18偏鄉
頻率（次）	10	10	10	9	9	8
關鍵詞排序	19閱讀	20大學	21政策	22輔導	23能力	n/a
頻率（次）	8	7	7	7	7	n/a

資料來源：彙整自網上分析結果（https://tendcode.com/tool/word-cloud/）。

註：n/a不適用。

　　由圖12-3與表12-4發現，「教育」仍是評論的主要範圍，課程（內容）、教師（與教學）、學習者（與學習）及環境（校園）的評論符合Schwab（1983）的四個重要元素。值得注意的是，此卷（2020年）對十二年國教的探討，更聚焦在「素養」概念，不像前兩期出現較多其他關鍵詞。第9卷中的「實施」頻率排序趨前，這是第7、8卷所沒有的。依筆者的推測，可能因2020年已是十二年國教實施了一年，開始關注實施中遇到的問題。

（四）第10卷之分析

　　圖12-4是根據第10卷共12期207篇自由評論的標題所形成的詞雲圖。表12-5是詞雲頻率（次），依高低排序。

圖12-4

第10卷自由評論標題詞雲圖

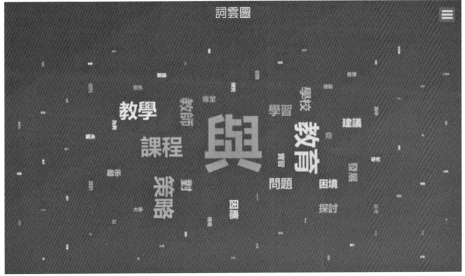

資料來源：網上工具形成（https://tendcode.com/tool/word-cloud/）。

表12-5

第10卷自由評論主題之詞雲頻率

關鍵詞排序	1教育	2課程	3策略	4教學	5教師	6問題
頻率（次）	42	35	34	33	26	22
關鍵詞排序	7學習	8學校	9困境	10因應	11專業	12實習
頻率（次）	21	18	18	16	15	15
關鍵詞排序	13大學	14高中	15解決	16幼兒	17設計	18疫情
頻率（次）	11	10	8	8	8	8

資料來源：彙整自網上分析結果（https://tendcode.com/tool/word-cloud/）。

由圖 12-4 與表 12-5 發現，若與前三卷相比較，「教育」同樣是第 10 卷（2021 年）自由評論的主要範圍，而且 Schwab（1983）的四個課程元素仍是此卷關注的焦點。比較特別的是，此卷中並沒有明顯出現與十二年國教有關的關鍵詞，是否意味著新政策推動的前一年及推動後的二至三年是大家關注的熱情期？此外，本期的「疫情」一詞頻率達到 8，較前三期凸顯。可能是因為臺灣在三年疫情期間，發生 2 次較大規模的感染（陳潔，2023），其中第一次發生在 2021 年的 5 月到 7 月底，約增加了一萬四千個本土案例（陳潔，2023），使得大家關注疫情對教育的影響，因此 2021 年的第 10 卷凸顯了此議題。可見自由評論的選題，受到政策與社會變動影響。

（五）第11卷之分析

圖 12-5 是根據第 11 卷共 12 期 205 篇自由評論的標題所形成的詞雲圖。表 12-6 是詞雲頻率（次），依高低排序。

圖12-5

第11卷自由評論標題詞雲圖

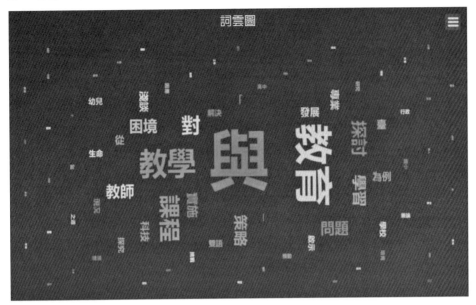

資料來源：網上工具形成（https://tendcode.com/tool/word-cloud/）。

表12-6

第11卷自由評論主題之詞雲頻率

關鍵詞排序	1教育	2教學	3課程	4困境	5學習	6問題
頻率（次）	50	38	28	21	20	20
關鍵詞排序	7策略	8教師	9專業	10科技	11學校	12解決
頻率（次）	18	18	18	14	12	12
關鍵詞排序	13雙語	14生命	15幼兒	16培育	17高中	18國小
頻率（次）	11	10	10	8	8	8
關鍵詞排序	19行政	20推動	n/a	n/a	n/a	n/a
頻率（次）	11	10	n/a	n/a	n/a	n/a

資料來源：彙整自網上分析結果（https://tendcode.com/tool/word-cloud/）。

註：n/a不適用。

　　由圖 12-5 與表 12-6 發現，「教育」仍是第 11 卷（2022 年）主要的評論範圍，而課程、教學、教師、學生、學習及學校也都是焦點，只是先後順序有些變動。與前四期比較，「科技」及「雙語」在此卷較為凸顯（次數 >7）。筆者推測「雙語」議題的關注是受到國家發展委員會與教育部（2022）所提出的「前瞻基礎建設計畫——人才培育促進就業建設：2030 雙語政策（110 至 113 年）計畫」的影響；而「科技」可能受到科技相關政策的促發，包括 2020 年開始的「邁向數位平權推動計畫」、2021 年的「推動中小學數位學習精進方案」及 2022 年的「強化智慧學習暨教學計畫」（教育部，2021b、2022a、無日期 a），也可能是因為疫情期間，更多線上教學而引發眾人對科技議題的討論。

（六）綜合分析

　　從第 7-11 卷的標題所產生的詞雲圖來看，即使自由評論的主題是由作者自行選擇，但是仍可觀察到這五卷共 1,095 篇文章的標題有其共同的關注。首先各卷都是以「教育」為主要的評論範圍，而 Schwab（1983）所提出的四個共同元素：課程（內容）、教師（與教學）、學習者（與學習）、及環境（校園）也是各卷自由評論的焦點，頻率排序偏前。也許是因為自由評論者多數是教育工作者，認同這些要素是教育推動成功的主要因子，即使社會變動或推出新政策，教育工作者仍持續關注這些屬於教育「基礎」的議題。此外，筆者也發現各卷的另一個共通之處，亦即每一卷中較突出的關鍵詞，包括「策略」、「問題」、「困境」、「因應」及「解決」。筆者認為可能與月刊的「評論」性質有關。教育評論通常需要指出問題或困境，然後提出因應或解決策略，因此，各卷的自由評論標題都出現這些關鍵詞，只是順位有些微變動。這兩點可視為是月刊自由評論主題較穩定的特點。

　　然而，從分析中也發現，作者關注的議題會受到社會變動及新教育政策推動的影響，特別是政策推動的前一年及實施的頭兩年。例如：2021 年（第 10 卷）受到臺灣的第一次大規模疫情爆發的影響（陳潔，

2023），「疫情」成為此卷較為凸顯的關鍵詞。而受到 2019 年十二年國教推動的影響，筆者發現從 2018 年（第 7 卷）到 2020 年（第 9 卷）間，十二年國教的相關議題（關鍵詞）較為凸顯，但以實施的前一年（第 7 卷，2018）最熱門，2019 年實施的那一年也有許多相關的自由評論主題。但到了 2020 年，只有「素養」（11 次）較凸顯，不如前兩卷熱門。筆者認為新政策推動的前一年及實施的頭兩年是準備及落實新政策的階段，容易引起教育工作者的關注，所以會出現較多相關主題的評論。「科技」與「雙語」在第 11 卷（2022 年）較前四卷突出，筆者認為也是受到相關政策推動的影響。

　　筆者也觀察到自由評論的主題，似乎都能對應到相關的政策。除了前面提到的科技、雙語及十二年國教政策之外，在 2018 年第 7 卷的〈高齡學習課程之探討——以臺中市樂齡學習中心為例〉、〈福祉教育——少子高齡社會亟需關注之教育作為〉、〈高齡者運動參與打造活躍老化的銀髮年代〉及第 8 卷（2019 年）的〈學校教導學生認知高齡化社會議題的探討〉、第 9 卷（2020 年）的〈從「銀髮藝術師資培訓」出發看見更美好的臺灣高齡社會〉及〈善用 e 化學習——高齡者終身學習的利器〉，皆與「高齡教育中程發展計畫」（教育部，2017）有關。與「原住民族教育發展計畫（110 年至 114 年）」（教育部原住民族委員會，2020）有關的主題也跨越了五個年度（2018 年到 2022 年），包括第 7 卷的〈發展學校本位特色課程：以一所原鄉學校為例〉、〈淺談學校型態實驗教育原住民大學設立之問題〉、〈我國當前教育資料庫建立之發展趨勢——以原住民族教育資料庫為例〉、〈談都市原住民幼兒教育——一個幼兒園教師的觀點〉、〈臺灣原住民族語言復振之實施——以春天國小幼兒園沉浸式族語教學為例〉、第 8 卷的〈夕陽下的都市原住民文化〉、第 9 卷的〈原住民文化課程在偏鄉技術型高中的實施困境與出路〉、第 10 卷的〈我國大學原住民專班設立現況與展望〉、第 11 卷的〈偏遠地區國小與原住民重點學校教師留任意涵與理論基礎分析〉、〈國小原住民師資對於國小「生生用平板政策」教學觀點之論析〉、〈原住民大專學生休退學現況以大數據分析之必要

性〉、〈臺灣《原住民族語言發展法》與加拿大《原住民族語言法》之比較〉。2021 年第 10 卷的〈「臺灣研究計畫」在新南向國家推動現況與省思〉也對應「教育部新南向人才培育推動計畫（106-109）」（教育部，2016），但此主題的評論文章顯得較少。第 8 卷的〈澎湖縣國民中小學海洋環境教育之探究〉及第 11 卷的〈戶外教育與海洋教育整合發展的省思與作法〉則與「111-115 年海洋教育執行計畫」（教育部，2021e）有關。

二、領域分析

　　表 12-7 是依據十二年國教的領域／科目課程綱要所訂類別的分析結果，以次數呈現。由表 12-7 可發現，在所分析的五卷自由評論篇數上，第 7 卷的篇數最多，有 271 篇，其他第 8-11 卷的自由評論篇數較接近，介於 200-212 篇之間。五卷的總篇數達 1,095 篇。從各領域的次數分布來看，在 1,095 篇論文中，「臺灣手語」的探討篇數是 0。但「臺灣手語」已列入十二年國教課綱（教育部，2021a），涉及師資、課程、教學及學習等議題，有其重要性，可是在評論中似乎未受到教育工作者的關注。筆者推測，可能因為多數教育工作者不懂手語，較難針對這方面進行相關的評論。或許《教育評論月刊》可以考慮把某一期的主題評論訂為「臺灣手語」，讓此領域的教育人員也有機會提出評論意見。而「全民國防」是高中的部訂課程，但也缺乏相關的探討與評論（出現 0 次），是何因素使然，有待進一步瞭解。再者，社會領域的探討也只有 1 篇，確實偏少，有必要鼓勵教育工作者多針對社會領域進行評論，畢竟它是中小學的一個學習領域。

　　若從統計之次數來看，英語及第二外語的討論次數最多（37次），顯示教育工作者最關注此主題。有可能與雙語政策的推動有關，涉及以英語為教學語言、雙語師資的培育及以英語教授其他領域與學科的問題（國家發展委員會，2018；國家發展委員會、教育部，2022）。「藝術」領域的相關評論文章次數也不少（27 次），就筆者

的推論，應該與「教育部美感教育中長程計畫第二期五年計畫（108-112年）：美感即生活從幼扎根、跨域創新、國際連結」政策（教育部，2018）有關。也可能是藝術本身較容易與其他領域或學科統整，或是其學習較不受年齡限制，評論角度較廣。此結果相較於其他學科確實也有些出乎筆者的預期，因為藝術非主科，也非基測、學測科目，但卻受到自由評論者的關注，似乎意謂著大家對主科、副科的觀點有些改變，當然這樣的改變也是值得欣喜的。數學及健康與體育受到關注的程度也頗高，一方面數學是主科，而健康與體育因為眾人觀念的改變，似乎越來越重視運動及健康，所以在這方面的關注也較高。

表12-7

領域／學科的分析結果

| 卷 | 篇數 | 語文 | | | | | 自然科學 | 社會 | 藝術 | 綜合活動 | 科技 | 數學 | 健康與體育 | 生活課程 | 全民國防 |
		本土語文	臺灣手語	新住民語文	英語及第二外語	國語文									
7	271	2	0	0	6	3	3	0	5	4	1	5	4	0	0
8	212	0	0	1	7	5	4	1	4	2	0	3	3	0	0
9	200	2	0	0	5	4	1	0	9	1	1	3	2	1	0
10	207	2	0	1	6	3	0	0	1	3	5	3	6	1	0
11	205	1	0	2	13	2	0	0	3	1	1	7	6	1	0
總數	1,095	7	0	4	37	17	8	0	27	13	8	21	21	3	0

資料來源：筆者統計。

三、議題融入之分析

　　表12-8是依據十九項議題對自由評論主題所進行的分析結果，以次數呈現。表12-8顯示議題出現10次以上的依序為「生命教育」（39

次）、「閱讀素養教育」（21 次）、「國際教育」（19 次）、「環境教育」（15 次）、「品德教育」（13 次）與「資訊教育」（13 次）及「家庭教育」（10 次）。筆者認為生命教育、品德教育及家庭教育已實施多年（教育部，2010、2019、2023），持續受到重視，加上社會的變遷使得傳統「價值」與「規範」受到挑戰，必須調整重建新的價值觀，所以這三項傳統議題在今日仍較受關注。而國際教育、環境教育及資訊教育比較是受到國際化、全球化及科技發展的影響而受到重視，在十九項議題中凸顯出來。「閱讀」是基本的生活與學習能力，受重視是可預期的。

　　然而，從表12-8中也發現，有些議題被關注的程度較低，包括「人權教育」（1 次）、「能源教育」（1 次）、「法治教育」（2 次）、「防災教育」（1 次）、「安全教育」（2 次）及「生涯規劃教育」（2 次），是不被重視還是其重要性未被覺察？既然已被列為重要議題，必有其重要性，有必要喚起教育工作者的關注，討論這些議題的融入策略，避免被邊緣化。

表12-8

議題融入的分析結果

卷	篇數	1.性別平等	2.人權	3.環境	4.海洋	5.科技	6.能源	7.家庭	8.原住民族	9.品德	10.生命	11.法治	12.資訊	13.安全	14.防災	15.生涯規劃	16.多元文化	17.閱讀素養	18.戶外	19.國際教育
7	271	2	1	5	0	1	0	2	4	4	16	0	5	0	0	1	3	4	1	6
8	212	1	0	2	0	1	1	2	0	2	9	0	4	1	0	0	0	5	3	8
9	200	0	0	0	0	1	0	4	0	4	4	0	2	0	1	1	4	5	0	2
10	207	2	0	1	0	3	0	2	0	1	2	1	0	0	0	0	1	4	0	3
11	205	1	0	6	4	1	0	0	4	2	8	1	2	1	0	0	0	3	1	0
總數	1,095	6	1	15	4	7	1	10	8	13	39	2	13	2	1	2	8	21	5	19

資料來源：筆者統計。

四、教育階段之分析

表 12-9 是教育階段分析的結果，以次數呈現。其中的「高職」指的是「技術型高中」，其他類型的高中（如單科及綜合高中、一般高中）皆歸類於「高中」。但依教育階段來看，高中、高職都是屬於「高級中等學校教育階段」，所以合併計算。表 12-9 顯示教育階段依受關注的程度依序為：1. 小學（國小）（236 次）；2. 高級中等學校（169次）；3. 高教（144 次）；4. 國中（113 次）；5. 幼教（105 次）及 6. 特教（66 次）。筆者推論，小學階段的篇數特別多，可能是因為小學修業6 年，比國中、高中長，參與的教育工作者人數也較多，因此討論的次數較為凸顯。對於高中（職）排第二，可能是因為此教育階段包含的學校類型多元（普通型、技術型、綜合型、單科型），雖然修業期限只有3 年，但討論亦多。高教討論的次數也不少（144 次），可能是高教修業至少 4 年，且高教的教授寫文章的頻率較高，探討的論文篇數也比國中（3 年）多。而國中雖然只有 3 年，但相關篇數也達百篇以上，筆者認為可能是因為國中階段是個人成長的重要轉換階段，加上國中畢業時面臨會考及不同型態高中教育的選擇，凸顯出國中階段的重要性，因此評論的篇數也不少。幼教雖然未納入十二年國教，但幼教一直是家長及教師關注的教育階段，也達 105 篇。

值得注意的是特教階段，根據行政院主計總處綜合統計處（2022/8/29）的資料，我國各級學校（不含幼兒園）的身障學生在 110學年度有 11.2 萬人，且國中小呈現增加的趨勢。雖然特教人數遠比一般學生少，但其範圍從幼兒到高教，至少 12 年，理應有更多的議題被討論。單是身障類型就有十多種課程與教學設計、師資及教育型態（融合、特教班、特教學校）值得探討。雖然特殊教育工作者人數相較一般教育為少，但仍應被鼓勵在此方面提出個人的觀點與評論。也許未來可考慮把特教作為一期主題評論，集中對特教階段的議題進行相關評論。

表12-9

教育階段的分析結果

卷	篇數	幼教	小學	國中	高中	高職	高教	特教
7	271	29	91	55	37	29	31	17
8	212	10	45	26	19	26	26	6
9	200	25	32	11	10	17	25	14
10	207	24	27	10	8	9	43	18
11	205	17	41	11	6	8	19	11
總數	1,095	105	236	113	80	89	144	66

資料來源：筆者統計。

肆、結語與建議

一、結語

　　本文以《臺灣教育評論月刊》第 7-11 卷的 1,095 篇自由評論的主題為範圍，以詞雲圖分析主題關鍵詞出現的頻率與趨勢，並依據學習領域、融入之議題及教育階段進行後設分析，以瞭解自由評論在各向度的分布情形。分析結果發現，雖然自由評論的主題完全由作者自行選擇，但 5 年的論文標題分析結果，似乎可以歸納為「穩定不變」與「改革變動」兩大類。「穩定不變」指的是教育的四個共通要素（教師、學習者、學科內容及環境），在 7-11 卷中皆有相關評論，且關鍵詞出現的頻率都在 10-38 次之間，而且排序靠前。不像有些議題，如「情緒」只在第 7 卷凸顯。「改革變動」指的是受到社會變動（例如：疫情）及推出新政策（例如：十二年國教、雙語政策）的影響，而受到較高頻率的關注。在領域方面，最受重視的是語文中的「英語與第二外語」，但「臺灣手語」及「全民國防」缺乏討論，社會領域也較少評論。在議題融入方面，最熱門的是生命教育，但「人權」、「能源」、「法治」與

「防災」教育受到的關注不足。在教育階段方面，特殊教育階段受到的關注程度需再提升。

二、建議

基於本研究的分析結果，提出五點建議：

（一）教育當局應重視《臺灣教育評論月刊》中的自由評論觀點

由於自由評論的主題由作者自行選擇，通常也是教育工作者關注的議題，值得教育主管當局予以重視，以瞭解教育人員的需求，作為制定與修訂教育政策之參考。尤其是在政策推動的前一年及後兩年，是教育人員特別關注的時期，政府應瞭解並設法解決教育人員的關注。

（二）《臺灣教育評論月刊》可在稿約中鼓勵自由評論作者關注各教育階段的議題

本研究觀察到自由評論的選題在各個教育階段間並未均衡，尤其是「特殊教育」受到的關注較少。為了喚起教育工作者對特定教育階段的重視，建議《臺灣教育評論月刊》可在稿約中，鼓勵自由評論作者關注各個教育階段的議題。

（三）教育人員應對受輕忽的議題有所覺察

本研究的分析發現，有些領域、議題及教育階段並未受到足夠的關注，例如：「臺灣手語」、「全民國防」、「人權」、「法治」教育及特殊教育階段。也許在未進行後設分析之前並未察覺到此現象，希望能透過本文引發教育人員的覺察，關注被忽略的議題。

（四）可考慮將被輕忽的主題訂為主題評論的焦點

若想強化未受足夠關注主題之討論，期刊編輯群可考慮將一些被輕忽的議題、領域及教育階段訂為「主題評論」，讓教育人員有機會針對此主題做較深入的探討，彰顯其重要性。

（五）未來可採用不同的分析架構，對自由評論主題進行深入分析

本文並未針對教育階段、融入議題及學科領域三者進行交叉分析，也未包含其他評論向度（如回顧、展望、新知、革新、評價、綜整）的分析，未來可再針對這些面向進行深度分析，以發現教育評論的重要主軸及其他趨勢。

參考文獻

行政院主計總處綜合統計處（2022/8/29）。國情統計通報（第 **163** 號）。取自 https://www.dgbas.gov.tw/public/Data/282916088VPAVQ8D.pdf

國家教育研究院課程及教學研究中心（2020）。國民中小學暨普通型高級中等學校十二年國民基本教育課程綱要：議題融入說明手冊。取自 https://www.naer.edu.tw/upload/1/16/doc/2027/%E8%AD%B0%E9%A1%8C%E8%9E%8D%E5%85%A5%E8%AA%AA%E6%98%8E%E6%89%8B%E5%86%8A(%E5%AE%9A%E7%A8%BF%E7%89%88).pdf

國家發展委員會（2018）。**2030** 雙語國家政策發展藍圖。取自 https://bilingual.ndc.gov.tw/sites/bl4/files/news_event_docs/2030%E9%9B%99%E8%AA%9E%E5%9C%8B%E5%AE%B6%E6%94%BF%E7%AD%96%E7%99%BC%E5%B1%95%E8%97%8D%E5%9C%96.pdf。

國家發展委員會、教育部（2022）。前瞻基礎建設計畫──人才培育促進就業建設：**2030** 雙語政策（**110** 至 **113** 年）計畫。取自 https://ws.moe.edu.tw/Download.ashx?u=C099358C81D4876C725695F2070B467E436AA799542CD43DD55F44F76C8950FA4E1C66845A21AFAE4A00266FD3E58E268E37A14852FAE33C447D7A72410AF7F036EE59A076B368EDD13347BA3692E073&n=4372855EF97F833BEDB11C1EC7E969EA5EB1CB87FB6032B9403F5B6C4C2EF9E02D8D504AC0C2EE28B4DE34784579128E62194C62697D698A53486CB6C48E42D873DCBB6F63EE7A66&icon=..pdf

教育部（2010）。教育部生命教育中程計畫。取自 https://www.rootlaw.com.tw/LawArticle.aspx?LawID=A040080031045600-0990310

教育部（2014）。十二年國民基本教育課程綱要總綱。取自 https://www.naer.edu.tw/upload/1/16/doc/288/%E5%8D%81%E4%BA%8C%E5%B9%B4%E5%9C%8B%E6%95%99%E8%AA%B2%E7%A8%8B%E7%B6%B1%E8%A6%81%E7%B8%BD%E7%B6%B1.pdf

教育部（2016）。教育部新南向人才培育推動計畫（**106-109**）。取自 https://ws.moe.edu.tw/Download.ashx?u=C099358C81D4876C725695F2070B467E436AA799542-

CD43DD201EA4108739C4DB4BD23B6D1E0C6F8EC3F25D46C2E1F316AEEE9F3
C49C8EBE667D7FD03FD111BAF47FA99F4C97CC918837D5789952DA89&n=12F
B563652187CC187E0239B7DB516AAAC4BA58C7889FF53&icon=..pdf

教育部（2017）。高齡教育中程發展計畫。取自 https://moe.senioredu.moe.gov.tw/Up-
loadFiles/20211124111009819.pdf

教育部（2018）。教育部美感教育中長程計畫第二期五年計畫（**108-112** 年）：美感
即生活從幼扎根、跨域創新、國際連結。取自 https://ws.moe.edu.tw/Download.as
hx?u=C099358C81D4876C725695F2070B467E436AA799542CD43DD8A00A86E49
8C49D897717D0DE73A49B9F78B4B21E141129E1AB78528F697790078C9EE7FA
CCB9C11DB8A0FF3C0155115714BD11C69EB665&n=B1A072E906F7115FC61EA
05C6432410A8729EE980BA638E8CAFD6388F50651DF9E5388F61552BD5733DE6
047F58527E7112AF669D45E37D0&icon=..pdf

教育部（2019）。教育部品德教育促進方案。取自 https://ws.moe.edu.tw/001/Up-
load/10/relfile/8787/80239/0d4f538a-6498-4d88-8b0c-ee6c6d591194.pdf

教育部（2021a）。十二年國民基本教育課程綱要總綱。取自 https://www.k12ea.gov.
tw/files/class_schema/%E8%AA%B2%E7%B6%B1/%E5%8D%81%E4%BA%8C
%E5%B9%B4%E5%9C%8B%E6%95%99%E8%AA%B2%E7%A8%8B%E7%B
6%B1%E8%A6%81%E7%B8%BD%E7%B6%B1(111%E5%AD%B8%E5%B9%-
B4%E5%BA%A6%E5%AF%A6%E6%96%BD).pdf

教育部（2021b）。推動中小學數位學習精進方案（核定本）。取自 https://ws.moe.
edu.tw/Download.ashx?u=C099358C81D4876C725695F2070B467E436AA799542
CD43D088D98FAD178D2324F6B2D9CD86FC28E09B6AE026FC67D53443C1EA
E83FB7E665C18E0D944EB4FCD73BA59B335F2093F2681FC2DDC7F3D16&n=
E4F704839ADCF0BDC7C5415DD66953DF472D3E74991FD2F73A1E6EF4B08F
B4A6B8323CD36269FC0996035DD8034C1D2563050D4DF72B72A1218DC09C6
EA11C18&icon=..pdf

教育部（2021c）。第 **2** 期高齡教育中程發展計畫。取自 https://ws.moe.edu.tw/Down-
load.ashx?u=C099358C81D4876C725695F2070B467E436AA799542CD43D8F42036
9CD0D3FF139CA6B55C355B5CAB8BEE2BF00D3BC408C471E16815ACEEDF951

979ED227B626C9958A57BF44381751860C843DD0CBE4&n=F80C9B1613923B24
4C44F3B46746033D88A0296D3877C20D1D8392743184D4EF4CF0058574CFB9BE
CD9FEF981C3789909DA4E7A15AA6016D&icon=..pdf

教育部（2021d）。**終身學習中程發展計畫**。取自 https://ws.moe.edu.tw/Download.ash
x?u=C099358C81D4876C725695F2070B467E436AA799542CD43DC8A21D42F407
0BB5C8D1CEEDB8FD0181EAD3F99820D855224341B8154A40448AD3481E62E4
9B51D8AA2A5275B58F8578390D8903AC9B9FCD&n=42CF466E77628A67589266
09086B2A0229F14395F0A7B3E0AD6726665932793E5BFF1148A2C369DDA115B6
13174215656DB11C32813C8355&icon=..pdf

教育部（2021e）。**111-115** 年海洋教育執行計畫。取自 https://ws.moe.edu.tw/Down-
load.ashx?u=C099358C81D4876C725695F2070B467E436AA799542CD43DD5A783
DE2DCAA6EB8480E9C9AC10BC673F9C5184D8AD052EEF82D8735D807AB2575
7870061A258E26E965310091CAC5F49BAE4EC2677F4D2&n=5F789925235A7C32
D3D829501E24F256C1D086BFD4B609A66CF03E9AFD67D4666E79E93083C3B41
D5B2482BF15251B4B809C3CB39AD5738B&icon=..pdf

教育部（2022）。政府科技發展中程個案計畫書──科技發展類前瞻基礎建設計畫：
強化智慧學習暨教學計畫（核定版）。取自 https://ws.moe.edu.tw/Download.ashx?
u=C099358C81D4876C725695F2070B467E436AA799542CD43D77043DB2146CC7
A2F36659D45D25064FE8BE08BACF4E32D071536E75EB3FECD630F6328565D19
C5B4D233D442A1CD07297898656D1CEC1FE&n=0C1048508F4859BE6CA8C36A
EC8B5DA07CF66EADA02E15D546955C24689956953BD9AA877938F44430E195
A780440A2C0FC36BEA2FF61A2D&icon=..pdf

教育部（2023）。第三期推展家庭教育中程計畫（**111-115** 年）。取自 file:///C:/Users/
jjshieh/Downloads/1120504%E7%AC%AC3%E6%AC%A1%E4%BF%AE%E6%AD
%A3%E7%AC%AC3%E6%9C%9F%E4%B8%AD%E7%A8%8B%E8%A8%88%E7
%95%AB.pdf

教育部（無日期 a）。**109** 年度政府科技發展年度綱要計畫書（**A006**）：「邁向數位
平權推動計畫（**1 ／ 4**）」送審版。取自 https://ws.moe.edu.tw/Download.ashx?u=
C099358C81D4876C725695F2070B467E436AA799542CD43D0B0FDB37F66640E4

EEB3C018E1F80F1D944942E7D3BF2DDE5F16DE1886E909607CF2971D97D7125
7264A3913A610E434443D96EB0F150CDF&n=912243235778B43F2ED4D78DB88
B6E84CB66B7B3774D891CB6BE12868989B4BD5D86BD26E4451636E6F63C4267
C1E501BDA53E3986F6BA9DCFE103ED9971D3AA151D7BFB3E79B5D71174CB
AEA84B1C77&icon=..pdf

教育部（無日期 b）。**建構韌性防災校園與防災科技資源應用計畫（108 年 01 月至
111 年 12 月）**。取自 https://ws.moe.edu.tw/Download.ashx?u=C099358C81D4876C
725695F2070B467E436AA799542CD43D5FCD3AE19CD48C2A4BE57D13FCE5E1
99AA629447FE525911D6A95B5C76AAC9C6A385B59DCC230EFDF39981827AF3
5C7BB272BE6DCFBFE24E&n=6C317210B80F258AD3740A98F1A5FF39542263D
3481F384AADEEB5AAC8905F14B97CCCDD4FAFC552398D555B5EF6A7941115
B860F8D0F05C4975793C408E7892C56AA5735EFFA0C1&icon=..pdf

教育部、外交部、僑務委員會（2022）。**111 至 114 年度社會發展中程個案計畫：「華
語教育 2025 計畫」（核定本）**。取自 https://ws.moe.edu.tw/Download.ashx?u=C0
99358C81D4876C725695F2070B467E436AA799542CD43DDEEF93D7F6747E87F0
5C725A6F630B92815FDB450F87CE339543D12E55F09623C83931FCE79D77D38A
A53337C78F71CC021F5BC715FE0EAE&n=C32B835B9F46DA469678512703E341
9E3F8D9182B745160A7A0ACBAEA3B094F18A2DAE243EF8B6E8F31DC276307
FE8BDE6D052FDEFDBEC83&icon=..pdf

教育部原住民族委員會（2020）。**原住民族教育發展計畫（110 年至 114 年）**。取自
https://ws.moe.edu.tw/Download.ashx?u=C099358C81D4876C725695F2070B467E4
36AA799542CD43D873855A6C6158E179175D72C57A9454383B6DA18A2A9323
0F542E8B927C8A6224E87BE8BFDECCF71E2D8876F27A8B26775D2D9366F584
44A&n=19826F4BC768F5C3E726C96912A38EC1FAC0350F224266F817082464B
9D80991080700B59E0C96DAFB059148B086CBEBA306A2F56E4B4C384115E8B
8A40151B1&icon=..pdf

陳潔（2023）。新冠襲臺 3 週年系列報導【數據篇】：疫情 3 年了，你好嗎？——7
大關鍵數據，解析全臺逾 900 萬人感染、1 萬 5 千人死亡下該被看見的事。**報導
者**，取自 https://www.twreporter.org/a/covid-19-third-anniversary-coverage-data

黃政傑（2019）。**臺灣教育評論學會創會理事長的話**。取自 http://www.ater.org.tw/ater.html

Hansen, C., Steinmetz, H., & Block, J. (2022). How to conduct a meta-analysis in eight steps: A practical guide. *Management Review Quarterly*, 1-19. Retrieved from https://doi.org/10.1007/s11301-021-00247-4

Glass, G. V. (1976). Primary, secondary, and meta-analysis of research. *Educational Researcher*, *5*(10), 3-8. Retrieved from https://doi.org/10.3102/0013189X005010003

Noah Jr, P. D. (2017). A systematic approach to the qualitative meta-synthesis. *Issues in Information Systems*, *18*(2), 196-205. Retrieved from https://doi.org/10.48009/2_iis_2017_196-205

Schwab, J. J. (1983). The practical 4: Something for curriculum professors to do. *Curriculum Inquiry*, *13*(3), 239-265.

國家圖書館出版品預行編目資料

教育評論的理念與實踐：臺灣教育評論學會
十二週年紀念專書／張芬芬，許籐繼，吳清
山，方志華，但昭偉，邱世明，張芳全，簡
成熙，郭冠毅，陳延興，許游雅，林進材，
丁一顧，楊珩，林偉人，謝金枝合著 ；張
芬芬，許籐繼主編. -- 初版. -- 臺北市：
五南圖書出版股份有限公司, 2023.12
面 ；　公分
ISBN 978-626-366-861-4(平裝)

1.CST: 教育　2.CST: 教育理論
3.CST: 文集　4.CST: 臺灣

520.7　　　　　　　　　112020834

1IOV

教育評論的理念與實踐
臺灣教育評論學會十二週年紀念專書

策　　劃 — 黃政傑

主　　編 — 張芬芬、許籐繼

作　　者 — 張芬芬、許籐繼、吳清山、方志華、但昭偉
　　　　　　邱世明、張芳全、簡成熙、郭冠毅、陳延興
　　　　　　許游雅、林進材、丁一顧、楊　珩、林偉人
　　　　　　謝金枝

發 行 人 — 楊榮川

總 經 理 — 楊士清

總 編 輯 — 楊秀麗

副總編輯 — 黃文瓊

責任編輯 — 陳俐君、李敏華

封面設計 — 封怡彤

出 版 者 — 五南圖書出版股份有限公司

地　　址：106臺北市大安區和平東路二段339號4樓

電　　話：(02)2705-5066　　傳　　真：(02)2706-6100

網　　址：https://www.wunan.com.tw

電子郵件：wunan@wunan.com.tw

劃撥帳號：01068953

戶　　名：五南圖書出版股份有限公司

法律顧問　林勝安律師

出版日期　2023年12月初版一刷

定　　價　新臺幣450元

經典永恆・名著常在

五十週年的獻禮——經典名著文庫

五南，五十年了，半個世紀，人生旅程的一大半，走過來了。

思索著，邁向百年的未來歷程，能為知識界、文化學術界作些什麼？

在速食文化的生態下，有什麼值得讓人雋永品味的？

歷代經典・當今名著，經過時間的洗禮，千錘百鍊，流傳至今，光芒耀人；

不僅使我們能領悟前人的智慧，同時也增深加廣我們思考的深度與視野。

我們決心投入巨資，有計畫的系統梳選，成立「經典名著文庫」，

希望收入古今中外思想性的、充滿睿智與獨見的經典、名著。

這是一項理想性的、永續性的巨大出版工程。

不在意讀者的眾寡，只考慮它的學術價值，力求完整展現先哲思想的軌跡；

為知識界開啟一片智慧之窗，營造一座百花綻放的世界文明公園，

任君遨遊、取菁吸蜜、嘉惠學子！